Francesco Alberoni
Erotik

Francesco Alberoni

Erotik

Weibliche Erotik,
männliche Erotik –
was ist das?

Aus dem Italienischen
von Pieke Biermann

Piper
München Zürich

Die Originalausgabe erschien 1986 unter dem Titel »L'Erotismo«
bei Garzanti Editore, Mailand

ISBN 3-492-03105-6
2. Auflage, 11.–13. Tausend 1987

Gesetzt aus der Times-Antiqua
Gesamtherstellung: Hieronymus Mühlberger, Augsburg
Printed in Germany

Inhalt

Vorwort zur deutschen Ausgabe

Dieses Buch will weder eine Beschreibung der zahlreichen Formen der Erotik in unserer Gesellschaft liefern noch sich in die Unterschiede innerhalb der verschiedenen Kulturen vertiefen. Darüber gibt es unzählige Untersuchungen aus dem Bereich der Sexologie, und mein Buch ist kein sexologisches Handbuch.

Es soll vielmehr den Leser an die Frage heranbringen: Wie bin ich? Inwieweit beschreibt das, was an Phantasien, Träumen und Ängsten – von Männern wie von Frauen – hier ausgebreitet wird, auch mich? Niemand wird sich vollständig in dem hier vorgestellten jeweiligen *Idealtypus* wiedererkennen. Und das ist nur logisch, denn jeder *Idealtypus* ist eine Verallgemeinerung, wohingegen jedes Individuum anders, einzigartig und unverwechselbar ist.

Ziel meines Buches ist es also nicht, die Welt zu beschreiben, sondern dem Leser Mittel für eine Innenschau, für ein Sich-Verstehen an die Hand zu geben. Seine literarische Struktur will den Blick nicht auf das Äußere, sondern auf das Innere lenken.

Im übrigen bin ich der festen Überzeugung, daß die Unterschiede zwischen Männern und Frauen nicht biologischer Natur sind, sondern kulturell und historisch. Verschieden ihrerseits von Kultur zu Kultur und Epoche zu Epoche und bei uns im Westen überdies einem raschen Wandel unterworfen.

Ich habe deshalb – gerade indem ich die Unterschiede und Mißverständnisse beziehungsweise den Mangel an gegenseitigem Verstehen betone – versucht, die menschliche Seele an sich freizulegen, überzeugt, daß sie in ihrem tiefsten Innern für Männer und Frauen und durch die Jahrhunderte und Jahrtausende hindurch ein und dieselbe ist.

Deutlich wird dem Leser dieser Zusammenhang, wenn er

L'Erotismo nicht isoliert liest, sondern als letzten Teil einer Trilogie, die ich mit *Verliebtsein und Lieben – Die Revolution zu zweit* und *L'Amicizia* begonnen hatte.

Mailand, im Januar 1987 Francesco Alberoni

Die Unterschiede

1. »Es lebe der Unterschied!«

Erotik stellt sich dar im Zeichen der Verschiedenheit. Einer dramatischen, gewalttätigen, übertriebenen und geheimnisvollen Verschiedenheit. Diese Vorstellung jedenfalls drängt sich auf, wenn man einmal einen typischen italienischen Kiosk unter die Lupe nimmt.[1] An der einen Ecke hängt – ein bißchen für sich und ein bißchen versteckt – die *hard core*-Pornographie; daneben und schon besser sichtbar die pornographischen Werke zum Beispiel der Olympia Press. Und als Blickfang die erotischen Zeitschriften wie »Playboy« oder »Penthouse«. Diese Ecke ist der männlichen Erotik gewidmet. Dort hängen Publikationen, die Frauen weder kaufen noch ansehen und denen gegenüber sie Unbehagen, Verachtung oder Irritation empfinden.

An der entgegengesetzten Kioskecke finden wir die Werke, die ausschließlich von Frauen gekauft werden.[2] Die »rosaroten Romane« etwa von Diana Cartland, die Serienschnulzen und Liebesromane. Die weibliche Vorstellungswelt erzeugt andere Mythen, sie nährt sich von anderen Bildern und anderen phantastischen Ereignissen. Auch für die weibliche Erotik gibt es Zeitschriften, mit Ratgeberseiten für Liebesfragen, Liebesgeschichten der Stars, Berichten über Mode, Kosmetik, Gymnastik, Wohnungseinrichtungen und über die Feste der High Society. Das Interesse von Frauen an Crémes und Parfums, an Seide und Pelzen hat vor allem eine erotische Bedeutung und dann erst eine soziale. Sir Francis Galton, ein Cousin Darwins, hatte bereits im letzten Jahrhundert nachgewiesen, daß Frauen eine sehr viel differenziertere Sensibilität für Berührungen besitzen.[3] Havelock Ellis hat zu Anfang dieses Jahrhunderts die ausgeprägte Hauterotik von Frauen beschrieben.[4] Beatrice Faust[5] hat diese Beobachtungen aufgegriffen und die These entwickelt, daß sich Parfums, zarte Unterwäsche, Korsetts und hohe Absätze zu einem ganzen Komplex höchst aufgeladener autoerotischer Reize zusammenfügen. Die Moralisten allerdings, die bekanntermaßen Männer sind, haben sich stets mit erogenen Zonen befaßt, die das Männerauge wahrnimmt – mit Busen und Pos und Venushügeln. Mit der Haut haben sie sich nie abgegeben; es kam ihnen nie in den Sinn, daß Haut die erogene Zone *par excellence* für Frauen ist. Die Kosmetikindustrie dagegen spricht mit ihren Lotionen, Parfums, Balsamen und Bädern eben diese Erotik an und beliefert sie mit Produkten. Frauen sind offenbar auch für Rhythmen, Musik und Klänge überhaupt erotisch sensibler. Insgesamt betrachtet ist die männliche Erotik visueller und genitaler, die weibliche dagegen mehr auf Berührungen, auf Bewegungen von Muskeln, auf Hören gepolt und mehr an Gerüche, Haut und Fühlungnahme gebunden.[6]

Solche Unterschiede werden auch heute noch gerne heruntergespielt. Sie seien, so wird erklärt, nur eine Folge der jahrtausendelangen Aufgabenteilung zwischen den Geschlechtern und vor allem der Herrschaft des Mannes. Demnach ist die Verschiedenheit lediglich Ausdruck der Verkrüppelungen, die jedes der beiden Geschlechter aufgrund der Herrschaftsverhältnisse erlitten hat. Der Mann – beschäftigt mit Arbeit und gesellschaftlichem Leben – ist aktiv, legt Wert auf Ergebnisse und imaginiert sich selbst als unabhängig, gefühlsmäßig ungebunden und ausgerüstet mit einer unendlichen, unbefriedigten sexuellen Potenz. Die Frau – eingesperrt ins Haus – imaginiert sich entsprechend als zerbrechlich, schwach und angewiesen auf emotionale Rückendeckung durch den Mann. Deshalb beschäftigt sie sich so mit ihrem Körper, ihrer Haut, ihrer Schönheit. All das seien jedoch zum Verschwinden verurteilte Überreste der Vergangenheit. Nahezu sämtliche Autorinnen und Autoren, die sich zu diesem Thema geäußert haben, bieten auch Rezepte zur Überwindung des angeblich provisorischen Zustandes, also zur Abschaffung der – trotz allem weiterlebenden – Verschiedenheit. Sie untersuchen sie nicht, sie nehmen sie gar nicht ernst. Sie versuchen nur immer wieder mühsam nachzuweisen, wie absurd eine solche Verschiedenheit sei.

Aber ist es wirklich richtig, so damit umzugehen? Gewiß, die Unterschiede zwischen Mann und Frau sind auch ein Bodensatz von Jahrtausenden Geschichte und Unterdrückung. Erst seit wenigen Jahrzehnten ist im Verhältnis der beiden Geschlechter ein Wandel zu beobachten. Was uns heute als naturgegeben und ewiggültig erscheint, wird eines Tages gar nicht mehr da sein. Wenn man sich mit Erotik befaßt, untersucht und beschreibt man nicht einen Zustand, sondern einen Prozeß. Und Frauen und Männer betrachten sich zum ersten Mal in der Geschichte der Menschheit gründlich, um sich gegenseitig zu verstehen. Dafür allerdings müssen sie sich auch miteinander identifizieren und in die Rolle des jeweils anderen schlüpfen. An der Kleidermode läßt sich das sehr schön ablesen – wir kennen heute den Unisex-Look, Frauen tragen Männerkleidung (Hosen, Jacketts), Männer bedienen sich weiblicher Accessoires (Morgenröcke, Kosmetika).

Daß Erotik überhaupt möglich ist und ihr Erscheinungsbild im Westen sind Ergebnisse dieser Entdeckung, dieses Spiels mit vertauschten Rollen, durch das beide in die erotischen Phantasien des jeweils anderen Geschlechts eindringen, beziehungsweise dem anderen die eigenen überlassen. Aber aus eben diesem Grund ist es wichtig, bei den Unterschieden zu verweilen, bei dem also, was jedes der beiden Geschlechter an Besonderheiten und Eigentümlichkeiten zu bieten hat.

Und noch etwas – nichts verschwindet spurlos. Das sexuelle und erotische Leben von Frauen und Männern, ihr Umgang mit Gefühlen und mit der Liebe werden sich mit Sicherheit in den kommenden Jahren weiter verändern, aber sie werden sich von den heutigen nicht absolut unterscheiden. Die Zukunft ist immer eine Synthese aus Altem und Neuem. Die Archetypen am Boden unserer Kultur[7], die Figuren, die unser Lernen ordnen, werden umgestaltet, aber nicht vollständig vernichtet. Die Verschiedenheit von Mann und Frau läßt sich nicht tilgen, als wäre sie lediglich eine Illusion. Exorzismus kann kein Ausgangspunkt sein.

Im heutigen Abschnitt der Geschichte suchen Frauen und Männer nach Gemeinsamkeiten und überwinden dabei Unterschiede. Und dennoch bedienen sie sich dazu auch verschiedener Sensibilitäten, verschiedener Wünsche, verschiedener Phantasien.

Beide imaginieren den anderen häufig als jemanden, der er nicht ist, und erwarten Dinge, die er nicht geben kann. Erotik stellt sich also auch dar im Zeichen des Mißverständnisses und des Widerspruchs. Und dennoch finden Begegnungen statt, dennoch gibt es wechselseitige Anziehung, Verliebtheit. Wie kann das sein? Welcher Weg führt von der Verschiedenheit zum Einvernehmen, zum Verständnis, zum Zauber der Liebe? Darum geht es in diesem Buch.

2. Erotisches Schlaraffenland: Männerpornos und Frauenschnulzen

1. Pornographie ist eine Figur aus dem männlichen Bilderkabinett. Sie befriedigt auf dem Wege der Halluzination dem männlichen Geschlecht eigene Begierden, Bedürfnisse, Bestrebungen und Ängste. Diese Ansprüche und Ängste mögen uralt und historisch bedingt sein, aber es gibt sie noch heute, und sie sind wirksam.

Frauen zeigen kein besonderes Interesse am Anblick von Fotos mit nackten Männern. Gewöhnlich lassen sie sich davon nicht sexuell erregen. Barbara Cartland gab in einem Fernsehinterview auf die Frage, wie der Mann aussehen müßte, der sie am meisten erregt, die Antwort: »Vollständig bekleidet, und zwar am liebsten mit einer Uniform.« Männer dagegen erregen sich angesichts weiblicher Nacktheit und phantasieren sich in eine sexuelle Situation mit der Nackten hinein. Schon bevor Pornographie nicht mehr gesetzlich verfolgt wurde, reichten sich Männer Fotos und Zeichnungen heimlich untereinander weiter. Barbiere zum Beispiel verschenkten kleine parfümierte Kalender mit Abbildungen spärlich bekleideter Frauen an ihre Kunden. Eine Bagatelle, verglichen mit der heutigen Reizüberflutung, fast ein Nichts; aber die Bildchen reichten aus, um sexuelle Erregung hervorzurufen. Ebenso dienten antike Nacktstatuen bzw. deren Reproduktionen Jungen stets als pornographische Vorlage zum Masturbieren.

Erregung läßt sich mit einer Erzählung und in jüngerer Zeit durch den Film hervorrufen. Pascal Bruckner und Alain Finkielkraut[1] haben ausführlich beschrieben, was eine erotische Erzählung für Männer kennzeichnet. Pornographie, so notieren sie, ist die ständige Abfolge sexueller Handlungen, ohne daß es eine Geschichte gäbe. Die jeweiligen Protagonisten brauchen nichts zu tun. Sie gehen einfach eine Straße entlang, und schon zerrt eine lüsterne Frau sie ins Bett. Im Büro zieht sich plötzlich irgendeine Sekretärin nackt aus und beginnt, ohne ein Wort, sie mit dem Mund zu befriedigen. Pornographie beschwört ein märchenhaftes Universum herauf, »in dem man nicht mehr verführen muß, um erhört zu werden, in dem die Begierde nie Gefahr läuft, unterdrückt oder abgeblitzt zu werden, in dem der Augenblick des Verlangens mit dem der Befriedigung zusammenfällt, in dem man sich hochmütig über alle häßlichen Widerstände hinwegsetzt . . . Daß die sexuelle Beziehung nicht als ein Reifungsprozeß, als Erwartung, als Arbeit, als Strategie gefaßt werde. Daß sie Geschenk sei, nicht Lohn . . . Die pornographischen Helden sind deshalb auf wunderbare Weise der Pflicht entbunden, Frauen aufzureißen und sich mit Liebesvorspielen aufzuhalten. Kaum erblickt, sind die Frauen auch schon nackt und disponibel. Nicht nötig, sich erst bekannt zu machen, guten Tag zu sagen. Ohne Umstände«[2] begehren Frauen den Mann, ehe dieser überhaupt daran gedacht hat, einen Schritt zu tun.

In der (männlichen) Pornographie werden Frauen zu Phantasiegestalten, vollkommen im Banne des Sex, getrieben von dem unwiderstehlichen Drang, sich auf jeden nächsten Penis zu stürzen. Genauso also, wie Männer sich in ihrer Vorstellung am liebsten ihrerseits auf jede nächste Frau stürzen möchten. Pornographie imaginiert die Frau als mit typisch männlichen Impulsen ausgestattetes Wesen und hängt ihr männliche Begierden und Phantasien an. In der Vorstellungswelt der Pornographie treffen beide Begierden auch stets zusammen. Alle geben alles und bekommen auch alles. Irgendwelche zwei Menschen wollen in irgendeinem Augenblick exakt dasselbe Eine voneinander. Es gibt nicht Angebot und Nachfrage, es gibt keinen

Tausch. Das Begehren ist stets präsent und wird stets befriedigt. Pornographie ist das erotische Gegenstück zum Schlaraffenland, jener Phantasie, in der der Hungrige Flüsse aus Milch, Wein und Honig sieht und Bäume erblickt, an denen statt Früchten gebratene Hühner und Würste hängen. Das Schlaraffenland war der Traum vom augenblicklich und ohne jede Mühe und Arbeit gestillten Hunger, frei vom Alptraum des Mangels. Aber bei allem grenzenlosen Überfluß – der lebhafte Heißhunger, der Hunger des Elends wird immer mitgeträumt.

In diesem Universum ist kein Platz für irgendein anderes Gefühl, irgendeine andere Art von Beziehung. Die männliche erotische Imagination schaltet alles aus, was sie behindern könnte. Auch in Werken bedeutender Schriftsteller läßt sich das nachlesen, zum Beispiel bei Henry Miller.[3] Auch für Miller ist Erotik stets der problemlose, spontan entfesselte sexuelle Akt mit einer Frau, die man kaum je oder nie zuvor gesehen hat. Das absolute erste und letzte Mal. An der Frau interessiert nichts als ihr Sex. Attestiert Miller ihr doch einmal eine Besonderheit – Klugheit oder Gefräßigkeit, Scheuheit oder Reserviertheit –, dann immer nur bezogen auf den Sex. Er beschreibt nicht einmal ihren Körper, sagt nicht, ob sie dunkelhaarig oder blond ist oder womöglich Sommersprossen hat. Das einzige, was er angibt, ist ihre Rasse (gewöhnlich sind Millers Frauen jüdisch oder schwarz) sowie ihr Verhalten während des gierigen, hemmungslosen Geschlechtsakts. Auch Millers Frauen »machen mit«. Absolut alle, ohne Umstände und sofort. Es gibt nie ein Hindernis, nie eine Verweigerung. Und sie machen nicht etwa mit, weil sie von irgendeiner Qualität des Mannes besonders fasziniert wären, sondern weil sie einfach sexgierig sind. Er faßt sie nur an, und schon legen sie los. Es ist eine magische Geste, die keine Ausnahme duldet, eine unwiderstehliche Potenz, und die Frauen sind alle geil, lüstern, unersättlich und ständig naß. Die Begegnung des Rüden mit der läufigen Hündin. Vernunft, Zivilisiertheit und Bildung sind brüchige Barrieren, die schon beim schlichten Kontakt zusammenstürzen.

Es gibt einen Zusammenhang zwischen solchen Phantasien und der Prostitution. Die Prostituierte ist mitsamt ihrem wirklichen Körper die Inkarnation der sexhungrigen Frau, die in der

Pornographie per Phantasie beschworen wird. Die Prostituierte »reizt« den Freier »auf«. Sie wartet nicht, daß er auf sie zugeht, ihr ein Angebot macht, sie verführt; sie ergreift selbst die Initiative – zwinkert ihm zu, lächelt ihn vielsagend an, nickt zum Zeichen des Einverständnisses. Sie streift an ihm vorbei, schmeichelt ihm (»Süßer« und »schöner Mann«) und lädt ihn ein, ihr zu folgen. Sie tut, was in Wirklichkeit keine Frau tut. Eine Frau wartet ab, bis der Mann die Initiative ergreift. Selbst wenn sie vorhat, ihn zu verführen, fordert sie ihn nicht offen auf. Sie erwartet, daß er begreift und die einladenden Gesten dechiffriert. Die Prostituierte dagegen verführt den Mann, wie der Mann die Frau gern verführen können würde – auch er möchte gern einfach nur seinen Körper vorzeigen müssen, und der würde sie einladen und ihr außergewöhnliche Freuden verheißen. Die Prostituierte handelt wie die Protagonistinnen von Männerpornos. Sie benimmt sich in der Wirklichkeit, wie sich die Akteurinnen von harten Pornos auf der Leinwand benehmen. Sie verwirklicht die Männerphantasie, von einer Frau verführt zu werden, die einfach scharf auf sein Glied ist. Er braucht nichts zu tun. Er kann vollkommen passiv bleiben. Er muß seine Begierden nur äußern, damit sie erfüllt werden. Und all das passiert in der Wirklichkeit und nicht in der Phantasie.

Seine Begegnung mit der Prostituierten allerdings bleibt ebenfalls eine Reise innerhalb der Grenzen seiner Vorstellungswelt. Denn die Prostituierte fühlt das erotische Interesse ja nicht, das sie ihm vorführt. Sie täuscht etwas vor, weil sie Geld verdienen möchte. Sie ist Schauspielerin, und sie will bezahlt werden für das, was sie leistet. Zwar paßt sie sich den männlichen Sexualphantasien und Taktzeiten an und akzeptiert die erotischen Wünsche des Mannes, auch wenn sie ihr fremd sind und nichts mit ihr zu schaffen haben. Aber sie tut es nur für eine begrenzte Zeit und zu einem vereinbarten Preis.

Pornographie und Prostitution zeigen uns, daß es innerhalb der Erotik des Mannes einen Bereich gibt, der der Frau völlig fremd ist. Der sie auch nicht interessiert. Den sie nur akzeptiert, solange sie bezahlt wird, nur als ausgesprochen unerotischen Geschäftsbereich also.

2. Wir wollen jetzt einmal auf die andere Seite des Kiosks

gehen, an der die rosarote Literatur zu finden ist. Sie ist ebenso typischer Ausdruck weiblicher Erotik, wie Pornographie typischer Ausdruck männlicher Erotik ist.

Diese Art Literatur (im Englischen heißt sie *romance*) hat sich in allen westlichen Ländern gleichermaßen entwickelt. Bücher und Hefte dieser Art verkaufen sich weltweit in Hunderten von Millionen und gehen ausschließlich in Frauenhände; Männer haben keinerlei Interesse daran. Wie die Texte aufgebaut sind, das ist eingehend untersucht worden[4], und sämtliche Untersuchungen belegen, daß sie nur geringfügig voneinander abweichen. Die typische Story läßt sich etwa wie folgt skizzieren:

Es gibt eine Heldin, und die ist Frau Jedermann sehr ähnlich. Sie ist zum Beispiel nicht schön. Falls sie es doch einmal ist, hat sie irgendeinen Makel, etwa einen zu großen Mund, zu weit auseinanderstehende Augen, ein knochiges Gesicht. Aber immer ist sie intelligent, tätig und aufrichtig. Sie kann auch noch jungfräulich sein und nie amouröse Erfahrungen gemacht haben. Falls doch, dann waren sie unglücklich, verflossene Wasser. Neuerdings darf die Heldin auch geschieden sein. Im allgemeinen ist sie nicht reich. Sie lebt eingebunden in ihre Umgebung und leidet durchaus nicht unter Einsamkeit. Falls verborgene Talente in ihr schlummern, weiß nicht einmal sie etwas davon. Sie unterschätzt sich. Das Buch nun beweist mit Hilfe von Fakten, daß sie sehr wohl Talent hat, die ganz große und leidenschaftliche Liebe vom Zaun zu brechen.

Irgendwann begegnet dieser Frau der außergewöhnliche Mann. Man merkt sofort: Das ist der Schicksalsmann, der Auserwählte, da gibt es gar keinen Zweifel. Er ist groß, stark und selbstbewußt. Oft hat er eiskalte und abwesende graue Augen. Die Frau findet ihn irritierend, weil er sie gleichzeitig fasziniert und ihr unerreichbar vorkommt. Er ist doch viel zu schön, viel zu reich, viel zu bekannt und außerdem umgeben und umschwärmt von viel zu vielen anderen Frauen, als daß die Heldin hoffen dürfte, von ihm auch nur angeguckt zu werden.

Und dann geschieht das Wunder. Dieses ferne, wilde, treulose, unbezähmbare höhere Wesen guckt sie sehr wohl an, beschäftigt sich sogar mit ihr. Und schon sind wir mitten im erotischen Tohuwabohu. Das Unwahrscheinliche, das Unerhörte geschieht. Die Frau ereilen Schauder der Erregung, sie gerät durcheinander. Sie möchte ja gern glauben, daß er sich wirklich für sie interessiert, aber schon der Gedanke daran macht ihr Angst. Dieser Mann ist doch ein Verführer, ein Don Juan, Träger einer gefährlichen Potenz.

Also bleibt sie mißtrauisch und widersteht. Hier nun taucht gewöhnlich eine Rivalin auf. Eine unkomplizierte und freizügige Frau, eine Meisterin in der Kunst der Verführung. An dieser Stelle hat die Geschichte verschiedene Variationsmöglichkeiten. Die Rivalin kann mit dem Mann abreisen und der Heldin aus Acapulco eine Heiratsanzeige schicken. Anwesenheit und Erfolg der Rivalin und die unglaubliche Entferntheit des Helden bewirken, daß die Heldin stets der festen Überzeugung ist, daß sie den Kürzeren ziehen wird; also verzweifelt sie, verliert die Kontrolle und läuft davon.

Der Mann geht daraufhin aber nicht etwa auch, sondern er bleibt beharrlich und lädt sie weiterhin ein. Er ist zärtlich, aufmerksam, zeigt Interesse für sie. Die Heldin ist inzwischen längst verliebt in dieses starke, freundliche Wesen, diesen zarten Abenteurer, diesen Don Juan, der nur Augen für sie hat. Aber sie weiß nicht, ob er sie auch wirklich liebt. Im Gegenteil, sie ist fest davon überzeugt, daß er sie *nicht* liebt, daß alles nur Sympathie, Freundschaft oder ein Abenteuer ist. Folglich zieht sie sich wieder zurück, wehrt ab, macht ihm eine Szene und geht. Das bringt wiederum ihn in Schwierigkeiten, denn er ist – wie man schließlich gegen Ende versteht – seinerseits heftig und wahrhaftig in sie verliebt.

Hier liegt also ein doppeltes Mißverständnis vor. Beide sind verliebt, und beide meinen, nicht wiedergeliebt zu werden. Die Story bekommt Züge eines Kriminalromans. Die Frau muß herausbekommen, ob der Mann sie allem Anschein zum Trotz vielleicht doch wirklich liebt. Ich sage »allem Anschein zum Trotz«, weil alles Augenscheinliche dagegenzusprechen scheint. Der Mann ist grausam zu der Frau. Er rettet sie zwar, aber dann beleidigt er sie und jagt sie davon. Die Frau erfährt, daß er eine wunderschöne und eben unkomplizierte Frau geheiratet hat. Oder er läßt sie einfach stehen, mitten im Wald. Es kommt sogar vor, daß sie ihn mit der Rivalin im Bett erwischt. Oder deren Kleider in seinem Schrank findet. Nach dem Muster des Kriminalromans spricht alles für seine Schuld.

Und dann endlich die Lösung: Er war doch nicht schuld. Er hatte ja nie Interesse an der Rivalin, er hat sie auch gar nicht geheiratet. Sicher, er hat die Heldin im Dschungel ausgesetzt, aber doch nur, um sie daraus retten zu können. Ja, er war mit einer anderen Frau im Bett, aber doch nur, weil er eine Verletzung hatte und sie sich gerade zufällig über ihn gebeugt hatte. Und was die Kleider im Schrank angeht – die hingen doch seit Jahren schon da. Alles, was im wirklichen Leben schamlose Lügen wären, stellt sich hier als Wahrheit dar. In Wirklichkeit hat der Mann, allem gegenteiligen Anschein zum Trotz, nie eine Schuld auf sich geladen. Alles waren nur Hindernisse von außen, ein Zufall oder einfach ein Irrtum, ein Mißverständnis, eine Sinnestäuschung.

So verläuft eine typische Story, vielleicht die gängigste. Helen Hazel[5] hat allerdings belegt, daß zum Schema F der »Eroberung durch die wahre Liebe« auch Romane gehören, in denen die Heldin vergewaltigt, als Sklavin verkauft oder zur Prostitution gezwungen wird. In Serienschnulzen lösen sich Schicksalsschläge immer als Mißverständnisse oder Zweifel auf. In den anderen Romanen sind sie wirkliche, körperliche Widrigkeiten, die die Heldin überwinden muß.

Eine solche Erotik hat nahezu nichts mit Sex zu tun. Sexuelle Beziehungen dürfen aber vorkommen. Vor allem in den neueren Romanen dieser Art ist die Heldin auch im körperlichen Sinn eine geradezu verzweifelt Liebende. Aber die tiefen Gefühle – also das, was an diesen Geschichten spezifisch erotisch ist – kommen nicht aus der sexuellen Beziehung, sondern aus Sehnsüchten und Schaudern. Aus der Beunruhigung durch Eifersucht. Aus der Verliebtheit, die nicht gewünscht wird und das Herz zusammenschnürt, die bangen und hoffen läßt. Erotik wird entfacht, sobald diese Frau Jedermann, die doch scheinbar so gar nichts zu bieten hat, den Blick und das Interesse des Helden auf sich gerichtet fühlt. Wenn das Unglaubliche geschieht, wie im Märchen von Schneewittchen, im Mythos aller Schwachen, denen aus purer Gnade alles geschenkt wird. Die

Erotik steckt auch im Kummer, in der Angst, nicht geliebt zu werden; in dem Wunsch, das Gefühl haben zu dürfen, ›du bist die Gesuchte und Ersehnte‹; in Verweigerung und Neinsagen, in der angstvollen Hoffnung, daß der Geliebte trotz des Neins zurückkommt. Erotik lodert in der Spannung, in der Frage, die ständig neu aufgeworfen und neu enttäuscht wird: Gefalle ich ihm? Begehrt er mich? Liebt er mich?

Diesem unbarmherzigen Raster gehorchen auch Werke, die vom Schnulzenheftchen weit entfernt scheinen, Romane zum Beispiel von Jackie Collins oder Erica Jong.

3. Männerpornos und Frauenschnulzen haben eine Gemeinsamkeit. In ersteren geht es um die wunderschöne Frau, die einen im wirklichen Leben nicht einmal angucken würde, die einen gleich zurückweisen würde oder zumindest eine Reise nach Tahiti, Luxushotels und teure Restaurants geboten bekommen möchte. Danach soll man sie dann auch gleich heiraten. In Pornos dagegen ist sie allzeit bereit, geil und verfügbar. Auf der anderen Seite steht der wunderbar aussehende, berühmte und millionenschwere Mann, der die Leserin im wirklichen Leben nicht einmal angucken würde; und dieser hier schickt abertausend Liebesbriefe und Rosensträuße, benimmt sich verrückt und bittet *sie*, von sich aus, *ihn* zu heiraten. Spürt er Ablehnung, bleibt er beharrlich, spürt er Zurückweisung, verlegt er sich aufs Warten. Er trennt sich von alten Gewohnheiten, wird sanft, häuslich, ein richtiger Ehemann. Es geschehen also zwei unglaubliche und unmögliche Dinge, die jedoch auf beide Geschlechter jeweils gleichermaßen erregend wirken und dem jeweils anderen Geschlecht gleichermaßen unverständlich bleiben.

Es gibt noch eine weitere feine Entsprechung zwischen beiden Gattungen. In der rosaroten Erotik hat die Heldin keine Verpflichtungen oder Bindungen. Entweder ist sie unverheiratet oder geschieden, oder sie ist schon mit dem Mann verheiratet, den sie liebt. Sie steht vor keinem Dilemma. Es gibt keine inneren Hindernisse für sie, die Liebe zu erobern. Hindernisse kommen einzig und allein von außen. Der Mann begreift nichts, die Freundin-Feindin nimmt ihn ihr weg. Auch er ist entweder ledig oder geschieden, jedenfalls hat er niemanden, der ihm wirklich etwas bedeutet. Wenn er die Liebe der Frau erwidert, braucht er keine Zweifel und keine Reuegefühle zu haben. Für die Frau gibt es nur eine einzige Frage: Liebt er mich und wird er mich auch in Zukunft lieben? Für den Mann dagegen: Liebe ich sie und werde sie auch in Zukunft lieben? Ein Dilemma ist nicht erlaubt. Ein Kompromiß ebensowenig. Entweder das absolute Ja oder das absolute Nein.

Beide Gattungen liefern die spontane Befriedigung von Wünschen, indem sie die störende Wirklichkeit ausschalten. Männerpornos eliminieren weiblichen Widerstand, notwendiges Werben, weibliche Nachfrage nach Liebe. Frauenschnulzen eliminieren Hindernisse, Zweifel und Gebundenheiten. Nie nimmt die Heldin einer treuen Frau den Gatten weg, nie verläßt sie einen Verlobten oder Ehemann, wenn sie ihn liebt, nie hat sie Probleme wegen Kindern und nie muß sie sich bescheiden mit Kompromissen, die ein Dasein als illegitime Geliebte mit sich bringt. Frau und Mann sind stets ungebunden, enttäuscht von einer vorangegangenen Liebe, auf der Suche nach einem neuen Leben; sie tun niemandem weh. Wirkliche Schwierigkeiten existieren nicht; sie sind getilgt worden.

Frauentraum

3. Individuelle und kollektive Erotik

1. Normalerweise verliert der Mann nach dem Geschlechtsakt das Interesse an der Frau. Dieses Phänomen vollzieht sich in verschiedenen Abstufungen und Nuancen. Beim verliebten Mann, der die Geliebte – fast als wollte er sich nie wieder von ihr trennen – fest in seine Arme schließt, kommt es nur andeutungsweise zum Vorschein. Am stärksten zeigt es sich gegenüber der Prostituierten; in dieser Situation verschwindet das Begehren des Mannes sofort, und er möchte am liebsten schon wieder angezogen sein, raus aus dem Zimmer, raus aus dem Hotel, weit weg. Es gibt auch Situationen, in denen der Mann sein Interesse nur kurzfristig verliert. Danach entzündet sich sein sexuelles Verlangen allmählich neu und mit ihm die Zärtlichkeit, die Lust, neben seiner Frau zu liegen, sie zu streicheln, sie anzusehen, wieder mit ihr zu schlafen. In einer sexuellen Begegnung unterhält sich der Mann gern vor dem Geschlechtsakt, oder er liest oder spielt; beenden tut er die Begegnung am liebsten mit der Ekstase der Liebe. Danach wendet er sich ab, satt, zufrieden und bereichert. Für ihn ist dies der schönste und günstigste Augenblick dafür, wieder Abstand zu gewinnen. Es ist, wie wenn man einen Kriminalroman aus der Hand legt, sobald man weiß, wer der Täter war – was danach noch kommt, mag zwar nützlich und interessant sein, wesentlich ist es nicht mehr; oder wie wenn sich nach langen Anstrengungen ein Problem endlich gelöst hat. Was eine Beziehung genau ausmacht, wie sie beschaffen ist, das kann später noch kommen. Archimedes' Ausruf »Heureka« drückt diesen Zustand glücklicher Erfülltheit aus, und gemeint ist damit auch die Lust, sich wieder zu bewegen, wegzugehen, zu laufen.

Die Frau interpretiert so ein Verhalten als Ablehnung und Desinteresse. Sie hat das Gefühl, man behandelt sie wie ein köstliches Essen, das einen auch so lange verrückt macht, wie man es *nicht* verspeist hat, und das einem, wenn man satt ist, sogar Übelkeit verursachen kann. Sie ist doch aber keine Speise. Sie ist eine Person. Vorher hat der Mann ihr den Hof gemacht, sie umschmeichelt, sie begehrt. Er wollte doch nicht nur ihren Körper, ihre Beine, ihren Busen, ihr Geschlecht. Er wollte spüren, daß sie auch ihn begehrt, er bewunderte ihre Intelligenz. Er wollte sich mit ihr unterhalten, ihre Geschichte kennenlernen, in ihr Leben treten, Pläne schmieden. Nach dem Orgasmus (oder nach mehreren Orgasmen) scheint es, als verschwände die Frau als Person, als bliebe nur noch ein abgelehnter Körper übrig.

Diese Erfahrung, als abgelehnter Körper behandelt zu werden, wird nun von der Frau zurückdatiert. Sie denkt jetzt, der Mann habe in Wirklichkeit doch nur eine Entladung seiner Spannung gewollt, und sein Interesse für sie als ganze Frau sei auch vorher gar nicht vorhanden gewesen. Er hat nur mit ihr geredet und ihr zugehört, um sein sexuelles Verlangen um so besser befriedigen zu können. Intellektuelle und emotionale Annäherungen, überhaupt die ganze Intimität, waren nur Mittel zum Zweck. Denn wenn er sie wirklich als Person begehrt hätte, dann würde er sie jetzt auch weiter begehren. Er würde neben ihr liegenbleiben und sie zärtlich in den Arm nehmen. Er würde sich, nachdem er seinen sexuellen Drang befriedigt hätte, glücklich an sie schmiegen und sie streicheln, den Duft ihres Körpers atmen – bestimmt wäre er nicht weggegangen, jedenfalls nicht, bevor sie müde geworden wäre.

Der Wunsch der Frau, nach dem Orgasmus (oder den Orgasmen) bei dem Mann zu bleiben, äußert sich noch stärker, wenn sie verliebt ist, aber vorhanden ist er immer, mit jedem Mann, der ihr gefällt. Einerseits, weil ihr Orgasmus ohnehin längerfristig ist, aber vor allem, weil sie dauerhaft begehrt werden möchte. Daß der Mann sich von ihr löst, unterbricht und zerreißt diese Kontinuität. Und da sich Begehren und Lust bei der Frau als Bedürfnis nach Kontinuität manifestieren, kann eine solche Unterbrechung nur Desinteresse und Ablehnung bedeuten.

Wir stehen vor der Tatsache, daß beide Geschlechter *verschiedene Zeitstrukturen haben. Frauen haben eine ausgeprägte*

Vorliebe für Kontinuität, Männer eine ausgeprägte Vorliebe für Diskontinuität.[1] Wenn Frauen behaupten, sie mögen gern Zärtlichkeit und Liebkosungen, ja sogar lieber als den Geschlechtsakt selbst, dann meinen sie damit nicht nur die Berührungen und das gesamte körperliche Wohlbefinden. Sie drücken vielmehr ihr Bedürfnis nach kontinuierlicher liebevoller Aufmerksamkeit und kontinuierlich auf ihre Person gerichtetem Interesse aus. Die Vorliebe dafür, berührt zu werden, ist nur eine Form dieser ausgeprägten Vorliebe für Kontinuität.

Der Gegensatz zwischen Kontinuität und Diskontinuität ist die tragende Säule der männlich-weiblichen Verschiedenheit. Wir werden ihr in diesem Buch ständig wiederbegegnen, bei sämtlichen Beziehungen und sogar in der unterschiedlichen Art, wie Frauen und Männer denken und ihre subjektiven Erfahrungen beschreiben. Für die Frau sind verschiedene Gefühlszustände viel weniger voneinander getrennt als für den Mann. Zärtlichkeit und Sanftheit grenzen für sie an Erotik, fügen sich harmonisch in sie ein. Für den Mann gilt das sehr viel weniger. Die Frau erlebt das Gefühl, das ein Kinderkörper in ihr auslöst, als ebenso erotisch wie ein durch Kontakt mit dem Geliebten ausgelöstes Gefühl. Manchmal hätte sie am liebsten beide auf einmal zusammen in einem Bett. Für den Mann sind das zwei völlig verschiedene Erfahrungswelten. Dorothy Tennov hat beobachtet, daß Frauen auch erotische Schwärmerei und Verliebtheit leichter miteinander verwechseln.[2] Männer dagegen neigen dazu, Unterschiede zu betonen und die verschiedenen Gefühle sauber voneinander zu trennen.[3]

Das hat eine merkwürdige Konsequenz. Der Mann braucht, da er ja verschiedene, nicht vergleichbare Gefühle erlebt, auch seine emotionale Orientierung nicht rapide zu wechseln. Er braucht nicht umzuschalten von Liebe auf Ablehnung, von Nein auf Ja oder umgekehrt. Die Frau dagegen, da sie sich zwischen lauter sehr ähnlichen Gefühlen bewegt, definiert – wenn sie Unterschiede spürt – diese in Begriffen von Annahme und Ablehnung, als Ja oder Nein. Sie neigt dazu, Werturteile zu fällen, nicht Qualitätsurteile. Deshalb erscheint sie manchmal eigentlich diskontinuierlicher als der Mann. Vorher hatte sie doch geliebt, war zärtlich und erotisch gewesen, hatte sich freundschaftlich und bewundernd gezeigt, und jetzt, nach seiner Ablehnung, empfindet sie gar nichts mehr. Sämtliche Gefühle brechen zusammen, weil sie nicht unterschieden werden. Die Diskontinuität präsentiert sich als Alles oder Nichts.

2. Dieser – zeitlich und räumlich – kontinuierliche Kern zeigt sich deutlich in der weiblichen Erregung und in der Andersartigkeit des weiblichen Orgasmus. Es stimmt zwar, daß die Frau Orgasmen haben kann, die denen des Mannes ähnlich sind[4], aber sie erlebt sie insgesamt vollkommen anders. Sie konzentriert sich nicht auf einen Punkt oder ein Ziel, und sie erschöpft sich auch nicht in einem Akt.

Diese Kontinuität der weiblichen Erregung erzeugt im Mann eine starke Anziehung, gleichzeitig aber auch Beunruhigung. Er nimmt Kontinuität wahr als Intensität, das Verlangen nach Nähe als Verlangen nach einem Orgasmus, die diffuse Erotik aus Haut, Gewebe und Muskeln als überbordende, unbezwingbare Leidenschaft. Pascal Bruckner und Alain Finkielkraut haben dieses Gefühl des Mannes folgendermaßen beschrieben: »Die Krämpfe der Geliebten besitzen nicht die platte Gewißheit des männlichen Samenausstoßes. Sie zeigen mir ein verzerrtes Gesicht, das mich unter dem Zugriff einer unerträglichen Qual nicht mehr sieht, dieses Gesicht, das ich nicht in meinen Blick zu zwingen vermag, als schliefe es, diese weißglühende Haut, die sich an mich preßt oder mich flieht, dieses schwindelerregende Ballett von Beinen, Armen, Küssen, das mich einbezieht, mich zurückweist, das sich an meinen Berührungen entzündet, aus meinem Fernsein Wildheit zieht, mir von tausend Dingen spricht und mir immer nur das eine mitteilt: Ich bin nicht, wo du bist, ich hebe ab, wo du noch nicht einmal zusammenzuckst, weder kannst du mich klar sehen noch in anderer Weise kenntlich wahrnehmen, weil ich nicht dem Vorstellungsbereich angehöre, in dem du deine Sinneserfahrungen machst.«[5] Und weiter: »Unseres Wissens entspricht nur eine einzige Musik annähernd der weiblichen Lust: die orientalische, deren von Wiederholungen bestimmte, quälende Struktur im Westen so schlecht ertragen wird.«[6] All das ermöglicht der Frau »Orgasmen . . . (im Plural), die nie auf gleiche Weise wiederkehren, wie eine Erzählung, deren barockes Muster mehrere Anfänge nebeneinandersetzt, mehrere Schlüsse, mehrere Handlungsfäden, das Prinzip ständiger Desorganisation unter den Blicken eines Fleisches, das immer nur identische Erschütterungen erwartet . . .«[7]

Die beiden Autoren gestehen, daß sie sich – seit sie die kontinuierliche Intensität der sexuellen Erregung der Frau aufgespürt haben – beinahe schämen für die Schlichtheit der männlichen. Als wäre letztere nur eine verarmte, grobschlächtige Ausgabe der anderen. Aber der Mann ist sexuell einfach anders strukturiert. Genau weil seine Erregung Crescendi und Endpunkte hat, kann sie die der Frau zum Klingen bringen. Sie erregt und frustriert sie gleichzeitig. Frustration aber erzeugt neuerliches Begehren. Ja, es stimmt, daß die Frau ihre Sinne verliert, wo der Mann sie nicht findet, und reagiert, wo weder er noch sie eine Antwort erwarten. Aber es stimmt auch, daß die Abkehr des Mannes, die ihn fernrückt, damit er wieder angesehen werden kann, die Frau zwingt, den Mann als Objekt »scharfzustellen« und damit auch sich selbst »scharfzustellen«. Erotik ist nicht totales Verschwinden, Selbstverlust, grenzenlose Zersplitterung. Sie ist ein dialektischer Prozeß zwischen Kontinuität und Diskontinuität.

3. Simone de Beauvoir hat ausführlich und in glühenden Worten das Bedürfnis der Frau beschrieben, dem Geliebten körperlich so nahe wie möglich zu sein. »Die Abwesenheit des Liebhabers ist für die Frau immer eine Qual . . . Selbst wenn er an ihrer Seite sitzend liest oder schreibt, vernachlässigt, verrät er sie. Sie haßt seinen Schlaf.«[8]

Sie und andere Feministinnen erklären dieses Verhalten mit der Tatsache, daß die Frau aufgrund ihrer gesellschaftlichen Bedingungen zur Passivität verdammt ist. Aktiv darf nur der Mann sein. Also versucht die Frau mithilfe der Liebe, die Aktivität des Mannes zu umfassen, um in seiner Welt sein zu können. Sie sucht die Verschmelzung mit ihm, um ihrer eigenen Unvollkommenheit zu entgehen. Geht er fort und verläßt sie, fühlt sie sich verloren. Denn ohne ihn ist sie nichts. Dieser Zusammenhang allerdings wird – laut Simone de Beauvoir – sofort verschwinden, sobald die Frau ebenfalls Autonomie und Aktivität für sich erobert haben wird. Sie wird sich dann, auch wenn der Mann fern ist, nicht mehr leer fühlen.

Sicher, die historische Lage der Frau spielt eine bedeutende Rolle, wenn sie so exzessiv auf das Desinteresse des Mannes reagiert. Eine aktive Frau mit eigenem Willen und eigenem Beruf wird sich, wenn der Geliebte neben ihr einschläft oder gar verreist, nicht gleich negiert fühlen. Aber das Bedürfnis nach Nähe, Intimität und Kontinuität wird sie auch weiterhin haben. Eine Frau schaut nach dem Liebesakt zärtlich auf den schlafenden Geliebten. Sie empfindet ihn als zart und schutzbedürftig. Seine Gesichtszüge sind jetzt entspannt, sie sind heiter wie die eines ganz jungen Mannes oder eines Kindes. Für eine Liebende ist all das etwas sehr Schönes. Sein Schlaf gibt ihr ein Gefühl von Nähe und Intimität, so als hätte sie ihn im Arm oder in sich.

Daß er jetzt schläft ist ein rührendes Ergebnis der Liebe. Die Frau empfindet den Schlaf des Mannes nur dann als Ablehnung, wenn sie ihn nicht liebt, wenn sie ihn nicht erträgt. Deshalb irrt Simone de Beauvoir mit ihrer Beschreibung. Andererseits befällt auch die aktive, erfolgreiche Frau, die keine Angst vor der Welt hat, ein Gefühl von Enttäuschung, wenn sie spürt, daß ihr Mann abwesend oder weit weg ist. Nicht der Schlaf trennt, sondern sein Desinteresse, die Gedanken an etwas anderes, seine (und wenn nur gedankliche) Entfernung. Denn auch eine solche Frau wünscht sich und braucht die fortwährende liebevolle Gegenwart des Mannes, die Kontinuität seines Interesses.

Die Erotik aus Berührungen und Muskelbewegungen, die Fähigkeit, Gerüche, Düfte und Töne als erotisch wahrzunehmen, hängen eng zusammen mit dem Wunsch, dauerhaft begehrt und geliebt zu werden. Berührungen bedeuten Nähe, ebenso Gerüche. Die Frau möchte die körperliche Anwesenheit ihres Mannes erleben, seine Hände auf ihrer Haut, die warme sanfte Kraft seiner Umarmung, möchte riechen, wie er duftet und wie sich ihrer beider Gerüche zu einem Parfum mischen. Sie möchte hören, wie seine tiefe Stimme sie ruft; fühlen, wie rauh seine Haare sind, wie schwer sein Körper ist. Sie möchte die zarte Kraft seiner Hand, den leisen Druck des Einverständnisses ihrer beider Finger, die flüchtige Berührung spüren, die die Liebeserklärung auf unendlich viel bessere Weise erneuert. Sie möchte gleichzeitig seinen leidenschaftlichen und überraschten Blick, wenn sie ein neues Kleid anzieht, und den Schauder fühlen, den der leichte Stoff an ihren Brustwarzen hinterläßt. Sein Begehren, wenn sie geht, und den Anstieg seines Begehrens angesichts der weichen Bewegungen ihrer Hüften. Den Geruch seiner Kleider und seines Männerkörpers, dazu die erregenden Duftwolken ihres eigenen Parfums und schließlich die Mischung aus beiden, die eine Vermischung der Gefühle bedeutet.

All das folgt den Regeln der Kontinuität. Einer Kontinuität aus Zärtlichkeit, Liebkosungen, Wörtern, Penetrationen, Flüstertönen. Sie ist wie ein großes Meer, in dem Gefühle sich ablösen wie Wellen und ineinanderlaufen. Kontinuität in Metamorphosen. Kontinuität der Körper, der Haut, der Muskeln, der Gerüche, der Schritte, der Schatten beim Sonnenuntergang, der Gesichter. Kontinuität des Begehrens, der Aufmerksamkeit, der Erregung, des Interesses, der Leidenschaft, der Fürsorge – also des Zusammenseins, des Miteinanderlebens, des Teilhabens an den gleichen Erfahrungen: dieselben Dinge sehen, denselben Mond, dieselben Wolken, dasselbe Meer; dieselbe Luft atmen, dasselbe Leben leben.

4. Schönheit und Macht

1. Die weibliche Erotik hat noch eine zweite Wurzel, von der selten oder ungern die Rede ist. Sie ist nicht individuell-persönlich, sondern kollektiv. Zu dem, was Frauen am liebsten lesen – neben Liebesschnulzen und Mode- und Kosmetikrubriken – gehören Geschichten über Stars. Männer sind auf das Privatleben von Stars nicht neugierig, sie verfolgen auch deren Liebesgeschichten nicht. Sie interessieren sich womöglich für irgendeinen Schauspieler oder Sänger und seine Leistungen, aber nicht für das, was solche Stars im Alltag sind, nach dem Auftritt, daheim bei Gattinnen oder Geliebten. Genau das aber interessiert Frauen. Der Starkult ist deshalb ein weibliches Phänomen, Produkt des Showbusiness einerseits und der Zeitun-

gen, die über das Privatleben von Schauspielern und Sängern berichten, andererseits. Der Star ist ein auserwähltes Objekt kollektiven Klatschs.[1] Frauen können sich mit Showleuten so sehr identifizieren, als wären sie Bekannte oder Nachbarn. Sie entwickeln ganz reale Gefühle von Liebe für sie, Gelüste auf sie oder Antipathien gegen sie. Sobald sich weibliche Teenager für Musik zu interessieren beginnen und zu glühenden Fans irgendeines Sängers werden, ist wirkliche Liebe und wirkliche Leidenschaft im Spiel. Es gab so etwas auch früher schon beim Melodrama und beim Theater allgemein. Ein Massenphänomen wurde es, als Rodolfo Valentino auftauchte, und in unserer Zeit traf es Sänger wie Elvis Presley.[2] Tausende von Teenagern schrien, heulten, fielen in Ohnmacht, flehten um einen Kuß, wollten ihren Elvis anfassen und von ihm angefaßt werden, wollten ihm gehören. Daß solche orgiastische Begeisterung kollektiv und lautstark vorgetragen wird, darf uns nicht täuschen: Jedes dieser Mädchen wollte den Sänger für sich allein, sie wäre – hätte sie gekonnt – sofort mit ihm ins Bett gegangen, sie hätte überhaupt alles für ihn getan. Ein ähnliches Verhalten kann man auch bei nicht kollektiver Erregung beobachten. Weibliche Fans lieben und begehren ihren Star auch in aller Einsamkeit über Jahre.[3]

Die Männerwelt hat nichts Vergleichbares zu bieten. Ein Junge mag eine Sängerin anbeten, sich angesichts ihrer sogar erotisch erregen und sie begehren. Aber er dreht kaum durch oder wertet andere Frauen ihretwegen ab. Wenn dagegen ein Mädchen einen Star anschwärmt, sieht sie nur noch ihn, alle gewöhnlichen Männer erscheinen ihr vollkommen bedeutungslos und wertlos. Dasselbe gilt für Machthaber, insbesondere für charismatische Führer. Ein Mann bewundert einen Führer, aber seine Liebe zu ihm ist völlig unerotisch. Für die Frau dagegen kann die Beziehung zu einem Führer sehr leicht erotisch gefärbt sein. In allen alten und neuen kollektiven Bewegungen gab es um den jeweiligen Führer herum stets einen Hofstaat von sexuell verfügbaren Frauen – Italienerinnen begehrten Mussolini, Deutsche Hitler, Russinnen Stalin und Amerikanerinnen Roosevelt und später John F. Kennedy. In sämtlichen Kulten, Sekten, Religionen, ist der Große Heilige, der Hohepriester, der Guru, der Prediger oder der Prophet stets umgeben von einer Schar Frauen, die begierig auf Kontakt, Liebe, Sex aus sind. Bemerkenswert ist übrigens, daß die Männer einer solchen Sekte nicht eifersüchtig sind und sich durch die Vorliebe der Frauen für den Auserwählten nicht zurückgesetzt fühlen.

Wir stehen hier vor einem grundsätzlichen Unterschied zwischen der männlichen und der weiblichen Erotik. Die männliche wird angeregt durch Körperformen und körperliche Schönheit, durch Bezauberung und verführerische Talente, aber nicht durch gesellschaftliches Gewicht und Prestige oder durch Macht. Wenn ein Mann sich ein Nacktfoto von Marilyn Monroe an die Wand hängt, dann weil es eine schöne Frau zeigt, mehr noch – die schönste der Welt. Nicht ihre Berühmtheit zieht ihn an, sondern ihre Schönheit. Er kann deshalb ruhig Fotos von anderen schönen Nackten neben sie hängen, und erregen können die ihn manchmal sogar mehr. Wenn ein Mann wählen soll zwischen einer berühmten, aber häßlichen Filmschauspielerin und einem unbekannten hübschen Mädchen, wird er zweifellos die letztere nehmen. Seine Wahl folgt persönlichen erotischen Kriterien. Bei der Frau ist das anders. Milan Kundera schreibt: »Frauen suchen nicht den schönen Mann. Frauen suchen den Mann, der schöne Frauen gehabt hat.«[4] Weibliche Erotik wird tiefgreifend beeinflußt von Erfolg, gesellschaftlichem Ansehen, Beifall und der jeweiligen Rolle. Die Frau wünscht sich Sex mit einem Star, einem Führer, mit jemandem, der von den anderen Frauen geliebt wird und im gesellschaftlichen Mittelpunkt steht.

Dieser Unterschied setzt sich fort bis in das alltägliche Verhalten hinein. Die nackten Schönen in Männermagazinen wie »Penthouse« oder »Playboy« sind nicht wegen ihres gesellschaftlichen Status interessant; er wird nicht einmal erwähnt. Ob irgendein Busen der Generaldirektorin von *General Motors* oder ihrer Sekretärin gehört, ist völlig unerheblich. In Frauenzeitschriften dagegen wird der Status der abgebildeten Persönlichkeit stets angeführt, und auch in der »Männer-Vogue« will die Frau berühmte, bedeutende Männer sehen, nicht Herrn Jedermann.

Dieser Aspekt der weiblichen Erotik findet sich wieder in der Neigung der Frau zu dauerhafter Nähe. Beim Mann sind Eros und Politik, Sexualität und Macht getrennt, bei der Frau stehen sie in einem kontinuierlichen Zusammenhang. Körperliche Nähe und die erotischen Beziehungen, bei denen berührt wird und alle Sinne mitspielen dürfen, sind zwei Arten des Wunsches, in der Gesellschaft zu sein, in der Gruppe, in ihrem Mittelpunkt.

Die Feministinnen haben das damit erklärt, daß immer nur der Mann Macht haben durfte. Die Frau habe, so argumentieren sie, im Laufe der Jahrtausende gelernt, den Schutz durch mächtige Männer erotisch zu besetzen. Diese Situation werde jedoch verschwinden, sobald Gleichheit zwischen den Geschlechtern herrscht. Möglich – aber schnell wird es wohl nicht gehen. Denn wir haben es hier mit einem Phänomen zu tun, das so alt ist wie die Menschwerdung selbst. Bei den höheren Säugetieren paart sich das Weibchen mit demjenigen Männchen, das seine Rivalen abgeschüttelt hat und das Terrain beherrscht. Auf diese Weise sichert das Weibchen sich das wertvolle Erbgut. Das Weibchen der Gattung Mensch muß darüber hinaus auch noch das eigene Leben und das der Kinder vor Hunger, Feinden und unvorhersehbaren Schwierigkeiten bewahren. Deshalb hat das Menschenweibchen, nachdem es den Krieger oder den Führer an sich gelockt hat, um an seinen Samen zu kommen, das Bedürfnis, ihn bei sich zu halten und zu domestizieren. Der Krieger darf nicht wieder gehen, er muß zwecks Verteidigung von Haus und Gemeinschaft dableiben. Er muß also liebesfähig werden und ein gesellschaftliches, gemeinschaftliches Wesen ausprägen. Die Synthese beider Anforderungen ist der Held: Er ist stark *und* leidenschaftlich, abenteuerisch *und* treu, verantwortungsbewußt gegenüber übernommenen Pflichten und Gemeinschaftspflichten *und* unerbittlich gegenüber Feinden *und* gleichzeitig sanft gegenüber der Geliebten.

In dieser Ursituation bedeutete es, mit größter Wahrscheinlichkeit das wertvolle Erbgut zu empfangen und weitergeben zu können, wenn das Weibchen sich *in unmittelbarer Nähe zum Führer, also mitten in einer Gemeinschaft* aufhielt. Erst da, wo die Gemeinschaft sich reduziert auf das Paar (wie in der modernen, monogamen Familie), verspürt die Frau das heftige Bedürfnis, einen gewöhnlichen Mann an sich zu binden.

2. Die Tatsache, daß der Mann sich Beziehungen zu vielen verschiedenen Frauen erträumt, die Frau dagegen die wahre und endgültige Liebe und absolute Treue zu jenem einen Mann, macht den Mann aber noch nicht polygam und die Frau noch nicht monogam.

In Wirklichkeit, so zeigen die zahlreichen amourösen Phantasien der Frau deutlich, ist auch sie ständig auf der Suche nach dem Auserwählten. Wenn sie Phantasien produziert, dann deshalb, weil der Mann, den sie besitzt, sie nicht vollkommen befriedigt. Die Liebesgeschichten, die sie stellvertretend im Liebesroman durchlebt, sind ebenso ehebrecherisch wie die einsamen Masturbationen des Mannes angesichts von Pornofotos. Der Mann träumt von vielen Frauen, die Frau von vielen leidenschaftlichen Lieben mit dem einen durch und durch außergewöhnlichen Mann.

Wo der Mann Vielfalt liebt, die Frau hingegen an ewige Liebe denkt, suchen beide in Wirklichkeit jeweils nach dem, was sie als erotisch erregend empfinden – der eine in einem sinnlichen Körper, die andere eben in der Liebesbeziehung zum Helden.

Die Frau ist sicher besitzergreifender, anhänglicher und treuer als der Mann, sie erstrebt eine dauerhaftere Beziehung. Aber auch sie fragt sich angesichts jedes Mannes, mit dem sie zufällig spricht: Ist der vielleicht besser als der, den ich habe? Nicht nur als Körper gesehen, als Brust, Arme, Hüften, Beine, sondern als männlicher Zauber und männliche Tugend. Manchmal erwähnt sie Männlichkeit. Sie meint damit einen Gesamteindruck, zu dem auch die Art sich zu bewegen und Gerüche gehören. Eine Geste gehört dazu, eine Uniform, Stiefel. Solche Eindrücke können eine Frau sogar beim Hemdenbügeln überfallen. Männlichkeit beinhaltet für sie aber auch Reichtum, Macht, die Art, wie einer die anderen überragt, wie er von anderen Frauen begehrt wird. Männlichkeit ist eine körperliche und eine gesellschaftliche Qualität, ein befehlender Blick oder eine befehlende Geste, eine Art zu reden und ein Sportwagen, ein Geruch und Überlegenheit.

Männlichkeit in ihrer erfreulichen, sanften Form findet sich im

Archetypus des Märchenprinzen, in ihrer schrecklichen Form in dem von der Bestie. In rosaroten Schnulzen ist der Held, wie wir gesehen haben, eiskalt, fern, er hat etwas Furchterregendes und ein hartes Gesicht. Ein Krieger eben, ein Pirat, ein Abenteurer. Das sind Bilder und Symbole einer barbarischen Männlichkeit, die einerseits Feinde abschreckt, andererseits jedoch die Gemeinschaft beschützt und für Verteidigung und Sicherheit sorgt. Im berühmten Märchen *La belle et la bête* der Madame Le Prince de Beaumont[5] ist die Bestie ein grausamer, gewalttätiger Mann mit lasterhaften, hemmungslosen Gelüsten. Er ist schrecklich und gefährlich. Durch die Liebe aber kann er besänftigt und verwandelt werden. Damit hört die Bestie auf, bedrohlich zu sein und wird zum sanften Beschützer.

Die Schnulzenliteratur befriedigt das tiefe Bedürfnis nach dieser Verwandlung ebenfalls, und sie beschäftigt sich mit der Angst, die der Held macht. Ich zitiere hier exemplarisch den Heftchenroman *Suddenly Love* von Rebecca Flanders.[6] Die Heldin ist eine nicht mehr ganz junge Apothekerin. Sie hat keine Freunde und lebt völlig zurückgezogen. Sie ist nicht schön. Eines Tages begegnet ihr der außergewöhnliche Mann, ein berühmter Filmstar und Rennfahrer obendrein. Er ist Millionär, ledig, intelligent und freundlich, und er ist aufrichtig und treu. Jahrelang macht er ihr beharrlich den Hof. Aber sie hat Angst, sagt nein, wehrt sich. Als er bei einem furchtbaren Rennen in Indianapolis tödlich verletzt wird, läuft sie davon, weil ihr ein solches Leben Angst macht. Aber wie durch ein Wunder überlebt er doch. Schreibt ihr monatelang leidenschaftliche Briefe, schickt ihr täglich Rosensträuße und beschwört sie, ihn zu heiraten. Sie sagt erst ja, nachdem er Schluß gemacht hat mit Filmen und Autorennen und überhaupt mit seinem ganzen Luxusleben und sich nur noch ihr widmet. In diesem Heftchen wirkt die Angst vor der Bestie überbetont, verzerrt, bis an die Grenze getrieben. Die Frau will angebetet werden, obwohl sie ständig nein sagt und in nichts nachgibt, und fordert alles im Tausch. Sie bleibt starr und passiv und gibt solange keinen Frieden, bis der Held sich endlich auch in den gewöhnlichen Mann verwandelt hat. Die Bestie muß gebändigt, der König gestürzt, der Krieger in das sanfte Lamm verwandelt werden, dann erst werden sie endlich akzeptiert.

3. Ist es wirklich Verliebtheit, was weibliche Teenager für Sänger und Frauen für Filmstars empfinden? Es ist mit Sicherheit eine den Anfangsphasen der Verliebtheit sehr ähnliche erotische Leidenschaft. Es ist auch mit Sicherheit eine Form von Liebe, Anbetung und Hingabe, die der der Verliebtheit ähnelt. Und doch besteht ein großer Unterschied, der allerdings im allgemeinen nicht begriffen wird. In der Verliebtheit enthüllt sich der Wert einer bestimmten Person unabhängig von ihren gesellschaftlichen Werten wie Erfolg und Ruhm. Verliebtsein ist die Entdeckung, daß ein gewöhnlicher Mensch, der sich in nichts von anderen unterscheidet, für uns eine einzigartige, nicht austauschbare Individualität und damit einen absoluten Wert besitzen kann. Würde Verliebtheit von den anerkannten gesellschaftlichen Qualitäten des anderen Menschen abhängen, dann würden sich sämtliche Männer einzig und allein in die schönsten Frauen und sämtliche Frauen einzig und allein in die mächtigsten und berühmtesten Männer verlieben. Was bekanntlich nicht der Fall ist. Es gibt also einen Unterschied zwischen dem erotischen Hingezogensein zu einem Führer oder Star, das sich auf ein kollektiv anerkanntes Objekt bezieht, und der Verliebtheit, die Individualität an sich wählt. Im Verliebtsein werden die gesellschaftlichen Werte und die anerkannten Hierarchien umgestoßen. Wenn die Frau erst einmal liebt, dann liebt sie auch alles Kleine an ihrem Geliebten, seine Schmerzen, Schwächen, Fehler und Zerbrechlichkeiten. Dann liebt sie seine Armut und sein Unglück mit, liebt das, was er ist, blendet das Urteil der Welt aus und erklärt es für untauglich. Die Liebe zum Führer oder Star dagegen ist ein Kotau vor der kollektiven Meinung.

Beide Arten von Liebe und Erotik allerdings existieren gleichzeitig in jeder Frau. Und jede sucht im geliebten Mann auch den Helden.

4. Falls die Frau tatsächlich mit einem Star intim wird, gar mit ihm zusammenlebt, erlebt sie jedoch gewöhnlich eine tiefe Enttäuschung. Sie hatte ihn zu kennen gemeint, dabei kannte sie lediglich seine öffentliche Inszenierung, die von seinen Agenten organisierten kollektiven Phantasien. Der berühmte Mann, der mächtige Politiker, der von Millionen Frauen ge-

liebte Star ist aber auch seinerseits mißtrauisch gegenüber dieser Liebe. Was liebt diese Frau da eigentlich wirklich – seinen Erfolg, seinen Ruhm oder seine Person? Es geht ihm ein bißchen wie der reichen Erbin und dem Millionär; die wissen auch nie, ob sie um ihrer selbst willen geliebt werden oder bloß wegen ihres Geldes. Es gibt in solchen Beziehungen also einen doppeldeutigen Anteil. In den Schnulzen, die die kollektive Komponente der weiblichen Erotik ansprechen, fragt sich die Heldin auch stets, ob das Interesse des Helden an ihr anonym oder wirklich persönlich gemeint ist. Ob sie nur eine der potentiellen Ehefrauen ist oder wirklich die eine Auserwählte.

Ein großer Teil des grausamen, zynischen Verhaltens bedeutender Männer oder Stars kann als Produkt der Frustration eines individuellen Bedürfnisses nach aufrichtiger und tiefer Liebe interpretiert werden. Denn dieselben Frauen, die den Star umgeben und verzweifelt um sich schlagen, bloß um von ihm berührt zu werden, machen ihm – kaum bekommen sie Zutritt zur Intimität der Liebe – zum Vorwurf, daß er ist, was er ist, und zetteln einen wüsten Kampf gegen die Rivalinnen an.

5. Das weibliche Pendant zur Macht ist besonders große Schönheit. Auch sie kaschiert eine geballte Ladung Konkurrenz. Frauen haben häufig überrascht und beunruhigt festgestellt, daß Männer weibliche Schönheit zu fürchten scheinen und Angst vor ihr haben. Eine sehr schöne Frau erregt Begierde, aber auch Mißtrauen und Furcht. Eine Menge kluger, begabter, schöner und sogar attraktiver Männer heiraten lieber häßliche oder gerade noch ansehnliche Frauen. Sie hatten zwar mehrmals im Leben die Schönheit zum Greifen nah, aber sie haben sich dann doch lieber auf Distanz gehalten – fast als hätten sie erkannt, daß die nicht für sie gedacht war. Nach und nach hat sich ihr Geschmack dann gewandelt, und sie haben gelernt, etwas Bescheideneres zu begehren, das ihnen eher entspricht.

Wenn man die Wirklichkeit objektiv und unvoreingenommen betrachtet, kann man sehen, daß, wie es scheint, nur wenige Typen von Männern tatsächlich sehr schöne Frauen haben: Es sind charismatische Führer, Millionäre, Stars, große Schauspieler und Regisseure – und manchmal Gangster.

La Belle, die große Schönheit, wird unausweichlich angezogen von der Macht, und die Macht trachtet unausweichlich danach, sie zu monopolisieren. Diese vererbte, aber stets wirksame und stets aufgefrischte Bindung ist es, die gewöhnliche Männer auf der Hut sein läßt. Denn sie wissen, daß weibliche Schönheit Konkurrenz und Kampf verlangt, daß sie ein Einsatz im Spiel der Mächtigen untereinander ist. Als Goethes Faust die Schöne Helena trifft, wird er gezwungen, Sparta zu erobern und Menelaos im Krieg zu besiegen. Und der Chor warnt ihn, daß derjenige, der die Schönste für sich beansprucht, stets bereit sein muß, sie mit der Waffe in der Hand zu verteidigen.[7]

5. »Doch alle Lust will Ewigkeit . . .«

1. Wenn sie verführt, trachtet die Frau danach, ein unauslöschliches erotisches Gefühl zu erzeugen. Auch wenn sie weiß, es handelt sich nur um eine kurze Begegnung, ein Abenteuer; auch wenn sie weiß, der Mann bleibt ihr unerreichbar.

Die weibliche Verführung setzt erotische Erregung im Mann in Gang, weckt seine Begierde, entzündet ihn, wie man eine Fackel entzündet. Aber ihr Endziel ist nicht der Geschlechtsakt. Die Frau will vielmehr den Mann in sich verliebt machen und ein Begehren in ihm wachrufen, das sich – anfallartig, wie die Sehnsucht – ständig erneuert. Ihre Verführung bedeutet Verzauberung, sie soll Begehren wecken und auf sich fixieren.

Deshalb also muß die Einladung zu Sex gleichzeitig Verweigerung und Behinderung einschließen. Eine Aufforderung zu rascher sexueller Befriedigung wäre keine Verzauberung. Denn sie erkennt das Ende an, das Vergessen, das Desinteresse. Der Vorschlag: »Laß uns ins Bett gehen, und dann vergesse ich dich«, ist obszön.

Verzauberung aber, also das Erotische, ist das Gegenteil des Obszönen. Für die Erzeugung eines sexuellen Wunsches ist nicht viel nötig. Die Frau braucht bloß ihren Rock ein bißchen hochrutschen oder ein bißchen Busen sehen zu lassen, das

Geschlecht des Mannes leicht zu streifen und ihm zuzuwispern, daß sie ihn begehrt, und schon ist er entfacht und bereit zum Sex.

Die weibliche Verführung trachtet aber nach mehr. Die Frau will einen unauslöschlichen Eindruck hinterlassen und auch nachher noch begehrenswert sein. Die Frau verführt zwar hier und jetzt, aber ihre Verführung richtet sich in die Zukunft.

Es heißt, Frauen – und zwar alle – warteten nur auf den Märchenprinzen, der sie wachküßt. Das stimmt und stimmt auch wieder nicht. Die wahre Aufgabe der Frau besteht darin, sich so schön zu machen, daß der Märchenprinz sie ansieht und begehrt und dann so schön findet, daß er nie wieder geht. Es ist ihre strahlende, schlummernde Schönheit, die ihn verzaubert, ihn aufhält und ablenkt vom Weggehen. Geht er, dann sieht, fühlt und begehrt er nichts. Im Märchen erwacht die Schöne durch einen Kuß. Aber auch der Prinz kann erst in Gegenwart der Schönen anfangen zu sehen und zu fühlen. Sie hat auf ihn gewartet, um ihm eine Schönheit zu zeigen, die er vorher nicht gekannt hatte.

2. Der Mann hat, wenn er an Eroberung denkt, Sex im Sinn. Die Frau dasjenige erotische Gefühl, das sie für immer in Erinnerung und begehrenswert hält. Vor allem bei jüngeren Frauen geht dieser Wunsch, sich in die Seele des Mannes einzuprägen, auch einher mit der Furcht, dadurch in eine allzu verbindliche und gar nicht gewollte Beziehung hineingezogen zu werden. Zwar neigt die Frau zur Erotik der Kontinuität, aber nicht in dem Sinn, daß sie etwa jede Begegnung gleich in eine kontinuierliche Beziehung verwandeln möchte. Sie will einen dauerhaften Eindruck hinterlassen, sich aber gleichzeitig auch entziehen können. Also gibt es Frauen, die buchstäblich alles tun, um einen Mann zu faszinieren, die sich aber – kaum merken sie, daß sie Erfolg haben – sofort zurückziehen und manchmal regelrecht die Flucht antreten. Denn sie wollen keine konkrete Liebesbeziehung, sie wollen Verlangen und Liebe auf sich lenken. Wollen wissen, daß diese Liebe andauert, daß sie nicht erlischt, wissen, daß der Mann jetzt und überhaupt jahrelang an sie denkt.

Dieser weibliche Wunsch, geliebt und in Erinnerung behalten zu werden, kommt am schönsten in dem herrlichen Roman *Die*

Prinzessin von Cleve der Madame de Lafayette zum Ausdruck, einem Werk aus dem Frankreich des siebzehnten Jahrhunderts.[1] Die kaum sechzehnjährige Prinzessin begegnet dem Grafen von Nemours. Der sieht phantastisch aus, ist faszinierend, der größte Don Juan von Frankreich, und keine Frau hat ihm widerstehen können. Die Prinzessin jedoch kann – und eben weil sie ihm widersteht, verliebt er sich schließlich in sie. Jetzt steht die junge Frau vor einer dramatischen Entscheidung. Sie ist verliebt in ihn, sie begehrt ihn verzweifelt, aber sie weiß ganz genau – wenn sie sich ihm hingibt, dann ist sie nur noch die letzte seiner Eroberungen. So schreibt es das Gesetz der höfischen Gesellschaft vor, in der sie lebt. Wenn sie also von ihm auch weiterhin geliebt werden will, für immer, dann muß sie sich ihm endgültig entziehen, dann darf er sie nie bekommen. Und das tut sie dann auch; sie zieht sich in ein Kloster zurück.

3. Der Wunsch der Frau nach Kontinuität zeigt sich auf vielfältige Weise. Eine Frau liebt Handlungen, die ein dauerhaftes Interesse signalisieren. Anrufe, Komplimente, Blumen. Gewöhnlich liebt sie auch amouröse Gespräche, Liebkosungen, Umarmungen, Unterbrechungen und Neuanfänge. Immer ist sie auf der Suche nach einem heiteren, sanften, intimen Sich-Verstehen in der Liebe, nach der Idylle. Und zwar nicht nur ab und zu, in den kurzen, von anderen Tätigkeiten abgezogenen Phasen, sondern auf sehr lange Sicht, wie in ewigen Flitterwochen.

Natürlich lernt eine Frau, die berufstätig und vielbeschäftigt ist und nur sehr wenig Zeit hat, irgendwann, mit der Zeit umzugehen wie ein Mann. Aber in ihrem tiefsten Innern wünscht auch sie sich, sich fallenlassen zu können in einen langanhaltenden Zustand der Sanftheit, in dem die Gesetze der Uhr nicht gelten. So wie sie sich am Strand von der Sonne küssen läßt – weil sie gern schön braun ist, also begehrenswert, aber auch weil die Sonne einem sehr zärtlichen, sanften Liebhaber ähnelt.

Wahrscheinlich ist das der Grund dafür, daß die meisten Frauen sich eine langanhaltende Erektion beim Mann wünschen. Denn sie bedeutet, daß ihre Schönheit den Mann erregt, daß er sie dauerhaft begehrt. Denn die Liebesumarmung und die Ekstase der Verschmelzung brauchen Zeit, Stunden um Stunden, und werden nicht durch Unterbrechungen, durch die Diskontinuität zerrissen. Männer denken immer, daß eine Frau ihre erigierte Rute, den Gott Priapos anbetet. In Wirklichkeit aber wollen Frauen die Dauerhaftigkeit von amourösem Interesse, Zärtlichkeit, Hingabe und Leidenschaft. Von ihnen nährt sich ihre Erotik, ihre Lust. Ein vorschneller Samenerguß ist störend, und zwar nicht an sich, sondern als Zeichen für das nicht wirklich tiefe Interesse des Mannes und für den aus Aufregung, Frustration und Apathie gemischten Zustand, in den eine solche Störung ihn versetzt.

Sobald eine Frau sich nicht mehr begehrt und geliebt fühlt, schlägt auch ihr Versuch, den Mann neu zu verführen, fehl, und sie bekommt ein Gefühl von Leere, Nutzlosigkeit und Verzweiflung. Sie fühlt sich, als wenn sie nicht mehr da wäre. Und reagiert wütend. In der Ehe und im langen Zusammenleben zeigt sich das häufig. Die Frau glaubt, daß sie, wenn sie mit dem Geliebten zusammenlebt, Eros als dauernden Gast haben wird. Sie hält die Diskontinuität in seinem Verhalten für ein Ergebnis von äußeren Umständen, materiellen Schwierigkeiten und Arbeitsbelastungen. Sie kann sich nicht vorstellen, daß sie Teil seiner Männlichkeit ist. Daß sie also eine Form *seines* Begehrens ist. Wenn man nun zusammenlebt – so glaubt sie –, kann man solche Hindernisse aus dem Weg räumen. Wenn man im selben Bett schläft, morgens gemeinsam frühstückt, am selben Tisch ißt, abends zusammensitzt und sich unterhält, dann ist doch genug Zeit da, um jene erotische Kontinuität herzustellen. Gemeinsam verbrachte Zeit erscheint als Zeit dichter, voller Erotik, als Zeit der Liebe. Wo der Mann das Gefühl von Vollständigkeit aus der besonderen Qualität der Kostbarkeit der Begegnung bezieht, da sucht die Frau es in der Verlängerung der Begegnung, in der erotischen Erfülltheit während der gesamten Dauer. In der Erotisierung der zeitlichen Kontinuität.

4. Auf der männlichen Seite der Erotik dagegen zählt vor allem, wie großartig die sexuelle Begegnung ist. Für den Mann ist sie dem gewöhnlichen Alltag entzogene, kostbare Zeit. Und deshalb hat sie einen Anfang und ein Ende. Der Mann weiß, daß er wieder in den Alltag zurückkehren muß. Die Begeg-

nung, die den Alltag überstrahlt, ist ein gleichzeitig befreiter und befreiender Bereich, etwas Regenerierendes, aus dem er bereichert und gestärkt, glücklich und erfüllt hervorgeht und sicherer und kraftvoller wieder in die Welt tritt. Sogar wenn er leidenschaftlich verliebt ist, bleibt die Liebesbeziehung für ihn eine Kette alles überstrahlender Begegnungen.

Der Mann erlebt auch öfter als die Frau den *Augenblick der Ewigkeit*. Dieser Augenblick ist keineswegs nur ein Zeitabschnitt; er ist ein ganz besonderer, der Zeit enthobener Zustand. Wenn er verschwindet, kehrt die Zeit zurück. Aber sein Wert ist größer als der der Zeit. Die Erinnerung an diesen Augenblick überzeitlicher Ekstase (die Sehnsucht) läßt die Zeit als bloßes Hindernis erscheinen, als Niederlage, als Ablenkung von unserem wahren Wesen, das doch darin besteht, der Ewigkeit teilhaftig zu werden – genau wie im mystischen Erleben; und deshalb zeigt sich auch Gott nur in Tropfen der Ewigkeit.

Ein verliebter Mann wird manchmal von einem tiefen Trauergefühl heimgesucht, wenn er daran denkt, daß der göttliche Augenblick, den er eben erlebt hat, vergehen und wieder in die Zeit zurückfallen muß. Dann sieht er in den blauen Himmel oder auf Pflanzen und Steine und weiß, diese Vollkommenheit ist das Ewige. Er darf sich später bestenfalls erinnern an dieses göttliche Erlebnis, aber die Erinnerung ist wie ein verblichenes Bild.

Die Begegnung, die den Alltag überstrahlt, ist – im Gegensatz zum blitzartigen Augenblick des Ewigkeitserlebnisses – ein Zeitsplitter, eine Insel der Erfahrung, an die der Mann sich als Ereignis erinnern wird und die er in der Phantasie sogar verändern darf.

5. Natürlich denkt auch der verliebte Mann weiter an seine Geliebte, wenn er nicht bei ihr ist. Und manchmal spürt er dabei stechendes Verlangen. Wenn er sich ausmalt, daß er sie verloren hat, empfindet er schmerzhafte Sehnsucht. Aber wenn er sich von ihr verabschiedet, fühlt er sich, auch wenn er noch so traurig ist, immer voller Lebenskraft. Die strahlende Begegnung hat ihn kühn gemacht. Wenn er geht, ist er sicher, die Geliebte wiederzutreffen, und alles was er versucht, ist, ihre Liebe aufs neue zu verdienen. Er trägt seine Erinnerung an sie

im Herzen, und sie gibt ihm Schwung und Mut. Er denkt an sie, wenn er irgendetwas tut. Er fühlt sie in sich, sie ist bei ihm, stärkt ihm den Rücken, macht ihm Freude. Der Mann füllt die Diskontinuität der Gegenwart auf mit seiner Erinnerung.

Wenn er *nicht* verliebt ist, hängt sein Wunsch, die Frau wiederzusehen, davon ab, wie schön die Begegnung war. War sie strahlend schön, wird er sie wiedertreffen wollen. Und wenn sich das Wunder dann wiederholt, wieder. War die Begegnung ein Reinfall, haben sich Probleme und Ärger eingeschlichen, tritt also die bittere Wirklichkeit dazwischen, dann läßt sein Wunsch, die Frau wiederzusehen, nach. Denn eine erotische Erfahrung, so tief, so kostbar und so ekstatisch sie auch gewesen sein mag, reicht nicht aus, um eine ständige Beziehung aufzubauen. Erst wenn seine Verliebtheit vom Wunderbaren geprägt ist, bekommt sie für den Mann etwas Irreversibles. Die weibliche Verführung zielt genau darauf ab, aber daß er sich zutiefst verliebt, kommt dennoch selten vor und bleibt unwahrscheinlich. Mehr noch – die Frau erkennt Verliebtheit nur schwer. Sie neigt dazu, sie mit der zeitlichen Dauer von Körperlichkeiten zu verwechseln, die *ihr* wertvoll erscheint, dem Mann jedoch nicht. Und die versucht sie durchzusetzen, durch Bitten oder indem sie ihre erotischen Verführungskräfte vervielfacht. Genau damit aber gerät sie unter den Zwang, ihre Anstrengungen ständig zu wiederholen, und wird von Mal zu Mal unsicherer. Die weibliche Verführung muß sich ständig erneuern, um dem Mann den Teufel namens Diskontinuität auszutreiben.

6. Der Zauber bleibt im allgemeinen nicht sehr lange wirksam in einem Mann. Diese Tatsache ist Quelle ständiger Enttäuschung und ständiger Vorwürfe für die Frau. Männer, die nicht Gefangene der Liebe bleiben und die sich nicht in aller Leidenschaft ins Abenteuer stürzen, erscheinen ihr kalt, unmenschlich und grausam. Im männlichen Mythos allerdings widersteht der Held dem Zauber stets. Odysseus verfällt den Sirenen *nicht*, er verläßt Circe, Kalypso und Nausikaa. Ruggero flieht aus dem Schloß der Alcina. Der Zauber muß also wiederholt werden.

Der Mann entfernt sich – sofort nach dem sexuellen Akt; schläft ein, geht. Bei seinem Umherschweifen könnte er ja von einer anderen Frau verführt, von einem anderen Zauber gefesselt werden. In *Der Rasende Roland* geschieht das sogar dem verliebtesten der Liebhaber, dem reinsten der Helden. Irgendwo fließt stets ein Brunnen des Vergessens oder der Liebe. Also bewacht eine Frau ihren Geliebten, ob er nun ihr Ehemann oder ihr Liebhaber ist. Das hat nicht das Geringste mit Mütterlichkeit zu tun. Es ist eine Urregung, die vollständig zur Verführung und zur Erotik der Verführung gehört. Jede Frau hütet die Liebe in sich und in ihrem Mann und versucht, sie am Leben zu erhalten. Sie bemüht sich, jenen feinen Faden, der die erotische Anziehung ist, nie reißen zu lassen.

Die Frau ist auch eine Künstlerin, Meisterin der ständigen Verwandlung ihrer selbst und ihres Hauses. Auf daß es immer etwas Neues, Erfreuliches für sie und für den Mann gebe, etwas, das den Ausruf »Wie schön, du bist aber toll!« nach sich zieht. Gefühle hervorrufen – jeden Tag, jeden Tag des Jahres ein Gefühl. Das Begehren des Mannes regenerieren, des Mannes, der es so gern vergessen würde oder tatsächlich vergißt.

Eine Frau bietet, wenn sie eine Liebesbeziehung eingeht, die ihr wichtig ist, unglaubliche Energien auf, um ihre Wohnung schön und reizvoll und gemütlich zu machen, damit ihr Geliebter dort Freude und Lebendigkeit findet. Hat sie keine eigene Wohnung, leiht sie sich eine und erfindet andere Systeme. Die Wohnung, das *Nest*, gehört zu den grundsätzlichen Dingen, für die sie Sorge trägt. Denn die Wohnung ist eine Verlängerung ihrer selbst und ihres Körpers – wie ihre Kleider, wie die geblümte Bettwäsche, wie Gardinen und die Farben der Wände, wie Pflanzen und Blumen, mit denen sie sich umgibt. Die Herrichtung der Wohnung ist integraler Bestandteil ihrer Anziehungs- und Verführungskraft. Zeitschriften wie »Schöner Wohnen« bieten Inhalte, die gleichermaßen erotisch sind wie Modezeitschriften mit Schönheits- und Schminktips.

Vom erotischen Standpunkt aus betrachtet hat die passende (weibliche) Umgebung große Bedeutung für den Mann. Man darf Männerphantasien und das tatsächliche Verhalten des Mannes nicht miteinander verwechseln. Selbst wenn er in seinen Phantasien und Erinnerungen vor allem an den Körper der Frau denkt, erregen und faszinieren ihn die Einrichtung, der

Duft und die Atmosphäre einer Frauenwohnung. Angeblich denkt er ja nur daran, ihr die Kleider auszuziehen; aber zum Ausziehen müssen sie erstmal da sein. Noch der Striptease setzt Kleider und deren Erotik voraus. Außerdem gibt es Kleider, die man nicht ausziehen kann. Das Nest, die Wohnung bleiben »an« und werden so ihrerseits Kleider. Auch der nackte Frauenkörper steckt immer in einer verführerischen, duftenden Blütenkrone.

Aber ein Nest besteht nicht nur aus Gegenständen, Stoffen, Farben, Atmosphäre und Licht. Es entsteht auch durch die Art und Weise, wie man dort empfangen wird, und sie ist eine Offenbarung. Die japanischen Geishas zum Beispiel sprechen vor allem die Sensibilität des Mannes für den gastfreundlichen Empfang an. Sie verschaffen ihm größte Freude, indem sie ihn freundlich aufnehmen, aufwerten, sein Interesse wecken und ihn dadurch zum wesentlichen Bestandteil einer poetischen Struktur machen. Auch die abendländische Kurtisane führt ein schönes Haus und ist Meisterin der Gastfreundschaft. Die Straßenprostituierte hat nichts mehr von ihrer Qualität, aber sie hat auch – im Gegensatz zur Kurtisane – gar nicht die Absicht, den Mann zu halten. Die Kurtisane dagegen möchte den Zauber, der den Mann verführt, stets erneuern und ihn an sich binden.

7. Kehrseite der weiblichen Verführung ist die Angst, nicht bezaubern zu können, jenes tiefe, unausweichliche Gefühl, von dem die Rede war, nicht hervorrufen zu können. Frauen gehen äußerst unterschiedlich damit um. Manche sind sich seit ihrer frühesten Jugend ihrer verführerischen Potenzen völlig sicher und stolz auf ihre erotische Macht über den Mann, andere gar nicht. Vielleicht liegt es daran, daß sie die Frauenrolle verweigern und keine *Femme fatale* werden wollen. Ich kann hier nicht ausführlicher auf die Struktur der Frauenrolle eingehen. Ich will mich an dieser Stelle auf die Beobachtung beschränken, daß eine ihrer selbst und ihrer Verführungskraft nicht sichere Frau ihr Bedürfnis nach Kontinuität zumeist noch mehr betont. Sie bindet sich fast obsessiv an ihren Mann und hat noch mehr Angst, ihn zu verlieren. Seinetwegen würde sie auf alles verzichten, auf jede Gelegenheit ihres Lebens, ihre Karriere, ja sogar auf ein Kind. Es gibt bedeutende Frauen, die sich aus

eben diesem Grund an mittelmäßige Männer binden und sich für sie aufopfern, gegen alle ihre politischen und ideologischen Überzeugungen. Das ist auch überzeugten Feministinnen schon passiert.

6. Weibliche Verführung und Verweigerung

1. Eine Frau wird angezogen durch einen Mann, der zu heftigen Gefühlen und leidenschaftlicher Liebe fähig ist; einen Mann, der fähig ist, etwas zu fühlen und etwas zu wollen, und der sich entschlossen und mutig in ein amouröses Abenteuer stürzen kann. Dahinter steckt ein Wunsch, der ihrer Verführungsphantasie genau entspricht. Sie wünscht sich, in jedem Mann ein unausweichliches erotisches Gefühl zu erzeugen, selbst wenn sie sich dann doch dem hingibt, der sie verdient und der fähig ist, angemessen zu reagieren.

Frauen haben oft den Eindruck, Männer könnten gar nicht leidenschaftlich lieben und sich den eigenen Begierden mit Schwung überlassen. Sie stecken viel zu sehr voller Sorgen, gehen viel zu sehr auf in beruflichen Dingen, kalkulieren zu sehr, sind viel zu erschrocken über die neue Gleichberechtigung von Frauen und ohnehin beängstigt genug von der weiblichen Schönheit, als daß sie bereit wären für das Heroische und Waghalsige, das in der Liebe und in der Erotik steckt. Länder mit hispanischer Tradition kennen den Begriff *machismo* für das gockelhafte Verhalten des traditionellen Mannes, der sich seiner unglaublichen und eingebildeten sexuellen Potenz rühmt, aber im Grunde nur mit anderen Männern beschäftigt ist, deren Konkurrenz er fürchtet und mit denen er sich ständig auseinandersetzt.[1] Dieser Typ Mann macht die gefährlichsten Dinge, nur um seinen Mumm zu demonstrieren, um von allen anderen (Männern) bewundert zu werden. Für Frauen interessiert er sich in Wirklichkeit überhaupt nicht, und deshalb ist er auch nicht imstande, sich mutig auf das Abenteuer Liebe mit all seinen Risiken einzulassen. Er schämt sich zuzugeben, daß auch er Zuneigung braucht, daß er Angst vor der Einsamkeit hat und daß er die Frau nötig hat.

Männer wie Frauen haben in ihrem tiefsten Innern ein verzweifeltes Bedürfnis nach dem Außergewöhnlichen. Nach allem, was über dem Alltag mit seinen Banalitäten, seiner Monotonie, seiner Sinnlosigkeit steht. Die Männer haben im Laufe der Geschichte auf verschiedenste Weise Berührung mit dem Absoluten gesucht – in der Religion, im Krieg, in Riten und Abenteuern. Frauen haben Jahrtausende und Aberjahrtausende lang in der Enge von Haus und Familie leben müssen. Und eben in diesem Bereich hat sich ihr Bedürfnis nach Transzendenz und Utopie entfaltet. Gewiß, die Frau hat stets leidenschaftlich an neuen Kulten teilgenommen und religiöse Sekten gegründet, und in jüngerer Zeit hat sie ihre Energien auch in künstlerische, literarische und wissenschaftliche Neuerungen gesteckt. Aber immer noch ist sie geprägt von jahrtausendealten Familienbeziehungen. Aus ihnen stammt ihr verzweifeltes Bedürfnis, sich vom Alltag zu erlösen, in ihm eine Tür aufzustoßen, die in eine andere Sphäre des Lebens führt, wo alle Dinge ihre Lebensfreude herausschreien. Wo alles Lebendige sich selbst verwirklicht. Wo Gefühle funkelnde Lichter sind und Erotik ein ganz lautes Lied, die dauerhafte Berührung mit dem Idealen und dem innersten Wesen der Dinge.

Also wünscht sich eine Frau, den Mann zu treffen, der ihrem Wunsch nach großen Gefühlen etwas zu bieten hat, und deshalb findet sie starke, magnetische Persönlichkeiten so anziehend – selbst wenn sie dann enttäuscht feststellen muß, daß solche Männer oft nur von ihrem eigenen Erfolg und ihrer eigenen Macht fasziniert sind. Sie besitzen zwar enorme innere Energien, aber in Erotik und Liebe ummünzen lassen diese sich nur schwerlich. Die Frau setzt also ihre Verführungskünste ein, um diese eingesperrte, halberstickte, zusammengepreßte Energie im Mann wachzurufen und zu befreien. Sie bietet Riesenkräfte auf für die Befreiung, für den Mann, den sie sich ausgesucht hat, den Auserwählten, den Mann, den sie liebt.

Selbst heute noch, wo sie endlich frei ist von der Last der täglichen Hausarbeit, von ihrer Funktion als Dienerin, bezieht sich die Frau bei ihrem engagierten Versuch, alles neu zu machen, die bestehenden Verhältnisse umzugestalten, in allererster Linie auf ihren Mann. Bevor sie irgendetwas ändert, bevor sie woanders sucht, bevor sie kapituliert, versucht sie, den Reichtum zur Explosion zu bringen, den sie in dem von ihr geliebten Mann eingesperrt weiß. Der Frauenprotest der siebziger Jahre war *auch* ein Versuch, die Männer aufzurütteln und ihnen zu zeigen, welchen Reichtum Liebesgefühle bedeuten.

2. Frauen wissen ebensogut wie Männer, vielleicht sogar noch besser, daß Verliebtsein etwas Unabwendbares hat. Wenn man verliebt ist, dann kann nur sehr wenig dieses Gefühl auslöschen. Wenn man es nicht mehr ist, kann keine Macht der Welt es wiedererwecken. Ist ein Mann nicht mehr verliebt, können auch die raffiniertesten Verführungskünste seine Liebe nicht zurückerobern und sprießen lassen wie am ersten Tag. Frauen wissen das. Und haben dennoch größte Schwierigkeiten, es sich einzugestehen, verhalten sich vielmehr und reden darüber, als ginge es doch. Das liegt auch daran, daß sie – gewohnt, in allem die Kontinuität zu suchen und Unterschiede zu leugnen – dazu neigen, erotische Schwärmerei und heißes Verlangen mit leidenschaftlicher Verliebtheit zu verwechseln. Ein Mann weiß sehr genau, ob das, was er fühlt, sexuelle Begierde oder Liebe ist. Für die Frau sind beide Erfahrungen verschwommener. Deshalb gelangt sie, wenn es ihr gelingt, ihren Mann noch einmal zu erotischer Leidenschaft zu verführen, noch einmal mit Interesse angesehen zu werden und ihn bei sich zu halten, gern zu der Überzeugung, daß er sie auch liebt. Der Wunsch, umschwärmt, geliebt und begehrt zu werden, läßt sie sich mit einer Form von Liebe zufriedengeben, die mit Verliebtheit nichts zu tun hat. Sie weiß sehr wohl, daß Verliebtheit etwas anderes ist, aber sie macht sich lieber keine Gedanken darüber oder versucht gar, es zu analysieren, sondern nimmt es so, wie es ist.

Es kommt auch nicht selten vor, daß Frauen – vor die Wahl gestellt, zwischen dem Mann, den sie lieben, und dem, der sie liebt, – den nehmen, der *sie* liebt. Sie ziehen dem Risiko, selbst zu lieben, die Sicherheit des Geliebtwerdens vor. Aber auch das nennen sie Liebe. Sie werden in Gesprächen stets behaupten, daß sie ihren Mann lieben, daß sie sogar in ihn verliebt seien und daß die andere Sache (die wahre große Liebe) bloß ein »Strohfeuer« gewesen sei. Oder sie reden sich ein, daß jener andere sie gar nicht liebte und daß da gar nichts zu machen war.

3. Es fällt einer Frau schwer, mit der Vorstellung zu leben, daß sie einen Mann, den sie begehrt, nicht erobern oder den, an dem sie hängt, nicht halten kann. Weibliche Verführung ist janusköpfig. Frauen kennen auch kollektive Erotik, und die stellt sich dar als Eroberung, Manipulation, als Herrschaft. Es gibt auch zwei archetypische Bilder für weibliche Verführung. Einerseits Dornröschen-Schneewittchen-Aschenputtel – hier ist der Mann fasziniert von der Schönheit, verliebt sich in die Frau, und die Frau geht mit ihm fort. Auf der anderen Seite die Hexe-Magierin-Zauberin (Circe, Alcina), die den Mann mittels Magie bei sich hält. Schneewittchen und Dornröschen sind, so sagt das Märchen, verliebt in ihren Prinzen. Circe dagegen ist keineswegs verliebt in Odysseus. Sie will ihn, soviel steht fest, aber sie würde ihn auch gegen seinen Willen gefangensetzen. Alcina verzaubert Ruggero, um ihn daran zu hindern, gegen die Sarazenen, deren Verbündete sie ist, zu kämpfen.[2]

Zu dieser Art Verführung gehört der Zaubertrank, der Betrug, Manipulation und Macht. Ihr Ziel ist nicht Liebe, sondern Herrschaft. Sie soll den Mann binden und ihn tun lassen, was die Frau will. Und zu diesem Zweck werden unterschiedslos alle Mittel angewandt: erotische Erregung, Schmeicheleien, Lügen, Erpressung. Diese Art Verführung verlangt, damit sie gelingen kann, gefühlsmäßige Distanz, ja Kälte; beides aber wäre mit der leidenschaftlichen Liebe unvereinbar. Eine Frau, die so handelt, siegt, solange sie es auf Ehe oder Geld oder Erfolg oder gesellschaftliches Prestige abgesehen hat. Hat sie es allerdings auf Liebe abgesehen, dann wird sie, kaum hat sie ihre Schlacht gewonnen, merken, daß sie gar nicht weiß, ob der Mann sie auch wirklich liebt – und unsicher werden. Die norwegische Psychologin Ellen Hartmann hat festgestellt, daß besonders offensive und aktive Frauen, die bei der Eroberung die Initiative ergreifen, sich tatsächlich der so entstandenen Beziehung unsicher sind. Der betreffende Mann ist verwirrt und beunruhigt. Wird er weiter manipuliert und gefühlsmäßig erpreßt, bekommt er schließlich sogar das Gefühl, in einem Gefängnis zu sitzen. In Märchen und Mythen ist die Hexe sich der Liebe des Helden nie sicher – zu Recht, denn der Held rebelliert gegen jede Gefangenschaft und schafft es stets, sie zu überwinden. Odysseus zwingt Circe, seine Genossen zu befreien, und Alcinas Flotte wird zerstört.

Diese beiden Gesichter der weiblichen Verführung nun, die so verschieden sind, was ihre Emotionalität und ihre Logik betrifft, gehen im wirklichen Leben – zumindest momentan – zusammen, überlagern sich, wechseln sich ab. Eine Beziehung, die mit einem positiven Zauber begonnen hat, kann sich im Laufe der Jahre weiterentwickeln mit Hilfe subtiler Manipulationen und dem bewußten Spiel mit den Schwächen und Schuldgefühlen des anderen.[3]

Männer trauen – im Gegensatz zu Frauen – ihren verführerischen Fähigkeiten nicht besonders. Schauen wir uns Prosper Mérimés *Carmen* an. Der verliebte Don José bittet Carmen, mit ihm zu gehen. Eigentlich tut er nichts dafür, er beschränkt sich darauf, sie zu bitten und zu beschwören. Er beteuert seine Liebe, erinnert sie an die Vergangenheit. Aber er kleidet sich nicht etwa anders, schminkt sich nicht, verwandelt sich nicht, er gibt sich keinerlei neue Gestalt, die »verführerisch« wäre. Es gibt natürlich auch Geschichten, in denen ein ungeliebter Held zuerst geht und reich und mächtig wird und dann völlig verändert zurückkehrt, um die Frau zu erobern und zu demütigen. Beispiel dafür ist *Der große Gatsby* von F. Scott Fitzgerald.[4] Aber sie sind alle im Diskontinuierlichen angesiedelt. Der Mann durchlebt eine Metamorphose, wird ein anderer, und in diesen anderen verliebt sich die Frau. Das ist eine Männerphantasie. Eine Frau könnte sich nur aus Rache so verhalten.

4. Verführung bedeutet nicht nur Einladung, sondern auch Verweigerung. Die Frau lehnt jeden unpersönlichen Wunsch des Mannes ab, sie will, daß Sex sich auf sie persönlich bezieht. Dieses Nein soll die anonyme Note der männlichen Erotik ausschließen und in andere Bahnen lenken.

Das Nein, die Grenzziehung, hat aber noch eine andere Bedeutung. Die Frau hat nun zwar im Mann Begehren entfacht, mußte sich aber auch, damit es gelingt, selbst einlassen, sich zur Beute machen und ihn auffordern, Jäger zu sein. Wenn sie es schafft, seine Leidenschaft wiederzuerwecken, wenn ihre Verführung gelingt, dann läßt sie sich zuweilen auch selbst in das verführerische Spiel hineinziehen. In diesem Fall muß sie unbedingt wissen, ob wirklich wieder Leidenschaft und Gefühle da sind. Besteht der Mann nämlich nicht darauf, verzichtet er gar, heißt das, seine Gefühle waren doch nicht stark. Oder er weiß nicht, wie er sie nehmen soll, wie er sie begehren soll, er ist nicht mutig.

Aus demselben Grund bringt die Frau den Mann auch häufig in Verlegenheit mit unverschämten Fragen oder mit einem mitleidigen Blick. Oder mit solchen beleidigend-naiven Fragen, die aus früheren Zeiten stammen: »Darfst du denn abends überhaupt aus dem Haus?« Sie machen den Mann zum Kind. Oder mit Verächtlichkeiten: »Ich hätte nie gedacht, daß du so ein Schwächling bist.« Oder mit einer abrupten, kompletten Verweigerung, gefolgt von einer versöhnlich-einladenden Geste und einem silberhellen Triller in der Stimme, der erneut Bereitschaft und Verlockung signalisiert. Anmachen und sich zurückziehen, schmeicheln und abwerten, in Schwierigkeiten bringen, zum kleinen Kind degradieren – es ist, wie wenn Frauen unter sich sind und lachen. Auch Männer machen Bemerkungen über eine Frau, die vorbeigeht, auch sie äußern Geringschätzigkeit. Aber sie tun es, weil sie weit weg sind, weil eine persönliche Interaktion eben nicht stattfindet. In der Verführungssituation selbst, auf Du und Du, würden sie es nie tun. Frauen schon. Aber eine Frau benimmt sich so, weil sie die Trägheit des Mannes als etwas Törichtes betrachtet; seine Passivität irritiert sie, denn er kommt nicht voran, er bietet sich ihr nicht an, ist nicht begeistert, leidenschaftlich, frei und total verfügbar.

Die Frau braucht das Wissen, daß der Mann sie sucht. Wenn sie spöttelt, dann um die Würde des Mannes und seinen Stolz herauszukitzeln. Um ihn dazu zu bringen, die Herausforderung als Stimulus zu begreifen, zu handeln und seinen Mut zu beweisen. Spötteln heißt auch, ihn auf die Probe stellen. Denn wenn der Mann nicht reagiert oder sich gar in sich selbst zurückzieht und sich unterwürfig gibt, ist klar, daß er weder die nötigen Energien noch den Mut hat, und die Frau verachtet ihn. Verachtung macht ihr erotisches Interesse sofort zunichte. Die Verführung ist gescheitert, denn das Objekt verdient nicht, verführt zu werden. Es ist es nicht wert.

5. Die Frau lebt in einem seltsamen Widerspruch. Einerseits will sie den körperlich starken Mann, andererseits fürchtet sie seine Stärke in einer erotischen Beziehung. Das ist einer der Gründe, weshalb Frauen, solange sie den Körper eines Mannes nicht in seiner Ganzheit erfaßt haben, lieber angezogene Männer mögen (und fasziniert sind von Uniformen). Der Anzug verbirgt die rohe Körperlichkeit, läßt aber gleichzeitig deren Kraft durchscheinen und damit ein Gefühl von Sicherheit, das diese Kraft hervorruft.

Der erste Schritt, den eine Frau auf einen Mann zu geht, ist der sehnliche Wunsch, sich in seine Arme zu flüchten. Ob und wie die psychischen und körperlichen Barrieren der Frau fallen, hängt von der Art und Weise ab, wie der Mann sie umarmt. Aus der Umarmung kann sie ableiten, ob sie seinen nackten Körper in jedem Augenblick, nicht nur während der sexuellen Beziehung, annehmen kann. Während des sexuellen Aktes ist das leichter, da wird der Körper des Mannes weicher, nachgiebiger, bekommt Kraft. Er wird leicht und läßt sich von Empfindungen und Gefühlen durchströmen. Gespräche von Psyche zu Psyche – über die Haut – sind möglich, der Körper des Mannes läßt sich penetrieren vom Körper der Frau. Es klingt paradox, denn die Frau hat genau davor auch Angst, und doch möchte sie ihn gleichzeitig aufmischen mit Gefühlen, mit einem Schauer zum Beispiel. Es ist, als wäre der Körper des Mannes durchlässig geworden. Vielleicht dringt die Frau, die ja seinen Körper nicht penetrieren kann, deshalb in den Geist und die Seele des Mannes ein, über die Wärme ihrer Haut, über das Vibrieren ihres Körpers.

Wenn der Mann sie jedoch packt, wie man einen Gegenstand packt – besitzergreifend, brutal –, begreift die Frau das als psychische und physische Gewalttätigkeit. Sie fühlt sich ohnmächtig, sie hat Angst. Genau dieses Gefühl ist das Erbitternde bei sexueller Gewalt, bei einer Vergewaltigung. Dieses Gefühl, erstickt zu werden, zunichtegemacht, zermalmt, vernichtet zu werden, das Frauen, die von mehreren Männern vergewaltigt worden sind, oft in den Tod treibt.

Die körperliche Kraft des Mannes zieht die Frau an und erschreckt sie. Das Rohe und Imponierende dieser Kraft kann herrlich sein, aber eben auch entsetzlich. Deshalb mögen manche Frauen lieber zierliche, körperlich zerbrechliche Männer. Vor deren Kraft müssen sie keine Angst haben, sie können sie – körperlich und psychisch – behandeln wie kleine Kinder. Solche Frauen möchten gewöhnlich den Mann auch in anderen Lebensbereichen aus seinem Amt heben.

Daß die Frau den Körper des Mannes annimmt und sogar dessen rohe Aspekte idealisiert, ist hier erstes Zeichen ihrer Liebe. Und umgekehrt wird sie ihn zurückweisen, wenn sie den Mann nicht (mehr) liebt, zunächst »durch die Blume«, subtil, zweideutig, dann deutlich. Eine Frau, die einen Mann nicht mehr liebt, zerrt tatsächlich all seine rohen, tierischen Anteile ans Licht. Sie wirft ihm vor, daß er im Schlaf schnarcht, daß er, wenn er durch die Wohnung geht, alles umreißt und kaputtmacht. Seine ganze Körper-Umgebung irritiert sie. Sie kann ihn buchstäblich nicht mehr riechen. Auch die Bettwäsche ist jetzt nicht mehr getränkt von »unserem« Parfum. Sie ist getränkt vom scharfen, tierischen Geruch des Eindringlings.

Den tierischen Aspekt können Frauen nur schwer auslöschen. Am Strand etwa erscheinen vielen Frauen Männer wie eine Horde Affen. Untereinander sagen sie dann, ohne einen bestimmten Mann zu meinen, etwa: »Nackte Männer sind doch wirklich nicht schön, kein schöner Anblick.« Das stimmt ja teilweise auch, aber zum anderen Teil erscheint die körperliche Grobheit von Männern den Frauen auch einfach häßlicher. Hier passiert das Gegenteil von dem, was eine Frau gegenüber ihren eigenen Söhnen empfindet. Söhne sind immer schön, für jede Mutter, und wenn sie noch so fett und mißraten sind. Keine Mutter würde je zugeben, daß ihre Söhne häßlich sind, sie würde wütend werden, wenn irgendjemand ihr das klarmachen wollte. Dieses Verhalten wird häufig mit »Mutterliebe« verwechselt. In Wirklichkeit kann eine Frau nicht zugeben, ein häßliches Wesen geboren zu haben. Wenn sie zugäbe, daß ein Kind von ihr häßlich ist, dann müßte sie zugeben, daß ein Teil von ihr versagt hat, abweicht. Sie weiß es wohl, aber sie gibt es nie zu. Sie tut also das Gegenteil von dem, was sie in bezug auf ihren Mann tun würde. Sie erstickt das Kind unter einem Übersoll aus Affekten, Ängsten und Besitzwünschen. In Wirklichkeit würde sie es am liebsten wieder in die Gebärmutter zurücksaugen und verstecken. Es in gewisser Weise also umbringen.

Diesen beunruhigenden Aspekt von Männerkörpern überwindet die Frau, wenn sie den Mann wirklich liebt, indem sie ihn ins Positive verkehrt. Denn wenn sie einen Mann liebt, liebt sie auch seinen Körper, und zwar wie ihren eigenen, der auch nie abstoßend ist. Der eigene Körper ist – selbst wenn das Alter ihn verunstaltet hat – für jede Frau eine Freude, er ist warm, weich und hat einladende Kurven. Sie wohnt in ihm, es geht ihr gut darin.

Die Frau nimmt den Körper des Mannes also nur allmählich, Schritt für Schritt, mit Hilfe ihrer Liebe an. Der geliebte Mann ist nicht mehr das Tier, der Beutemacher, der ihren Körper gejagt und sich daran gütlich getan hat und der jetzt gesättigt schläft. Er ist wie ein kleines Kind, das sich dem Schlaf anheim gibt, wie es sich der Liebe anheimgegeben hatte, infolge dieser Liebe. Und die Frau ist nicht mehr Beute, sondern Jägerin. Sie ist stolz wie die Göttin Diana, die ihren Pfeil abgeschossen hat und jetzt auf ihr regungsloses Opfer blickt, stolz und zufrieden. Also schläft auch sie ein, neben diesem inzwischen sanften, beschützenden, unschuldigen Körper. Der Körper des geliebten Mannes ist nicht abgetrennt von ihrem. Sie kuschelt sich in seine Arme und atmet seinen Atem. Sein Atem ist wie die Luft – unabdingbar. Ihrer beider Gerüche haben sich vereint, sind ein einziger Geruch, ein einziges Parfum geworden. Dieses Parfum hat sie in der Nase und fühlt sich sicher, im Frieden mit dem Leben. Ihn jetzt berühren heißt, eine herrliche, stille Landschaft berühren. Heißt Sicherheit des Kontinuierlichen, des Dauerhaften. Der Ewigkeit.

Männertraum

7. Die erotische Unterbrechung der Zeit

1. Der große Traum der weiblichen Verführung ist der Traum von der Kontinuität der Liebe. Im Mittelpunkt der männlichen Erotik und der Männerphantasien dagegen finden wir die Diskontinuität der sexuellen Lust. Selbstverständlich kommt auch in der weiblichen Erotik Lust vor. Aber diese Lust ist eine durch die Liebesbeziehung vermittelte. Sie wird geadelt durch die Großzügigkeit der Liebe. Die Liebeslust ist zutiefst moralisch. Liebe ist ein Geschenk, Hingabe, Altruismus. Liebe will Verschmelzung zweier Individuen möglich machen. Jedes der beiden transzendiert also sein eigenes empirisches Ich und seine egoistische Engherzigkeit. Selbst noch eine *amour fou* besitzt ihre soziale Würde.

Ein wahnsinnig Verliebter verhält sich wie ein Konvertit, der Haus und Kinder und alles andere im Namen des Glaubens verläßt; oder wie ein Terrorist, der aus idealistischen Gründen mordet.[1] Lust hat eine solche ethische Würde nicht. Und die männliche Erotik, wie sie sich in den Phantasien darstellt, die wir untersucht haben, ist sogar das Gegenteil jeder Ethik. Ethik gebietet, den anderen Menschen als Zweck, aber nie als Mittel zu betrachten. Ein Objekt des männlichen erotischen Begehrens dagegen ist Mittel – wie Nahrung, wie Wasser, wie ein Bett, wenn man müde ist. Alles, was dazu dient, ein Bedürfnis zu befriedigen, ist Mittel. Und noch die Wechselseitigkeit ist ein egoistischer Anteil der männlichen Erotik. Die Lust der Frau ist nur im Hinblick auf die eigene Lust erwünscht.

In die Kategorie Liebe und Tugend aber gehört nur die Lust der anderen Person, die deren eigene Lust ist, bevor sie Mittel für meine Lust werden kann. Die männliche Erotik kennt keine so würdevolle Einteilung; sie ist ihr nicht gestattet, und sie gestattet sie sich selbst nicht. Die männliche Erotik ist egoistische Genußsucht. Wenn ein verheirateter Mann sich zu einer anderen Frau hingezogen fühlt und mit ihr ins Bett geht – nicht, weil er mit ihr leben oder eine Zukunft, gar eine neue Familie mit ihr aufbauen will, nicht, weil er eine große Liebesgeschichte im Kopf hat, sondern einzig und allein, weil es ihm Spaß macht, mit ihr ins Bett zu gehen –, dann kann er keine mildernden Umstände erwarten. Lust wird nur bei Menschen ohne Bindungen und Verpflichtungen toleriert, die mit niemandem Abmachungen getroffen haben. Lust darf nur erlebt werden als etwas, das außerhalb von Institutionen, von Beständigkeit und Abmachungen steht, nur als etwas, das man durch fehlendes Rückgrat erreicht, als etwas Verderbtes, Liederliches. Sie ist der Weg des geringsten Widerstands, der jede Wahl umgeht und gedankenlos nimmt, was zu kriegen ist.

Sie bedeutet, in die Gewalt der Anziehung, der Verführung durch das Objekt zu geraten.[2] Das Subjekt verliert sich im Objekt, es wird von ihm bezaubert und zersplittert. Diese Lust bedeutet also Wahnsinn, Dissoziation und den Verlust der Mitte, die dem Objekt widersteht und sich gegen das Objekt durchsetzt. Der erotische Mann ist besessen von seinen Begierden, er rennt hinter allen Dingen her – wie ein Affe, der auch kein Ziel kennt und über keine Mittel verfügt, um ein Ziel zu erreichen. Die Umgangssprache beschreibt ihn als »den Verlockungen des Fleisches« erlegen, als einen, der »sich gehen läßt«. Es ist wie ein schwindelerregendes Spiel. Und in der Tat ist diese Erotik gefährlich wie ein Glücksspiel, wie ein Autorennen, und entsprechend kommt es früher oder später unausweichlich zur Katastrophe. Mehr noch, dieses Spiel *kann* nur in der Katastrophe enden. Ein Spieler hört erst auf, wenn er alles verloren, wenn er sich völlig ruiniert hat. Die moralische Inkonsistenz der Erotik springt uns aus den Seiten eines Henry Miller und aus denen des italienischen Schriftstellers Vitaliano Brancati gewalttätig entgegen.

Dieses Wesen der Erotik ist durchaus nicht nur der jüdisch-christlichen Tradition vorbehalten. Michel Foucaults letzte Studien belegen, daß die *aphrodisia* der griechischen Auffassung eine Grundenergie beinhalten, die nach dem Exzeß strebt. Man darf also von diesen Kräften nur mäßigen Gebrauch machen, und das gelingt nur, solange man ihnen gegenübertreten und widerstehen kann. »Negativität par excellence in den Augen der Griechen heißt . . . im Angesicht der Lüste passiv bleiben.«[3]

Trotzdem ist es beeindruckend, welche dichten Übereinstimmungen zwischen den erotischen Männerphantasien des Abendlandes und einigen Texten des fernen Ostens bestehen. Als Beispiel sei hier das berühmte Werk *Andachtsmatten aus Fleisch – Ein erotisch-moralischer Roman aus der Ming-Zeit* des chinesischen Autors Li Yü zitiert.[4] Auch in diesem Buch geht es um das Thema der sexuellen Unwiderstehlichkeit des Mannes. Die Frauen sind hingerissen von seiner männlichen Potenz und unterwerfen sich ihr; sie werden zu Sklavinnen eines außerordentlichen Gliedes, sie können einfach nicht anders. Das geschieht sowohl im Fall des jungen Protagonisten, des Vormitternachts-Scholaren, wie im Fall des redlichen Küan. Der Vormitternachts-Scholar macht sich unwiderstehlich für seine erste Frau, indem er sich zum Meister der erotischen Kunst entwickelt. Als er sich dann aber entschließt, die schöne Aroma, Küans Frau, zu erobern und zu seiner Geliebten zu machen, muß er feststellen, daß er Küan körperlich unterlegen ist. Deshalb läßt er sich ein enormes Glied bauen. Mit ihm bezaubert er Aroma und setzt alle anderen eifersüchtigen oder neidischen Frauen, die ihn sonst verraten würden, außer Gefecht. Keine Frau kann der Lust standhalten, die solche übermäßig ausgerüsteten Männer ihnen zu verschaffen verstehen. Sie werden verrückt vor Verlangen und benehmen sich wie Rauschgiftsüchtige. Die Gewöhnung erfolgt augenblicklich – schon beim ersten Probieren der Droge. Haben sie das außerordentliche Glied des Mannes erst einmal kennengelernt dann gibt es kein Entrinnen.

Der Unterschied zwischen dieser und der abendländischen Pornographie besteht darin, daß der Mann in letzterer keine besonderen Fähigkeiten oder Gaben benötigt. Man braucht hier weder einen Superpenis noch raffinierte Sexkenntnisse. Eine sexgierige Frau kann jedermann jederzeit erregen, denn eine solche ist ja immer schon längst »süchtig«. Beide pornographischen Muster allerdings reduzieren alles auf Sex und Körper. Die handelnden Personen tun nichts anderes und reden von nichts anderem. Die Texte sind stets ein pausenloser

Endlosdiskurs über Erotik. Niemals gibt es Liebeskummer, schlimmstenfalls leidet einmal jemand unter der Abwesenheit der anderen Person.

Auch in den chinesischen Pornos hat Erotik ein unmoralisches Wesen. In den *Andachtsmatten* vernachlässigt der Protagonist seine ehelichen Pflichten und bringt den Frauen, die ihn lieben, Tod und Verderben. Im *Chin P'ing Mei* ist er sogar ein Mörder. Hsi-Mei und Goldlotos, die beiden Liebenden, verschaffen sich ihre Lust mit allen Mitteln. Die Frau ist niederträchtig gegen alle, ihren Mann bringt sie sogar grausam um. Die erotische Hemmungslosigkeit (kein einziges Mal taucht das Wort Verliebtheit auf) reißt Grenzen ein und richtet Schaden an, auch bei Hsi-Mei, der schließlich, als er schon krank ist, von Goldlotos den Extrakt der spanischen Fliege bekommt, damit er so geil wird, daß er stirbt. Ein anderes gemeinsames Kennzeichen ist die Gefährlichkeit. Wer die Lüste gebraucht, geht immer ein sehr hohes Risiko ein. In Li Yüs Buch besteht die Gefahr darin, von irgendeinem Ehemann oder irgendeiner anderen Frau entdeckt zu werden. Im *Chin P'ing Mei* lauert sie in der Entdeckung des Mörders.

2. So besehen ist die erotische Männerphantasie das Gegenteil der weiblichen. Wo letztere Kontinuität, Intimität und gemeinsames Leben sucht, schließt erstere Liebe, Bindung, Pflichten, das soziale Leben an sich gewaltsam aus. Auch in dem erwähnten Buch des Li Yü werden Kinder, Eltern, Geschäfte, Zeremonien und überhaupt sämtliche Sorgen und Nöte ferngehalten vom erotischen Abenteuer. Stets versuchen die Frauen, ihren Mann an sich zu binden, und stets tut der alles, um sich seine launische Freiheit zu erhalten.

In den erotischen Männerphantasien steckt etwas Antithetisches in bezug auf Bindungen und Verantwortung. Frauen, die dieses erotische Männerideal in den letzten Jahren verkörpert haben, hatten das gemeinsame Merkmal, auf keinen Fall Bindung und Verantwortung zu suchen. Marilyn Monroe ist keine romantische Heldin. Sie scheint statt dessen zu signalisieren: Hier bin ich – einfach, naiv, zerbrechlich und erregbar. Mach, was du willst. Ich will gar nichts von dir, weder die Ehe noch irgendeine Dauerhaftigkeit, weder großen Einsatz noch Geld.

Ich merke nicht einmal richtig, was du mit mir machst und was es sexuell zu bedeuten hat. In ihren Filmen spielt Marilyn Monroe immer wieder die Rolle der Frau, die sich ständig anbietet, ohne es zu merken.

Die Frau, die seine erotische Phantasie verkörpert, nimmt dem Mann jede Verantwortlichkeit für sein Begehren ab. Sie verlangt keine ethische Wiedergutmachung für die Lust. »Wenn du mich magst«, so lautet ihre Botschaft: »Hier bin ich, nimm mich. Wenn du gehen willst, geh – von mir hörst du weder Gejammer noch Vorwürfe, weder Forderungen noch Erpressungen noch Klagelieder. Ich belästige dich nicht mit Kindern und nicht mit der Mutter, nicht mit Verwandten und Geschwistern. Ich brauche auch dein Geld nicht. Ich bin nicht eifersüchtig, und ich nehme dir nichts übel. Und wenn du dann schließlich wieder zu mir kommen möchtest, bin ich für dich bereit.«

Sophia Loren und Gina Lollobrigida haben sich in dieses Muster nie eingepaßt, deshalb sind sie auch – obwohl sie beide sehr schön sind – nie erotische Symbole geworden. Das wurde Brigitte Bardot. Sie ist der frei von Hemmungen außerhalb der Norm stehende Teenager. Sie signalisiert Gefahrlosigkeit durch eine gewisse Unordentlichkeit und Nachlässigkeit. Sie kleidet sich etwas sorglos, und auch ihre Haare sind nur unvollständig blond gefärbt. All das deutet auf soziale Minderwertigkeit hin – sie ist ein leichtes Mädchen, man kann sie verlassen, ohne daß das Folgen hätte.

Keine Folgen, Unterbrechung des Ursache-Wirkung-Zusammenhangs. Die Zeit als Aneinanderreihung getrennter Momente, die untereinander keinerlei Beziehung haben, ist das Gegenstück zur Zeit der Moral und des Gesetzes, die erinnert und nicht vergißt. Sie ist die Negation einer äußerst wichtigen Komponente in der Mentalität des Mannes: der Verantwortung. Sie ist auch die Negation eines biologischen Triebes, der den Mann innehalten und sich um Frau und Kinder kümmern läßt. In der männlichen Erotik steckt ein anarchischer, antisozialer Anteil, eine Unruhe der Freiheit, die Männer selbst nur mühsam zugeben mögen. Sehr oft verrät ein Mann seine Frau oder seine Geliebte, aber nicht weil er sich wirklich für eine andere Frau interessiert; auch nicht, weil er Geschmack an Eroberung und Abenteuer findet. Er verrät sie, um einfach frei zu sein, um ihrer Bewachung zu entgehen, um das Gefühl zu haben, er stehe außerhalb ihres liebevollen Besitzanspruchs und ihrer Kontrolle. Lügen und Heimlichtuerei müssen ebenfalls in diesem Zusammenhang gesehen werden – mit ihnen baut der Mann Mauern um einen persönlichen und heimlichen Bereich, in den nicht einmal seine größte Liebe eindringen darf, um zu spionieren. In diesem vor Liebe und Pflichten geschützten Bereich hat Erotik den Geschmack einer kapriziösen Freiheit ohne Fesseln. Sie schmeckt nach Verantwortungslosigkeit.

3. Ethik bedeutet – wie die Liebe – Bindung, Verpflichtung, Kontinuität. Die Freiheit der männlichen Erotik dagegen gibt sich den Anschein, alles Lästige, Beleidigende und Irritierende zu verweigern. Sie pocht stets auf das Recht, die Person, die ihr Lust verschafft, aussuchen, umschmeicheln und belohnen zu dürfen und diejenige, die das nicht tut, ausschalten und beiseiteschieben zu dürfen. Sie aber zu behalten, falls irgendetwas an ihr dem Mann doch gefällt – getrennt vom Rest, allerdings. Hieraus ergibt sich sein Versuch, die konkrete Gesamtheit einer Person, ihre Komplexität und Einheit, aufzutrennen in viele verschiedene Einzelteile. Denn eine böse, gefährliche und verwerfliche Person kann schließlich sehr wohl sexuell anziehend sein. Also möchte der Mann diesen Aspekt von allen anderen absondern und sich nur auf das Sexuelle konzentrieren. Solange es irgend geht möchte er die hassenswerten Aspekte in Klammern setzen und die positiven aufwerten und in den Vordergrund rücken.

Selbstverständlich kennen Frauen auch eine solche Art von Vorgehen, allerdings eher im Bereich sozialer und finanzieller Kriterien. Eine Frau kann sich entschließen mit einem Mann essen zu gehen, weil er bedeutend ist, sie kann sogar aus Geldgründen heiraten. Sie setzt also lästige Eigenschaften wegen eines sozialen Vorteils in Klammern. Sie tut das jedoch fast nie wegen eines erotischen Vorteils. Höchst selten sucht eine Frau in einem Mann die sexuelle Leistung und begehrt nur die. Erica Jong versucht in ihrem Buch *Fallschirme und Küsse*,[5] sich gegenüber ihren Gelegenheitsliebhabern genau so zu verhalten, aber sie hält es nicht durch und wird wütend und empfindet Haß.

Erotisch reizvoll für eine Frau ist im allgemeinen nur eine Person, die sie insgesamt gut finden kann. Sicher, sie mag sich auch einmal von irgendeiner außergewöhnlichen erotischen Qualität angezogen fühlen. Ein berühmter französischer Staatsmann soll großen Erfolg unter den Pariserinnen gehabt haben, weil er einen »begnadeten« Penis besaß. Aber was die Frauen in Wirklichkeit anzog, waren die Neugier, die Konkurrenz mit anderen Frauen und die Tatsache, daß dieser Mann der Präsident war. Die Wertschätzung ergab sich also aus einem sozialen Diktat, sie war keineswegs aus eigenen Gründen gewählt. So schön, so muskulös, so männlich ein Männerkörper immer sein mag – für eine Frau sind der Applaus des Publikums, der Beifall in einem Theater und sogar eine wunderschöne Yacht ebenso erotisch.

4. Die diskontinuierliche (männliche) Erotik findet ihren Ausdruck auch in Bildern vom Refugium, vom Schloß, von der »Fleischgrotte« (in Anlehnung an die *Andachtsmatten aus Fleisch* des Li Yü). In den Armen seiner Geliebten ist der Mann fern von allem Geschrei der Welt. Er tröstet sich über alle Kränkungen hinweg, indem er sie vergißt, er leckt seine Wunden. Erotik wird zu einer Insel, die ein sonst unlebbares Leben lebbar macht. Vom Männerstandpunkt aus betrachtet ist das ganz einfach. Es reicht, daß zwei Menschen es wollen. Sie brauchen dazu nichts besonders Mitreißendes, keinen *status nascendi*, sie müssen nur zusammenpassen. Wenn beide einverstanden sind, können sie – mindestens für ein paar Stunden – einen Zauber nur zwischen sich schaffen und einen Rosengarten fernab von der Welt anlegen. Sie können dahin zurückkehren oder auch nicht. Wie soll man das nennen? *Begegnung* habe ich das genannt, was zwischen Freunden passiert.[6] Diese erotische Unterbrechung der Zeit, dieser Zauber auf Abruf, diese Ferien von der Welt, diese momentane Verschmelzung, die in der Umarmung und im Geschlechtsakt stattfindet jedoch, braucht einen besonderen Begriff. *Akt* wäre zu wenig, *Beziehung* zuviel. Die elementare Einheit dieser Erotik ist ein Intervall, ein *glanzvolles Intermezzo*.

Erotik setzt voraus, daß man sich um die Person, mit der man eine erotische Beziehung hat, keine Sorgen zu machen braucht. Tauchen Probleme auf, lästige Verwicklungen mit dem Äußeren, dann muß eine positive Entfremdung her, ein Befreiungsakt. Das so befreite und erleuchtete Gebiet kann sich mit Erotik füllen. Es ist kein einfach leerer Raum, es ist ein entleerter Raum. In ihm können sich beide ausschließlich auf die erotischen Freuden und ihre Vervollkommnung konzentrieren. Wie in der Meditation.

Die meditierende Konzentration, die Erotik als Meditation *(Andachtsmatten aus Fleisch)* wird um so angenehmer, je mehr sie uns befreit von einer Frustration, einer Gefühllosigkeit, einer Tristesse, die von uns Besitz ergriffen haben mag. In diese Dimension gehört die *Geliebte*.

Die mit der Geliebten verbrachte Zeit muß frei sein, frei von allen Sorgen, außergewöhnlich, eine Zeit des Glücks, eine Zeit des Friedens. Eine vom Alltag abgetrennte, aus ihm herausgeschnittene Zeit. Mit einem Anfang und einem Ende. Alles, was besonders ist, muß einen Anfang und ein Ende haben. (Mit Ausnahme des *status nascendi*, der der Anfang des vollkommen Neuen ist und kein Ende hat. Verliebtheit will kein Ende.) Die Geliebte existiert als Parallele zur institutionalisierten Beziehung. Sie ist die andere Dimension, in die man sich flüchtet und aus der man in den Alltag zurückkehrt. Die Dimension des Alltags ist das, worüber man redet, das Bekannte, Ort der institutionalisierten Pflichten, das Offizielle, das, was dasein soll, die Aufgabe, aus der sich die Einzelheiten ableiten und die Handlungen analysieren lassen. Die Sphäre der Geliebten dagegen ist das Abgesonderte, das Doppelte, das Parallele. Sie ist heiterer, eben weil ihre Zeit eine herausgehobene und ihre Beziehung zur Welt nur eine partielle ist. Mit der Geliebten geht alles gut, denn in dieser Zeit gibt es keine Interferenzen, nur erotische Vollkommenheit. Die abgetrennte und herausragende Zeit läßt sich organisieren wie ein Fest, wie eine Theateraufführung, wie Ferien, wie ein Ball. Sie ist die einzige Zeit, in der die Idylle möglich sein darf. Viele Menschen stellen sich Verliebtheit immer nur wie eine Idylle vor. Aber das ist falsch. Verliebtheit ist auch Unruhe und Qual. Die Idylle ist nur für begrenzte Zeiten möglich: ganz am Anfang, wenn Leidenschaft oder Konflikte noch nicht aufgetaucht sind, oder danach, wenn man für die inneren Beziehungen und für die Beziehung mit der

Außenwelt Regeln, einen Kodex aufgestellt hat. Idylle ist kein natürliches Ergebnis der Anziehung, sondern Resultat von Regieleistungen.

Die Figur der Geliebten wird manchmal von beiden, manchmal nur von einer der beiden Personen gewünscht. Im letzteren Fall paßt die jeweils andere Person sich zwangsweise dieser Rolle an. Manchmal sind beide verliebt, aber einer will die Rolle des Geliebten beibehalten, um zu vermeiden, daß jene Liebe auf das gesamte Leben übergreift und neuen Alltag schafft; oder um eine Entscheidung zu vermeiden. Der englische König Edward hatte seine Beziehung zu Wally Simpson eigentlich geheimhalten wollen, jedenfalls teilweise. So dachte seine Umgebung, der Hof. Man war sogar froh, daß Mrs. Simpson verheiratet war, denn das bedeutete, daß sie den König nicht zu heiraten trachtete. Aber Mrs. Simpson ließ sich scheiden und verlangte, nach Schloß Balmoral eingeladen zu werden. Sie wollte sich auf die Rolle der Geliebten nicht reduzieren lassen. Sie wollte die Ehe, denn die würde sie zur Königin von England machen. Das konnten Politiker und öffentliche Meinung natürlich nicht zulassen. Vor die Entscheidung gestellt, die Frau nicht zu heiraten oder auf den Thron zu verzichten, dankte Edward ab.

Es gibt jedoch auch Beziehungen von Geliebten, die jahrelang oder sogar das ganze Leben lang halten. Vor allem, wenn beide verheiratet sind. Sie treffen sich nur selten und halten aus ihren Begegnungen alles störende Alltägliche heraus. Sie sind aufmerksam, freundlich miteinander und haben nur ein Interesse – sich Freude und Lust zu machen. Sie verhalten sich wie zwei Komplizen, und beide geben ihr Bestes. Daß eine solche Beziehung auf Sex beschränkt bleibt, macht sie leicht und unverbindlich. Auch wenn sich im Laufe der Zeit eine tiefe und aufrichtige Zuneigung entfaltet, manchmal sogar Liebe.

Eine solche Liebschaft ist ohne Beschränkungen nicht möglich. Geliebte müssen sich zeitlich beschränken und dürfen nur begrenzt offiziell sein und sich in die Öffentlichkeit begeben. Eine Liebschaft ist auch ohne Geheimnis nicht möglich. Sowie eine Beziehung manifest und öffentlich wird, verändert sie sich in ihrem Wesen und wird zur Ehe, selbst wenn sie nicht den Namen trägt.

Die Geliebte gehört in die Sphäre der Suche nach der unzweideutigen Beziehung, die man nur erreicht, wenn man sich abschottet und zurückgezogen bleibt.

Diese Strategien der Vermeidung, des Sich-Entziehens und die Welt Hintergehens ähneln denen, dank derer die jüdische Sekte der Dönmeh sich der moslemischen Welt widersetzen konnte und überdauerte: durch Geheimhaltung. Die Dönmeh traten auf wie Moslems, praktizierten jedoch heimlich die jüdischen Riten. Sie hatten die Texte des Talmud in fingerhutkleinen Büchlein. Sie machten keine Proselyten und hatten keinen Expansionsdrang. Sie wollten einfach nur überleben.[7]

Die Erotik, von der hier die Rede ist, setzt sich nicht als Modell und wirft sich nicht zur moralischen Norm auf. Ihre Freiheit ist negativ, ein Schutzwall gegen fremdes Eindringen. In einer solchen Situation sind Heimlichkeiten günstiger als der offene Kampf. Jeder Konflikt bedeutet Klärung. Die Entscheidung trachtet nach einem Alles, nach dem Unikum. Diese Erotik dagegen ist immer nur ein Teil, etwas Abgegrenztes. Sie ist höchst verletzlich, und beide Liebenden wissen das. Sie ist wie der magische Kreis des Exorzismus und des Opfers. Eine einfache auf die Erde gezeichnete Linie, die vor Kontakt mit dem Unreinen, dem Beschmutzenden, dem Zudringlichen, dem Profanen bewahren soll. Milan Kundera kennt sich sehr genau aus mit diesen Gefühlen und stattet in *Die unerträgliche Leichtigkeit des Seins* eine Frau damit aus, Sabina. »Für Sabina war es, als hätte Franz gewaltsam die Türen ihrer Intimität aufgebrochen. Als würden auf einmal Köpfe hereinschauen, der Kopf Marie-Claudes, der Kopf Marie-Annes, der Kopf des Malers Alan und der des Bildhauers, der sich immer den Finger hielt, die Köpfe aller Leute, die sie in Genf kannte. Gegen ihren Willen würde sie nun zur Rivalin einer Frau, die ihr völlig gleichgültig war. Franz würde sich scheiden lassen und sie in einem breiten Ehebett den Platz an seiner Seite einnehmen. Alle würden von fern oder nah zuschauen; sie würde vor allen irgendwie Theater spielen müssen; . . . Die publik gemachte Liebe gewönne an Schwere, würde zur Last. Sabina krümmte sich schon im voraus unter dieser Last.«[8]

5. Das Wunderbare einer erotischen Beziehung liegt für den

Mann im totalen Vertrauen und Sichhingeben, die beide nur auf die Lust bezogen sind, ohne jede Pflicht oder Verbindlichkeit, ohne jeden Zwang. Hierin ist sie identisch mit der Freundschaft. Mittel zur Erlangung des erotischen Friedens ist jedoch nicht – wie für die Freundschaft typisch – die Vertiefung der geistigen Beziehung, das Vertrauen, das Kennenlernen; sondern Abschottung, Schweigen, Mäßigung, Diskretion. Nur die äußerste Diskretion in allen anderen Bereichen erlaubt erotische Entfesselung, denn nichts darf dazwischentreten, was sie beschmutzen könnte.

Es ist falsch, sich die männliche Erotik als Revolte vorzustellen.[9] Revolte ist Bewegungen zu eigen, also der Verliebtheit. Liebe versteht sich selbst als vollkommen, als exemplarisch. Deshalb neigt sie dazu, manifest zu werden, ihre Schönheit herauszuschreien, sich in öffentlichen Handlungen und sozialen Beziehungen auszudrücken. Verliebte sondern sich nicht ab und verstecken sich nicht, sie zeigen sich, Hand in Hand. Auch der Mann tut das, wenn er verliebt ist. Aber im tiefsten Innern weiß er schmerzhaft genau, daß Gesellschaftlichkeit, Beispielhaftigkeit und In-der-Welt-Sein die Individuen im wörtlichen Sinn außer sich bringen. Dank ihrer stehen sie auf einer Bühne und tragen etwas vor. Und der Vortrag ist immer ein Dienst. Er geschieht immer für die anderen, nicht für sich selbst.

Die weibliche Erotik öffnet sich gern der Welt, geht gern an die Sonne, unter Leute. Eine Frau träumt davon, Liebe unter dem Sternenhimmel zu machen, am Meeresstrand, im Wald, wo immer die Natur am schönsten ist. Für eine Frau ist es erotisch erregend, wenn sie mit ihrem Mann Hand in Hand die Straße entlanggeht oder sich bei einem Fest in seine Arme schmiegt. Auch der Mann findet das erregend – wenn die Frau schön oder er verliebt ist. Auch der Mann ist stolz. Er kann mit einer Frau sogar mehr prahlen als mit irgendeiner anderen Eroberung. Und dennoch findet seine Erotik ihren tiefsten Ausdruck in geschlossenen Umgebungen. Die männliche Erotik hat eine sehr starke Komponente, die das Äußere entwertet und das Innerliche aufwertet. Sie legt es nicht auf Anerkennung an, auf irgendeinen sozialen Triumph, auf Ruhm, sondern ganz im Gegenteil auf Autonomie, Unabhängigkeit und Autarkie: Ich kann auch ohne. Der Sieg liegt im Ohne-etwas-Können, in der Erschaffung eines Mikrokosmos. Ich habe über die Welt triumphiert, weil ich ihr meine Welt entgegengestellt habe, von Souverän zu Souverän, unter Gleichen. Ich habe meine Freiheit von der Unterdrückung errungen, ich habe meine Grenzen verteidigt. Niemand konnte eindringen, deshalb habe ich gesiegt. Ich brauche nicht auf Anerkennung zu warten, denn ich bin von den anderen nicht abhängig. Ich habe alle Angriffe zurückgeschlagen, ich habe mein Vaterland, mein Reich verteidigt.

6. Aber auch Li Yüs Buch endet mit Reue und damit, daß der Erotik entsagt wird. Das erotische Leben erscheint am Ende als eine Phase des Irrtums. Li Yüs Werk ist frei von jedem christlich-jüdischen Einfluß. Offenbar wird die männliche Erotik also in aller Welt als erbärmliche Lebensart dargestellt, an der man sich kein Beispiel nehmen soll – warum eigentlich? Ist das ein hinterlistiger Trick, um die Zensurbehörden zu täuschen, oder steckt dahinter etwas anderes? Ja – die tiefere Botschaft lautet: Diese Erotik ist zwar ein sehr wichtiger Bestandteil des Lebens, aber das Leben erschöpft sich keineswegs in ihr, und sein Wesen kann sie nicht sein. Erotik erlaubt dem Mann, der Kontingenz zu entfliehen, sich in Glück zu flüchten und dic Zcit zu annullieren. Was sie ihm nicht erlaubt, ist, die Kontingenz freizukaufen und die Zeit zu beherrschen. Erotik ist ein Schutzraum gegenüber der äußeren Welt. Sie ist vollendet, wenn sie letztere vergißt.

Erotik will nicht dem Leben ihr Muster aufdrücken, indem sie es zu beherrschen trachtet; sie will nicht bestimmen, was war, was ist und was sein wird. Deshalb muß sie am Ende stets dem das Feld überlassen, was die Zeit beherrscht – der Gesellschaft oder der Liebe, Gott oder Buddha.

8. Verführung und Hingabe

1. Verführen bedeutet für den Mann nicht, ein unauslöschliches erotisches Gefühl zu wecken, es bedeutet, miteinander ins Bett gehen und Liebe machen. Das soll nun aber nicht heißen, daß

der Mann das Spiel der Verführung an sich, der Verführung ohne Ziel, als puren Wunsch, Lust zu empfinden und Lust zu verschaffen, nicht mag. Das Bedürfnis zu umwerben ist im Gegenteil sehr stark ausgeprägt beim Mann, und wenn er darin gebremst wird, verliert er auch seine Fähigkeit, sich erotisch zu erregen, und bekommt ein quälendes Gefühl von Frustration und Depression. Man sieht das an Gruppen von jungen Männern, die – wenn einer von ihnen einem Mädchen den Hof macht – ihn auslachen. Nach kurzer Zeit wird dieser junge Mann schüchtern, verklemmt oder sogar ängstlich. Man sieht es auch manchmal in Ehen, wo die Frau dem Mann verbietet, andere Frauen auch nur anzugucken, und ihn – wenn er es doch tut – heftig attackiert. Der Mann lebt in dem Gefühl, seine Freiheit sei regelrecht verstümmelt, er spürt Zwang und fühlt sich eingesperrt. Das Gefühl ist analog zu dem der Frau, wenn man ihr verbietet, sich mit ihrem Körper zu beschäftigen und sich schön zu machen, lustvoll und um zu gefallen. Wie schon gesagt – der Mann hält es in aller Überheblichkeit für sein unbedingtes Recht, die Frau zu suchen, ebenso wie die Frau, gesucht zu werden und wählen zu dürfen. Beides jenseits jedes expliziten sexuellen Zwecks.

Letztendlich jedoch macht der Mann einer Frau den Hof, um mit ihr ins Bett zu gehen, und diese Phantasie liegt jenseits des Spiels. Sie wird Begehren, wenn aus der Werbung eine erotische Begegnung wird. Wenn der Mann es schafft, mit der Frau Liebe zu machen, dann hat er sein Ziel erreicht, das Endergebnis. Wenn eine Frau in die erotische Beziehung einwilligt, ihm aber Sex verweigert, verweigert sie ihm das Wesentliche. Zuneigung, Intimität und Liebkosungen reichen ihm nicht, können ihm nicht reichen. Im tiefsten Innern der männlichen Seele, in der ganzen männlichen Mentalität, ist die Idee verwurzelt, daß nur eine Frau, die ihm ihre Sexualität gibt, sich ihm ganz gibt. Deshalb meint der Mann, wenn er mit einer Frau im Bett war, er habe sie erobert. Deshalb brüsten sich junge Männer, wenn sie untereinander reden, mit ihren Eroberungen. Soundso viele Frauen, die man gehabt hat, sind wie soundso viele abgeschossene Flugzeuge, soundso viele davongetragene Siege.

Für die Frau ist das anders. Eine Frau kann sich entscheiden, ihren Sex zu geben, und sich verschieden heftig darauf einlassen – mal wenig, mal ein bißchen mehr, mal sehr und mal äußerst intensiv. Der Grenzfall ist die Prostituierte, die etwas gestattet, ohne etwas von sich zu geben, und deren totale Verschlossenheit dadurch symbolisiert ist, daß sie einen Freier nie auf den Mund küßt. Was für den Mann ein Akt der Diskontinuität ist – entweder ja oder nein, entweder Sex oder gar nichts –, ist für die Frau ein Sich-Öffnen in Abstufungen, wie eine Reihe von Türen, die sie schließlich nur dem Mann wirklich öffnet, der sie in ihren Augen verdient. Deshalb empfindet es die Frau zutiefst als Beleidigung, wenn der Mann, der mit ihr geschlafen hat, sie als Eroberung betrachtet und behandelt, als wäre sie ein Stück Besitz von ihm geworden.

2. Die bekleidete Frau ist in den Augen des Mannes fern, geschützt. Kleidung und Make-up haben immer eine doppelte Bedeutung: Sie sind sowohl einladend als auch hinderlich. Zwei Kräfte, die verschieden dosiert sein können. In gewissen Fällen betont eine Frau das Einladende, wenn der Mann ihr gefällt und sie ihm attraktiv erscheinen möchte. Der Mann allerdings tut sich meistens schwer mit dem Entziffern. Die meisten Männer haben, wie wir gesehen haben, zutiefst Angst vor der weiblichen Schönheit. Sie fühlen sich von ihr angezogen und fürchten sie. Eine Frau, die sich noch schöner macht, kann deshalb dem Mann den Eindruck vermitteln, sie sei noch unerreichbarer. In seiner erotischen Phantasie symbolisiert Kleidung – und sei sie noch so elegant, raffiniert, kostbar und weiblich – außerdem einen Unterschied, eine Distanz, ein Hindernis, eine Prüfung.

Verführen heißt, diese Situation umkehren. Verführen heißt, daß aus der schönen Unbekannten da, aus der tadellosen Sekretärin hinter dem Schreibtisch, aus der Grande Dame im Pelz oder Abendkleid plötzlich eine leidenschaftliche Geliebte wird. In seinem tiefsten Innern glaubt der Mann nicht daran, daß er verführen kann. Er hält Verführung für ein Wunder. Wenn sie dann passiert, wenn die eben noch bekleidete Frau sich auszieht, dann weil sie das so beschlossen hat, und darauf kann er nur verblüfft und glücklich reagieren. Selbst der zynischste Don Juan ist gerührt, wenn eine Unbekannte sich plötzlich für eine vor wenigen Augenblicken noch unvorstellbare Intimität offen zeigt. Verführung ist für den Mann nie Grund zum Triumphieren, sondern zur Verwunderung. Er verspürt deshalb auch kein Gefühl der Überlegenheit, sondern Dankbarkeit.

Nichts ist für den Mann verblüffender als die Transformation einer Frau, die sich ihm hingibt.[1] Schlagartig und völlig unerwartet benimmt sich die Unbekannte ihm gegenüber, als kennte sie ihn schon sehr lange und sei intim und zutiefst vertraulich mit ihm. Als sei sie seine langjährige Geliebte, als habe sie sich verliebt. Aus diesem Grund sahen Männer sich vor allem in der Vergangenheit gern als Herzensbrecher. Ein Mann weiß nicht, daß eine Frau ihn längst studiert und auf die Probe gestellt hat, daß sie sich nur ganz allmählich geöffnet hat und auch jetzt, während sie sich ihm sexuell hingibt, durchaus nicht alles von sich gibt. Und weil er keine Ahnung hat von dieser typisch weiblichen verschwiegenen Allmählichkeit, glaubt er nur allzu gern an eine große Leidenschaft, wenn er eine solche uneingeschränkte Verfügbarkeit erlebt, eine solche Gier nach seinem Körper, nach seinem Sperma, seinen Gerüchen, eine solche unverschämte Hemmungslosigkeit.

Die Erfahrung der wundersamen und unerwarteten Metamorphose hinterläßt in ihm einen bleibenden Eindruck, eine unauslöschliche Erinnerung. Ein Don Juan sucht geradezu danach. Er möchte sie gern endlos erneuern und jedesmal wieder die Ekstase des Unglaublichen erleben. Dafür jedoch muß er sich zu der Leidenschaft, die er auslöst, in Widerspruch setzen. Er muß verhindern, daß jene erotische Woge der Frau ihn erfaßt, ihn fesselt und zur Kontinuität wird. Denn wenn sie das erst ist, ist auch die Verblüffung über die Verführung zu Ende.

Auch der Mann also möchte in seinem tiefsten Innern ein unwiderstehliches Gefühl auslösen und total geliebt und begehrt werden. Auch er sucht in der Frau die ungebremste erotische Leidenschaft. Und die Symbole der weiblichen Verführung versprechen ihm ein solches sinnliches und emotionales Delirium. Der Mann will die emotionale Woge der Frau. Gleichzeitig allerdings hat er ein Bedürfnis nach Diskontinuität. Also muß die Frau wieder fernrücken, damit er ihr neu begegnen kann. Sie muß wieder elegant werden, »angezogen«, auf Distanz gehen, damit er sie als Unbekannte wiederfinden kann. Die Frau weiß das. Wir haben bereits gesehen, als wir über die weibliche Verführung sprachen, daß die Frau sich kontinuierlich verschieden gestaltet, um sich das erotische Interesse ihres Mannes zu erhalten. Wir haben außerdem festgestellt, daß das von der weiblichen Schönheit hervorgerufene Gefühl nie sehr haltbar ist, und daß der Mann sich stets wieder entfernt, weshalb die Frau den Zauber stets erneuern muß. Die Frau ist demnach ständig gezwungen, sich der Kunst der Verführung zu bedienen, auch wenn sie gerade am liebsten einfach »sie selbst« wäre, einfach »die schöne Schlummernde«. Und das ist ihr manchmal eine Last.

3. Für einen Mann ist es sehr schwierig herauszufinden, ob die Metamorphose aus Liebe echt oder simuliert ist, ob die Frau sie wirklich aus Liebe vollführt oder ob sie ein Kunstprodukt der Verführung ist. Auch die Prostituierte simuliert ja, wenn sie ihren Lohn erst einmal hat, Interesse, Bewunderung, erotische Erregung. Daß sie nie auf den Mund küssen würde, bedeutet nichts für den Mann. Seiner Meinung nach ist eine Frau erotisch erregt, wenn sie Lobeshymnen auf seinen Körper singt, vor Lust schreit, wenn sie durchblicken läßt, sie habe nie ein so wunderschönes Glied gesehen und das küßt. Eine Prostituierte der höheren Klasse und eine Kurtisane verstehen sich auf derlei Dinge ausgesprochen gut. Wie soll ein Mann das eigentlich unterscheiden von wirklicher Liebe und Leidenschaft?

Andererseits möchte er den Strom der Gefühle, die erotische Kontinuität auch wieder unterbrechen, und auch das beherrscht die Kurtisane perfekt. Denn sie kennt seine Wünsche. Sie weiß, daß er nicht von Zuneigung und Aufmerksamkeit erstickt zu werden wünscht und daß er nicht zurückgehalten werden mag. Daraus ergibt sich eine paradoxe Situation. Nämlich daß ein Mann besonders empfänglich für den Zauber solcher Frauen ist, die die Kunst der Verführung völlig rational einsetzen. Und so hat die schöne Schlummernde stets neuen Grund, die Macht der Zauberin zu fürchten. Die Gefahren und die Ängste, von denen die rosaroten Schnulzen erzählen, sind also völlig gerechtfertigt.

Daß ein Mann, wenn eine Frau sich ihm zu leicht und zu

hemmungslos hingibt, paradoxerweise das Gefühl bekommt, sie tue das aus Berechnung oder jedenfalls aus irgendeinem Grund, ist eine weitere Konsequenz: Sie benehme sich also wie eine Prostituierte. Das verächtliche »wie eine Nutte« bedeutet ganz klar, daß sie etwas fingiert, daß sie betrügt, daß sie ihren Sex für Zwecke benutzt, die mit Erotik nichts zu tun haben. Vergessen wir nicht, daß sexuelle Lust für den Mann ein Zweck an sich ist. Die Vorstellung, sie könnte für andere Zwecke eingesetzt werden, ist ihm unbehaglich. Die Vorstellung, erotische Erregung ließe sich simulieren, macht ihn unruhig. Denn er kann so etwas nicht, bei ihm ist die Erektion ein Beweismittel, das sich nicht fälschen läßt.

Der Mann mißversteht auch den Wunsch der Frau nach Kontinuität. Eine Frau ist einfach gern bei dem Mann, den sie liebt oder der ihr gefällt. Sie geht gern mit ihm auf Reisen, sieht sich gern die Dinge an, die er sieht. Sie läßt sich gern mit ihm bewundern, auf Festen zum Beispiel, und zeigt sich gern mit ihm in der Öffentlichkeit. Der Mann dagegen hat, wenn die Frau ihn darum bittet, sofort den Eindruck, eigentlich wolle sie gar nicht Erotik, sondern mondänes Leben. Auch hier taucht wieder das Bild der Kurtisane auf, die ihren Sex einsetzt, um etwas anderes zu bekommen, deren wahre Absichten ganz andere sind. Die Tatsache, daß ein Mann sich so schwertut herauszufinden, ob eine Frau aus Liebe oder aus Kalkül handelt, verschafft wiederum der Frau ein unbehagliches Gefühl.

4. In seiner Phantasie begehrt der Mann alle Frauen und möchte am liebsten mit allen Sex machen. Er spürt in sich eine unerschöpfliche und stets erneuerte sexuelle Begierde. Er begehrt die Frauen, die sich ihm – wie im Porno und in der Prostitution – anbieten, und zwar kontinuierlich. Im wirklichen Leben dagegen bricht sein Interesse ab, wenn die Frau sich ihm allzu hartnäckig anbietet, wenn sie – kontinuierlich – intensiv mit ihm Sex haben will; dann zieht er sich zurück und fühlt sich impotent. Wenn die Frau tatsächlich die Initiative ergreift, wenn sie begierig ist auf den außergewöhnlichen Sex, wenn sie sich tatsächlich so verhält, wie er sie sich in der Pornographie ausmalt, dann verschließt *er* sich, bekommt *er* es mit der Angst zu tun. Der Mann, der gewohnt ist selbst zu bitten, und der sein

ganzes Phantasieleben darauf aufgebaut hat, ist, wenn er umgekehrt gebeten wird, nicht imstande nein zu sagen. Also verweigert sich sein Organismus. Er bekommt keine Erektion mehr oder kann nicht mehr ejakulieren. Deshalb sagen die Frauen immer, daß der Mann in Wahrheit Angst vor der weiblichen Sexualität hat und daß er kontinuierlich und mit allem Pathos in seiner Männlichkeit bestätigt werden muß.

Der Mann mit seiner diskontinuierlichen Sexualität und seiner Neigung, Erotik mit Orgasmus oder zumindest mit Penetration gleichzusetzen, kann sich einer diffusen Erotik aus Liebe, Haut, Gerüchen und Berührungen nicht anpassen, in der Orgasmen einander kontinuierlich ablösen und eine erotische Umarmung grenzenlos anzudauern scheint. Der Traum des Mannes ist, Liebe zu machen, nicht in einen kontinuierlichen orgastischen Zustand zu geraten. Selbst wenn er in Wirklichkeit dann doch ganze Tage in den Armen seiner Geliebten verbringt oder ganze Nächte lang mit ihr Liebe macht – für ihn besteht diese Zeit grundsätzlich aus mehreren Anfängen. Es ist jedesmal so, als würde er seine Frau das erste Mal treffen, als würde er sie das erste Mal ausziehen, das erste Mal nackt sehen, und er ist jedesmal wie beim erstenmal verblüfft über das Wunder der Verführung. Die männliche Diskontinuität lebt von dieser Illusion des Anfangs, der Überraschung, des Andersseins und der Entdeckung. Deshalb schreckt der Mann vor allem zurück, was ihm wie eine Wiederholung, wie Gewohnheit oder wie eine Pflichtübung vorkommt. Die sexuelle Nachfrage der Frau macht ihm Angst und zerstört seine Erotik, denn sie hat für ihn das Antlitz des Alltags, der Wiederholung, der Pflicht.

Die weibliche Verführung ist, wie wir gesehen haben, ständige Neuschöpfung des Zaubers. Und genau deshalb entfacht sie auch das männliche Begehren. Will eine Frau Sex als Kontinuität und Wiederholung, ruft sie im Mann untergründige Rückzugsbewegungen und Desinteresse wach, die sich dann in Impotenz transformieren. Ebenso wie die Frau dann frigide wird, wenn der Mann es an Verführung mangeln läßt, ist die männliche Impotenz ein Symptom für die mangelhafte Verführung seitens der Frau.

9. Zwei Wurzeln der Erotik

1. Aus einer Liebesbeziehung kann der Mann einige wenige erotische Momente sehr klar in Erinnerung behalten. Um das zu erreichen, annulliert er – setzt er sozusagen in Klammern – die Geschichte jener Beziehung, die miteinander verwobenen Gefühle, und isoliert den erotischen Anteil, baut ihn aus zu einem Ereignis an sich, in das er sich selbst in seiner Phantasie einfügt. Es ist, wie wenn man aus einem Liebesfilm nur die wilden erotisch-amourösen Szenen herausschneidet und sie ohne den Gesamtzusammenhang zusammenmontiert. Dieser Isolierungsvorgang erlaubt dem Mann, nur den für ihn schönsten, erfreulichsten und rühmlichsten Teil der ganzen Erfahrung hervorzuheben und in Erinnerung zu behalten. Ja, er ist sogar versucht, die wichtigsten Gefühlsentwicklungen, die den Verlauf einer Beziehung ausgemacht haben, zu vergessen, um sich mit beeindruckender Energie an ein paar Momente, ein paar erotische Besonderheiten zu erinnern, fast als wären sie Symbol und Konzentrat der ganzen Beziehung. Dieser Vorgang ähnelt sehr den »Deckerinnerungen« die Freud für die Psychoanalyse entdeckt hat. Allerdings ist im Gegensatz zu jenen die erotische Erinnerung keine nachträgliche Bearbeitung durch die Imagination. Sie ist vollkommen real. Symbolisch überdefiniert ist sie jedoch ebenfalls und besitzt nahezu beschwörende Kraft. Fast immer sind solche Erinnerungen des Mannes visuell, und oft beziehen sie sich auf den Beginn einer erotischen Beziehung, auf den Augenblick, in dem die Frau sich hingibt, auf den außergewöhnlichen Moment der »Metamorphose«. Die Erinnerung der Frau dagegen beschränkt sich nicht nur auf den Geschlechtsakt, und sie besteht auch nicht nur aus einem visuellen Detail. Sie beschwört vielmehr ein komplexes Gefühl, ein ganzes Geschehen immer wieder herauf.

Signor Cazzoni aus Fellinis Film »Stadt der Frauen« hat eine Sammlung von Porträts von Frauen und Aufzeichnungen ihrer Schreie, ihrem Stöhnen und Keuchen und der gestammelten Sätze ihrer Liebesorgasmen. Es ist eine Galerie von Trophäen, und die Frau muß sich darin wiedererkennen, auch wenn sie das nicht will. Er zwingt sie zuzugeben, daß sie es ist, die da gerade

»mein Liebster, gib ihn mir, gib ihn mir« geschrien hat. Obwohl sie jetzt alles, was passiert war, vergessen möchte, weil sie es als Schwäche, als Kapitulation empfindet. Diese Galerie erinnert die Frau – mit Hilfe ihrer eigenen orgastischen Sätze – an ihre gesamte Liebesgeschichte, an das, was nicht mehr ist und was sie vergessen möchte oder schon vergessen hat. Deshalb möchte sie ihm diese Bruchstücke wegnehmen, so wie sie am liebsten die Fotos wiederhaben möchte, wenn eine Liebe zu Ende geht. Signor Cazzoni dagegen will sich daran und nur daran erinnern und zwingt ihr sein Gesetz auf. In der feministischen Stadt ist Männerphantasie zum Alptraum geworden.

Wir haben in den vorigen Kapiteln gesagt, daß die erotischste weibliche Persönlichkeit diejenige ist, die keine Schwierigkeiten macht oder Verantwortung verlangt, die »dumme Gans«, die nicht einmal ihre eigene Verführungskraft begreift und keine Erinnerung hat. Wir wissen jetzt, daß der Mann – während er diese Phantasie produziert – sehr wohl weiß um das Gewicht von Gefühlen in der Wirklichkeit; ebenso gut wie er die wirkliche Geschichte seines Lebens kennt, auch wenn er sich nur an einen Ausschnitt gern erinnert. Er weiß, da war ein Hindernis, da waren Widerstände, da war auch Liebe. Aber in der Bearbeitung durch die Phantasie behandelt er all das wie gezähmte Potenzen, über die die souveräne Freiheit des Siegers schließlich triumphiert hat. Es ist dasselbe Prinzip wie die Plünderungen nach der Eroberung einer Stadt. Der siegreiche Krieger entweiht alles, dringt überall ein, ohne irgendwo auf Widerstand zu stoßen, weder auf inneren noch auf äußeren.

2. Haben de Sade und der Sadismus damit etwas zu tun? Bataille[1] hat die Bedeutung des Marquis de Sade besonders hervorgehoben, als er die Erotik als die Präsenz des Lebens im Tod und des Todes im Leben definiert hat. Für Bataille gibt es in der Natur zwei Mächte. Eine, die nach Individuation strebt, und das Individuum will überleben; und eine andere, die nach Verschmelzung strebt und damit nach der Auflösung des Individuums, nach seinem Tod. Diese letztere ist die Gewalt. In der Erotik wirken beide. Das Individuum möchte »Ich-selbst« bleiben und trotzdem mit dem anderen verschmelzen. Die Verschmelzung aber bleibt letzten Endes immer Zerstörung, Ge-

walt, Tod. De Sade hat, so Bataille, nichts anderes getan, als diesen dialektischen Pol der Erotik schmerzhaft hervorzuheben. Erotik ist demnach stets Transgression, Gewalt, Entweihung und der Wille, sich selbst und alles andere zu vernichten.

Batailles These hat viel Zustimmung bekommen, aber sie ist unhaltbar: und zwar nicht, weil sie grausam ist oder Sexualität wieder einmal als Sünde konzipiert, sondern weil sie völlig heterogene Dinge gleichsetzt, zum Beispiel die kollektive Erregung in der Masse oder bei einer Orgie, den sexuellen Orgasmus, die hypnotische Trance und schließlich die Ekstase der Verliebten – zuviel auf einmal. Die amouröse Verschmelzung der *Verliebtheit* etwa ist keineswegs eine Vernichtung der Individuen in der Unterschiedslosigkeit. Sie ist vielmehr eine Erscheinung von etwas vollkommen Neuem, zu dem die beiden Individuen sich umgestaltet haben. Sie ist ein Mutant, der in die Welt tritt und versucht, sich in ihr zu verwirklichen. Das verliebte Paar ist eine mit immenser Energie versehene gesellschaftliche Formation. Es betrachtet kritisch seine Vergangenheit und plant seine Zukunft. Es erzeugt endgültige Werte und Zwecke. Es schwächt den Willen nicht etwa, es potenziert ihn. Der *status nascendi* hat überhaupt nichts zu tun mit der Auflösung des Todes. Er ist eine Wiedergeburt, das Herauskristallisieren einer neuen Lebensform, die zu Hoffnung und Wollen fähig ist.

Der ekstatische Rausch einer *Orgie* ist etwas völlig anderes. Während der kollektiven Erregung erkennen die Individuen sich nicht mehr selbst und bewahren auch ihre unverwechselbare Einzigartigkeit nicht mehr. Sie ist das Gegenteil des Verliebtseins. Andererseits wird, wenn die Orgie zu Ende ist, jeder wieder, was er war – ein isoliertes Individuum.

Bei der kollektiven Erregung in einer *Masse* wird Individualität noch drastischer annulliert. Bei einer Orgie suchen die Individuen sich noch, begegnen sich, wollen sich gegenseitig Lust und Freude machen. In der Masse sind sie einfach eine schreiende Zusammenballung. Der Verstand ist überreizt und außer Betrieb, sie sind nicht mehr urteilsfähig, sie denken tatsächlich nicht mehr. Sie lassen sich von Emotionen und Slogans mitreißen. Derart regredierte Wesen laufen gemeinsam im

Marschtritt und werden zur Masse Mensch. Warum eigentlich soll dieser idiotische Zustand mit der hellsichtigen Spannung der Liebe gleichgesetzt werden?

Noch wieder anders liegen die Dinge bei der *hypnotischen Trance.*[2] Hier werden die Charakteristika der Massenerregung überstrapaziert. In einem fest umschriebenen Raum und für eine genau festgelegte Zeit verlieren die Individuen ihre Individualität und fühlen sich im Besitz einer gleichzeitig zutiefst eigenen und transzendentalen Macht, einer göttlichen Macht. Aber eine solche Gruppe ist längst nicht so stupide wie eine kollektiv erregte Masse. Die ekstatische Erfahrung hat hier Anfang und Ende, und nach Beendigung der Kulthandlung findet jeder seine Persönlichkeit wieder, stärker als zuvor und bereichert.

3. Erotik verschwendet sich – ohne ein Kollektiv zu bilden, das heißt ohne Pflichten und Verantwortungen, ohne die Fesseln der Liebe – ganz im Akt selbst, weil sie die reine Lust ist. Nutzlos wie das Spiel führt sie zu nichts. Wer nicht bereit ist, sie als reinen Selbstzweck zu begreifen, wird verrückt, denn er wird sie niemals rechtfertigen können. Sie ist, wie wenn man Steine ins Wasser wirft und einfach nur den Wellen zusieht. Sie ist weder tief noch erhaben. Sie ist auch nicht heldenhaft. Sie kommt nicht aus den Dingen, und sie beherrscht sie auch nicht. Sie stellt sich daneben, tritt neben sie. Sie kann ein Lächeln sein oder eine Grimasse.

Ihre Unmoral kommt daher, daß sie zusammenstößt mit den gesellschaftlichen Pflichten und den Verantwortlichkeiten der Arbeit. In diesem Punkt hat Bataille recht. Er hat auch recht mit seiner Behauptung, diese Erotik entweihe und vergewaltige die Schönheit. Sie tut das allerdings nicht aus Bosheit. Sondern aus Gleichgültigkeit, denn sie will ja nur ihre Lust. Und damit prallt sie frontal auf die andere Quelle der Erotik, die wir als eher frauentypisch beschrieben haben. Es ist jene Erotik, die aus der Liebe entsteht und nach dem Kontinuierlichen strebt, die ewig andauern möchte und einen Lebensplan hervorbringt.

Erotik hat nicht nur eine Wurzel. Sie hat zwei. Die eine sitzt tiefer bei den Frauen, die andere bei den Männern. Die erste hat den Hang, einen durch Liebe zusammengehaltenen Lebensbund zu schaffen. Die andere dagegen hat keine Pläne, sondern sammelt Bruchstücke auf. Es ist ein Fehler, festlegen zu wollen, welche von beiden höheren Wert besitzt oder ob eine von beiden in Zukunft die andere überragt. Niemand kann so etwas wissen. Es ist allerdings von größter Bedeutung, beide logisch auseinanderzuhalten.

Die Erotik, von der Bataille spricht, gehört zur männlichen Strömung. De Sade treibt den Hang zur Zersplitterung und zur Verantwortungslosigkeit, die typisch für den männlichen Pol der Erotik sind, bis zum Äußersten, bis zum Wahn. Er benutzt grausame Bilder von Folter und Tod, von Entweihung und Geschundenwerden als Symbole eines *emotionalen und mentalen Prozesses der Trennung*. Wenn man seine Werke liest, hat man den Eindruck, seine Opfer leiden gar nicht wirklich. Wir dürfen nicht vergessen, daß Aggressivität nur dann Vergnügen macht, wenn sie gegen ein gehaßtes Objekt gerichtet ist. Wenn wir jemandem, den wir lieben, Böses tun, leiden wir mit. Das Prinzip der Freude und des Vergnügens funktioniert nur unter der Voraussetzung, daß sich der Liebes- und der Haßimpuls auf das passende Objekt richten und nicht das Ziel verfehlen.[3] De Sade ist kein über der Leiche des getöteten Feindes jubelnder Krieger. In seinen Büchern gibt es überhaupt keine Feinde, nicht einmal Haß. Es gibt nur eine grundlose körperliche und moralisch reine Gewalt, die sich selbst genügt und kein Leiden provoziert. Das heißt, der Akt ist vollkommen symbolisch. Was da zerrissen und vergewaltigt wird, ist in Wirklichkeit gar kein Körper, sondern etwas anderes. Entsprechend unserer Analyse ist dieses Andere eine strukturierte Beziehung. Es ist die Liebesbeziehung, und zwar insbesondere die spezifische Form der weiblichen Erotik.

4. Als *Die Geschichte der O* von Pauline Réage[4] erschien, wurde allgemein angenommen, sie sei von einem Mann geschrieben. Der Roman ist eine typisch männliche Phantasie (ein Männermythos), historischer Niederschlag einer Gesellschaft, in der es eine tiefe Kluft zwischen Frauen und Männern gibt. Bis in die jüngste Zeit sind beide Geschlechter voneinander getrennt gehalten worden, jedes hatte seine eigenen Aufgaben und andere Probleme, Dramen und Phantasien. In einer sol-

chen Gesellschaft imaginierten und wünschten sich die Männer die Frau als Wesen ohne eigenes sexuelles Verlangen, ohne eigene Erotik. Sie sollte psychisch asexuell sein, verschämt, zerbrechlich und passiv. Einzig den Mann verlangte es nach Sex. Er begehrte ihn kontinuierlich und obsessiv. Die Frau sagte nein, stets und ständig nein. Also mußte der Mann sie, um sein Begehren zu stillen, zwingen, etwas zu tun, was sie sich allein nicht einmal hätte vorstellen können.

Er hatte dafür zwei Möglichkeiten. Die erste war Verführung. Verführen heißt, ihren Widerwillen zu brechen, damit sie ja sagt und sein Begehren auch will. Die größte Verführungskraft ist die Liebe. Die Frau liebt, und zwar aus spiritueller Liebe, und aus Liebe ist sie bereit, alles mögliche zu tun. Wie die O, die einwilligt, nach Roissy zu fahren, sich auszuziehen, auf allen vieren zu kriechen, sich die Beine breit machen und kontinuierlich von allen besitzen zu lassen.

Die andere Möglichkeit war Gewalt, die Vergewaltigung. In der *Geschichte der O* kommen beide Zwänge vor, sie wechseln sich ständig ab.

In dieser Phantasie sind die Männer Adlige, Aristokraten, Krieger und die Frauen Kriegsbeute, deren Willen vollkommen gebrochen ist und die nur deshalb erotische Objekte sein können.

Vor ihrer – psychischen und physischen – Vergewaltigung ist die Frau in Wirklichkeit gar kein erotisches Objekt. Sie ist Mutter, Schwester, Amme, Verlobte. Immer angezogen, immer würdevoll streng, immer verschämt und immer keusch. Die Freisetzung erotischer Entfesselung geschieht dadurch, daß diese Figuren entweiht und ausgelöscht werden und das Animalische hervorgekehrt wird. Erotik scheint die anderen Rollen, die anderen gesellschaftlichen Bindungen, deren Trägerin und Symbol die Frau ist, nur zu zerstören.

Die Gewalttätigkeit, der Sadismus, richtet sich also nicht gegen Personen und Körper, sondern gegen die Symbole und die Rollen. Aus genau diesem Grund sind die Frauen, *nachdem* sie ausgepeitscht, angekettet und auf alle erdenklichen Weisen gequält worden sind, immer schön und frisch und haben eine weiche und unbeschädigte Haut. Sadistische Erotik berührt die

Körper gar nicht. Körper sind Symbole für etwas anderes: für Institutionen wie Ehe und Familie, für die dauerhaften Liebesbindungen der weiblichen Erotik, die die männliche Erotik einfach überrennt.

Die Tatsache, daß *Die Geschichte der O* heute noch gern gelesen wird, zeigt, daß Erotik noch immer rebellisch sein muß, um sich Ausdruck zu verschaffen. Daß wir also noch immer in barbarischen Zeiten leben. Und es wäre ein Irrtum anzunehmen, daß diese Tatsache demnächst verschwunden sein könnte. Jenseits der institutionellen und entsexualisierten Symbole und hinter ihnen geht der Zusammenstoß männlicher und weiblicher Erotik unbeschadet weiter, jener Erotik, die als amouröses Fragment, und jener anderen Erotik, die als amouröse Kontinuität auftritt. Der sadistische Anteil der Erotik entstammt der Gewalt des inneren Kampfes zwischen beiden, der Dialektik ihrer beider Polarität.

10. Erotik und Gewalt

1. Warum eigentlich ist eine Vergewaltigung ein solches Trauma? Weil in ihr die männliche Sexualität als unpersönliches, diskontinuierliches und verantwortungsloses Begehren frontal mit dem weiblichen Begehren zusammenstößt. Der Mann begreift das Wesen dieses Traumas nicht. Er stellt sich in seinen Phantasien vor, daß es ihn nicht im geringsten stören würde, wenn ihn zehn Frauen nähmen, ihn am Boden hielten und zwingen würden zu tun, was sie wollen. In der Wirklichkeit wäre es nicht so, wohl aber in seiner Phantasiewelt. Eine Vergewaltigung ist für den Mann eine positive erotische Phantasie, für die Frau eine negative. Der Mann begreift vor allem nicht, warum eine Vergewaltigung ausgerechnet für eine Prostituierte traumatisch sein soll. Prostituierte jedoch fühlen sich ebenso beleidigt und verletzt, wenn sie vergewaltigt werden. Auch für sie ist es unerträglich, gegen ihren Willen genommen zu werden. Sicher gibt die Prostituierte sich hin und tut alle möglichen Dinge mit jedermann, aber *sie* entscheidet darüber. Sie tut es

aus ökonomischer Notwendigkeit oder aus Gier, aber der Akt, die Beine breit zu machen, ist ihre Entscheidung. Er hat ein Motiv, er geschieht in Aussicht auf einen Vorteil. Bei der Vergewaltigung dagegen gibt es keinen Tausch und keinen Vorteil. Da geht es wirklich um »Geld oder Leben«. Sich sexuell hinzugeben ist also gleichbedeutend damit, sein ganzes Geld herzugeben. Hingabe ist etwas so Wertvolles wie die Brieftasche. Hingabe ist das Abliefern eines Reichtums. Körperlich geht allerdings nichts verloren. Aber was geht dann verloren? Wessen wird die vergewaltigte Frau beraubt? Ihrer Freiheit, zu entscheiden und zu wählen. Wenn man sie zwingt, sich hinzugeben, dann, weil sie sich nicht hingeben will.

In seinen Phantasien imaginiert der Mann sich selbst als passiv. Da ist er allzeit bereit zur Hingabe. Die Frau dagegen braucht absolut die Wahl zwischen ja und nein. Das Recht, sich *nicht* hinzugeben, nein zu sagen, ist ihre Stärke. Dieses Recht ist für ihre gesellschaftliche Identität konstitutiv geworden. Indem sie sich hingibt (oder eben *nicht* hingibt) entscheidet sie über sich selbst, dadurch hat sie die Macht zur Selbstbestimmung und wird ein menschliches Wesen.

Die Vagina ist verschlossen, man sieht sie nicht, sie muß sich erst öffnen. Nur ein Akt des *Willens* öffnet sie. Der Penis dagegen braucht keinen Willen. Die Erektion ist etwas Unfreiwilliges. Sich hingeben heißt wollen. Eine Erektion haben und begehren ist für den Mann durchaus nicht gleichbedeutend mit *wollen*. In der Umgangssprache heißt es, eine Frau »gibt« ihre Vagina – dabei ist die Vagina eigentlich ein Körperteil, der *nimmt*, wenn man es körperlich sieht.[1] Aber die Vagina selbst soll ja auch nicht geben, sondern die Frau – ihre Vagina nämlich. Und das heißt, sie hat die Freiheit zu geben oder nicht zu geben, je nach ihrem Willen, wie man eben Geld gibt oder einen Kuß, etwas, das einem gehört und das Wert hat. Und man gibt etwas entweder im Tausch, um etwas anderes zu erhalten, oder als Geschenk.

Bei der Vergewaltigung ist die Frau nicht mehr frei, zu geben oder nicht zu geben; sie wird genommen. Allein die Frau jedoch kann sagen: »Nimm mich!« Tut sie das nicht, dann öffnet sie sich auch nicht, und dann kann man sie nur *verletzen*. Die

Vergewaltigung ist eine *Verletzung des Willens*. Beim Mann kann eine solche Vergewaltigung des Willens im Sex nicht passieren. Man kann zwar auch einen Mann zwingen, etwas ihm sexuell Unangenehmes zu tun. Zum Beispiel sich sodomisieren zu lassen. Aber selbst in einem solchen Fall empfindet er schlimmstenfalls Widerwillen, Ekel, Schmerz und Demütigung.

Die Erektion beim Mann ist unfreiwillig. Man kann einen Mann nicht zwingen, eine Erektion zu bekommen und eine aktive sexuelle Beziehung mit jemandem (Mann oder Frau) zu haben, wenn er keine Lust dazu hat, sondern es ablehnt. Die einzige der Vergewaltigung gleichbedeutende Situation für einen Mann findet sich außerhalb des Feldes der Erotik. Etwa wenn Glaube oder Ideologie im Spiel sind – zum Beispiel, wenn man einen Christen auf das Kruzifix spucken läßt. Hier wird jemand gezwungen, etwas abzulehnen, zu verachten und zu entweihen, das für ihn höchsten Wert besitzt, die Quelle jeden Wertes überhaupt, etwas zu wollen, das der Wille niemals wollen darf, bei Strafe des Selbstverlustes, bei Verdammnis. Im sexuellen Akt gibt es für den Mann nichts Vergleichbares.

Entsprechungen finden wir nur, wenn wir uns nicht auf den Akt selbst, sondern auf die Beziehung konzentrieren. Auch der Wille des Mannes kann vergewaltigt werden: dadurch, daß die Frau den Mann zwar nahe an sich heranläßt, ihn aber einsperrt und nicht laufen läßt; daß er also wie ein Gefangener oder wie ein kleines Kind behandelt wird. Das Begehren des Mannes, mit allen Frauen zu gehen, mit denen er will, entspricht dem der Frau, sich nur dem Mann hingeben zu können, den sie will. Die Willensübung ist die gleiche. Nur der Ausgangspunkt ist verschieden: Der Mann muß bitten, die Frau wird gebeten. Der Mann muß so frei sein zu bitten, die Frau so frei zu wählen.

2. Aber es gibt noch ein zweites Motiv. Der Mann ist körperlich stärker als die Frau. Er hat kräftigere Muskeln, einen robusteren Knochenbau und ist normalerweise größer. Jahrtausendelang war er Jäger und Krieger. Und deshalb ist er aggressiver. Er liebt Wettkämpfe, Kämpfe überhaupt, gewalttätige Sportarten. Der Körper des Mannes und seine Kraft ziehen die Frau mit Sicherheit an, aber sie machen ihr gleichzeitig auch Angst.

Wenn der Mann sie kraftvoll und brutal packt, fühlt sie sich ihm ausgeliefert. Seine Hand ist wie eine Klaue, aus der sie sich nicht herauswinden kann und die ihr wehtut. Sein Griff verschlägt ihr den Atem, läßt sie ersticken. Die Gewalttätigkeit des Mannes ruft in der Frau eine uralte, ursprüngliche und in ihrer tiefsten Seele verwurzelte Angst wach. Sie löst eine biologische Panik aus, die durchaus auch zum Tod führen kann.

Aber etwas von dieser Angst vor der Kraft und der Gewalttätigkeit des Mannes existiert in jedem Augenblick weiter. Deshalb ist der Frau die Liebenswürdigkeit so wichtig. Liebenswürdige Gesten lassen auf eine liebenswürdige Seele schließen; sie besagen, daß sie sich nicht fürchten muß; daß diese Kraft und diese Gewalttätigkeit sich nicht gegen *sie* richten können. Deshalb braucht die Frau soviel Liebe, denn nur die Liebe – und insbesondere die aus Zärtlichkeit bestehende – hält das Gespenst der Gewalt für immer fern. So wirkt der große, starke Männerkörper nicht mehr gefährlich, und die Frau kann sich an ihm in Sicherheit bringen. Die Frau begehrt ja die Umarmung des Mannes, aber er muß sie beschützend und liebevoll umarmen und es ihr sozusagen gemütlich machen.

3. Immer wenn wir uns mit jemandem in Kontakt begeben, schaffen wir einen Bruch, eine Störung. Bruckner/Finkielkraut schreiben dazu: »Es gilt den Rechtsbruch zu rechtfertigen und – wenn möglich – ungeschehen zu machen. Ich bin mein eigener Handelsvertreter, und wie dieser muß ich verhindern, daß man mir die Tür vor der Nase zuschlägt, bevor ich noch die Zeit gehabt habe, meine Ware anzubieten, ich muß die Reichtümer meines Witzes ausbreiten, um auf der Stelle die abfällige Grimasse des anderen in ein Lächeln zu verwandeln, seine Ablehnung in Neugier.«[2]

Dazu kommt es, wenn wir von unserem eigenen Begehren ausgehen, ein eigenes Bedürfnis befriedigen wollen. Wenn wir dagegen vom Bedürfnis des anderen ausgehen, wenn wir ihn zum Beispiel auf eine Gefahr aufmerksam machen, dann brauchen wir uns nicht zu entschuldigen. Auch nicht, wenn uns etwas passiert, von dem wir instinktiv wissen, das interessiert auch den anderen, und wir es ihm sagen. Nehmen wir einmal an, wir sehen einen Meteoriten herabstürzen, eine grell strahlende Scheibe am Himmel. Dann bitten wir nicht erst um Entschuldigung, wir zeigen hin, und damit hat sich's. Die Entschuldigung brauchen wir in Wirklichkeit, wenn wir eigene Zwecke verfolgen, ein eigenes Bedürfnis haben. Weil wir jemand anderen dazu bringen müssen (ver-führen), dieses Bedürfnis anzunehmen und etwas zu tun, das nicht *sein* Wunsch ist.

Deshalb die Entschuldigung. Ich entschuldige mich, weil ich mein Begehren zeige, und mein Begehren hat nur dann das Recht, sich zu zeigen, wenn es mir gelingt, das Begehren des anderen zu wecken. Wer – nach der Entschuldigung – anfängt, muß sofort etwas sagen, das die Unterhaltung wünschenswert und alles Folgende interessant macht. Etwas, das auf das Interesse des anderen trifft oder es hervorruft, und zwar sofort. Sein Interesse, seine Neugier, sein Bedürfnis. Etwas, das ihm Spaß macht. Wer das nicht schafft, kann die Beziehung nicht fortsetzen. Ist schlichtweg aufdringlich.

Das gilt für alle Beziehungen, auch solche, bei denen keine Erotik im Spiel ist. Ist sie allerdings im Spiel, vor allem, wenn der Mann sich einer Frau nähert, dann wissen auch beide, was er in Wirklichkeit will. Zwischen ihm und ihr gibt es sein erotisches Verlangen. In jedem anderen Fall darf man – nach den passenden Entschuldigungsformeln – ein Bedürfnis äußern. Wir können »bittschön« darum ersuchen, daß man uns irgendeinen Wunsch erfüllt. Wenn ein Mann jedoch eine Frau fragt, ob sie »bittschön« mit ihm ins Bett geht, erhält er eine Abfuhr. Die Frau muß, um sich hingeben zu können, Erregung spüren und sich angezogen fühlen. Sie kann es zwar auch aus Freundschaft tun oder um den Ehemann oder Verlobten bei Laune zu halten. Sie kann es sogar für Geld tun. Sich hingeben dagegen ist stets ein Willensakt und bedarf einer Rechtfertigung. Bedürfnis oder Begehren eines Mannes sind keine Rechtfertigung. Im Gegenteil – ein Mann, der »bittschön« Liebe will, weil er Lust darauf hat, weil es ihm Spaß macht, erregt Abscheu. Die Frau überlegt sofort, daß er genauso irgendeine andere Frau darum bitten könnte. Daß sie als Mittel für eine Entladung benutzt werden soll, nicht als Zweck.

Mittel für Entladung zu sein ekelt die Frau. Der Mann dagegen wäre stolz darauf. Er träumt von nichts anderem, als daß eine Frau ihm sagt: »Bitte geh mit mir ins Bett, ich habe Lust darauf, ich werde verrückt vor Lust. Ich habe schon seit einem Monat mit niemandem mehr geschlafen.« Der Mann wäre froh, auch wenn er gar nicht persönlich, als Individuum, gemeint ist, sondern einfach als jemand, der ihr Lust verschaffen und ihre Spannung lösen kann. Die Frau dagegen empfindet Ekel darüber. Das Begehren des Mannes ekelt sie, solange es sich nicht auf sie als Individuum richtet, und zwar liebevoll und bewundernd, solange es sie nicht erregt durch Geheimnis und Zauber. Daher rührt der männliche Exhibitionismus. Der Mann zeigt seine prallvollen Genitalien, und die Frau fängt an zu schreien.

Der Schrei bedeutet aber nicht nur Ekel, sondern auch Angst. Angst vor der Vergewaltigung. Besteht der Mann auf seinem Bedürfnis, verwandelt sich der Ekel in Angst. Denn das Bedürfnis rechtfertigt Gewalt. Ich brauche es, also gib's her! Ich brauche es, also zwinge ich dich! Die Frau hat im Laufe der Jahrtausende gelernt, das Bedürfnis des Mannes zu fürchten. Aus diesem Grund zwingt sie den Mann, sein Begehren unter Kontrolle zu halten und sich damit zu befassen, was sie als Frau interessiert und was ihr gefällt.

Der Mann muß, will er Interesse erregen, sein Verlangen verhehlen. Er darf sein sexuelles Begehren nicht exhibitionieren. Die Frau will das nicht. Alle Männer verspüren sexuelle Begierden ihr gegenüber. Sie ist darauf eingestellt, sie zu stimulieren, aus Lust. Das findet sie selbstverständlich. Was sie allerdings erwartet, ist, daß der andere sie seinerseits verschleiern kann, daß er vor allem imstande ist, sich selbst anziehend und begehrenswert zu machen. Sie weiß ja doch längst, daß er das wünscht. Alle möchten gern anziehend sein, möchten als einzigartige, unverwechselbare Individuen erscheinen, begehrenswert aufgrund ihrer individuellen Eigenschaften, ihrer absoluten Besonderheit, ihres Andersseins. Sie, die Frau, hat das sogar bereits getan. Sie hat sich interessant und begehrenswert gemacht – mittels Körperpflege und Schminke und Kleidung, der Haltung ihrer Beine, ihres Blicks. Der Mann, der sich ihr nähert, hat also die Aufgabe, in diesem Augenblick zu gefallen, den passenden Auftritt zu inszenieren. Die Frau steht längst auf der Bühne. Sie hat das Begehren des Mannes bereits hervorgerufen. Jetzt ist er dran.

Diese Art von Beziehung zwischen Mann und Frau besteht auch, wenn der Mann berühmt ist, ein Filmstar, ein Politiker, ein bekannter Sänger. In diesem Fall hat er sich schon inszeniert und sich begehrenswert gemacht. Folglich ist es diesmal seine Gesprächspartnerin, die verpflichtet ist, interessant zu erscheinen, sein Interesse zu erregen, in seinen Augen eine Person zu werden, die anders ist als alle anderen.

4. Die weibliche Erotik braucht sanfte Übergänge, allmähliche, fast unsichtbare Entwicklungen. Der Mann will alles und zwar sofort, die Frau will das Allmähliche. Das Begehren des Mannes ist, so wie es sich spontan darstellt, immer eine Invasion, ein hastiges, gewaltsames Eindringen. Eine verliebte Frau wünscht sich auch nach zehn, zwanzig Jahren von ihrem Mann noch immer jene Aufmerksamkeit, Fürsorge und Sanftheit, die sie sich schon am ersten Tag gewünscht hatte. Ihr Bedürfnis nach Liebenswürdigkeit und allmählicher Entwicklung, das Ritual der Billigung, ist also nicht nur mit Angst zu erklären. Es ist ein tieferes Bedürfnis, es ist etwas der weiblichen Erotik und ihrem beständigen Wesen Eigenes. Das Ritual der Billigung, die Liebkosungen, die zärtliche feste Umarmung sind Methoden, um die Diskontinuität auf ein Minimum zu reduzieren.

Die Regeln der Werbung, die die Frau dem Mann aufgezwungen hat, verlangen von ihm, daß er sein Begehren verbirgt und verschleiert. Daß er sich für sein Eindringen entschuldigt. Daß er zuvorkommend und amüsant ist. Indem er ihr den Hof macht, demonstriert ihr der Mann, daß er nicht grob, sondern höflich und zu Emotionalität bereit ist, daß er bereit ist, die freie Entscheidung der Frau anzunehmen, ihren Willen zu respektieren und nur Mittel anzuwenden, die diesen Willen *verführen*, nicht ihn vergewaltigen. Die Frau möchte ja verführt und erregt werden, aber nur entsprechend ihren eigenen Rhythmen und auf harmonische Weise. Sie möchte durchaus in Gefühle verstrickt werden. Genau das macht ja den großen Verführer aus. Der Verführer richtet sich ein im Herzen der weiblichen Seele, nistet dort und verschmilzt mit ihm, bis er verschwindet.

Der große Verführer, der die Frauen bezaubert und ihre Erotik freilegt, spricht wie eine Frau mit ihnen. Ich sage »spricht«, weil der Schlüssel zu allem tatsächlich in den Wörtern und in der Art, sie auszusprechen, liegt.

Die Frau fürchtet die Gewalt des Mannes. Der große Verführer mag zwar stark und männlich wirken, aber mit seinen Reden beschwichtigt er sie, schmeichelt ihr und gibt ihr Sicherheit. Er hat die Sicherheit des Vaters und das Wissen der Mutter. Er sagt Dinge, die nur eine Frau sagen könnte. Er spricht vom weiblichen Körper ebenso feinfühlig wie eine Frau.[3] Er ruft Gefühle hervor und erzählt von ihnen, die nur eine Frau kennt und von denen eigentlich nur eine Frau erzählen kann. Der große Verführer ist geduldig, er gibt ihr Zeit, sich einzustellen, ihren Phantasien nachzuhängen, sich bezaubern zu lassen, sich zu erregen, sich gehen zu lassen. Niemals zeigt er sein Begehren, niemals die Dringlichkeit. Der große Verführer weiß sich immer zurückzuhalten, einen Schritt zurückzutreten, sein eigenes Bedürfnis aufzuschieben. Er macht der Frau in jedem Augenblick das Versprechen, das jede Frau erwartet: Ich will nicht, daß du dich änderst, ich gebrauche keine Gewalt, ich möchte nichts für mich.

Er ist gleichzeitig beruhigend wie die Eltern, aufgedreht und heißblütig wie die Freundin in der Pubertät und ein Komplize wie der Spiegel. Der große Verführer verschafft der Frau ein Gefühl, wie wenn sie vor dem Spiegel steht, sich bewundert, sich entdeckt, wenn sie ihren Phantasien nachhängt. Er macht sie zur Anbeterin ihrer eigenen Schönheit und ihres eigenen Zaubers. Er verleiht ihren geheimsten Phantasien eine Stimme und hilft ihr, neue zu erfinden. Der Verführer kennt die weiblichen Phantasien und hat sie verinnerlicht (ebenso wie die Kurtisane die männlichen Phantasien verinnerlicht hat). Er berührt sie, wie eine Freundin sie berühren würde. Er streichelt sie und erregt sie mit derselben Natürlichkeit, mit der sie selbst das tun würde. Seine Stimme ist gewinnend und gleichmäßig, sie hypnotisiert. Sie bittet die Frau, sich zu entspannen und zuzuhören. Sich den Lobeshymnen, den Liebkosungen und den geflüsterten Worten zu öffnen. Sie erzählt ihr, was die Frau selbst denken möchte, um sich zu erregen und feucht zu werden. Sie läßt sie schamlose Begierden verspüren, aber es ist, als wenn die Frau selbst sie wollte, und deshalb rebelliert sie auch nicht.

Wenn sie sich dann hingibt, weiß sie nicht einmal mehr warum, so natürlich war alles.

Der unerfahrene Mann dagegen ist schüchtern, tolpatschig und grob. Die Frau spürt, daß er anders ist, spürt sein Bedürfnis als Bedrohung und bekommt Angst davor. Die Frau hat Angst vor dem schüchternen Mann. Der Schüchterne trägt ein wortloses Bedürfnis mit sich herum, ein explosives Bedürfnis, das unfähig ist, Bedürfnis des anderen zu werden. Das Bedürfnis des Schüchternen ist ein nacktes, gewalttätiges Bedürfnis. Die Frau nimmt hinter der Schüchternheit die Gewalt wahr, die der Schüchterne gegen sich selbst und gegen sein Begehren wendet, die Gewalt der Unterdrückung. Sie nimmt also eine doppelte Gewalt wahr – die des Begehrens und die der Unterdrückung. Das Stammeln des Schüchternen enthüllt sie ihr. Der große Verführer dagegen ist das krasse Gegenteil. Er macht das Bedürfnis der Frau zu seinem eigenen, er identifiziert sich mit ihr. Seine hypnotisierende Stimme ist der Lautsprecher ihres Begehrens, ihrer Phantasien; sie löst ihre Ängste auf und bringt sie dazu, das, was ihre Phantasien angeregt hat, zu Wirklichkeit zu machen.

Erotik ist eine Phantasie der Identifikation mit den erotischen Teilen des Körpers. Sie muß über sie reden, sie ausmalen, alles ausmalen, was verborgen ist. Pornographie ist obszön, weil sie genau das auf falsche Weise und zum falschen Zeitpunkt tut, wie ein Tolpatsch oder jemand mit schlechtem Benehmen. Auch ein erotisches Kompliment kann gelegentlich obszön sein. Aber was in *einem* Moment Obszönität heißt, ist in einem anderen ein Kompliment. Das erotische Vertrauen erst – das sich wie eine Hypnose, wie eine gemeinsame Sprache, sehr schnell herstellen läßt – erlaubt es, Obszönität in eine Einladung zu verwandeln. Das Obszöne ist eine ausgeschlagene Einladung. Wird sie jedoch angenommen, dann darf man mit denselben Worten sich selbst und den anderen auf das Erregendste darstellen. Das Erotische ist also eine persönliche Pornographie. Ein Text, dessen Hauptdarsteller wir selbst sind und in dem wir uns beide wiedererkennen.

Der große Verführer ist aber nur dann wirklich groß, wenn er das Spiel auch bis zum Ende durchhält. Auch wenn er die Frau dann verläßt – er muß ihr eine gute Erinnerung an sich hinterlassen. Das schaffen allerdings nur die allerwenigsten. Ist ihr Verlangen erst einmal befriedigt, zerstören die meisten Männer den Zauber, und die Frau wacht auf und ist allein. Dann bekommt sie einen Wutanfall über sich selbst dafür, daß sie sich hat gehenlassen, daß sie sich jemandem hingegeben hat, der sie gar nicht verdient. Die Frau verzeiht nur dem, der sich nicht wie ein Räuber aufführt. Von allen anderen fühlt sie sich übers Ohr gehauen. Folglich durchlebt die Frau – während der Mann das Gefühl von Freiheit und Erfolg genießt – oft eine Verlusterfahrung, eine Enttäuschung. Als ob ihr etwas weggenommen worden wäre, als ob sie sich hätte reinlegen lassen. Und deshalb entwickelt sie eine Art Groll gegen den Mann und sich selbst. Männer begreifen im allgemeinen nicht, warum Frauen sich ausgerechnet zu irgendwelchen Schurken hingezogen fühlen, das heißt warum sie so nachgiebig sind gegenüber dem großen Verführer.

11. Dialektik von Kontinuität und Diskontinuität

1. Für den Mann bleibt die sexuelle Beziehung wichtig, er braucht sie wirklich. Keine Erotik der Haut, der Muskeln, keine liebevolle Intimität, keine mütterliche Zärtlichkeit kann sie ersetzen oder sie weniger dringlich machen. Der Mann kann ebenso schwerlich vollkommen auf Sex verzichten, wie er auf Essen und Trinken verzichten kann. Die Schwierigkeiten der christlichen Asketen und Einsiedler rührten nicht aus Hunger und Durst, sondern aus ihren ständigen obsessiven erotischen Phantasien. Keuschheit, auch wenn sie nur vorübergehend ist, bedeutet große Anstrengung für den Mann, und das ist auch der Grund, weshalb man sie Männern aufgezwungen hat durch das barbarische Mittel der Kastration. Die Frau kennt ein Bedürfnis dieser Art nicht. Wenn sie nicht dem Mann begegnet, der ihr gefällt, geht sie lieber gar keine sexuelle Beziehung ein, notfalls monate- und jahrelang nicht. Frauen heiraten, so hat Kinsey beobachtet[1], weil sie eine lange und stabile affektive

Beziehung mit einem einzigen Mann wünschen, weil sie eine Wohnung, Kinder, materielles Wohlergehen und Sicherheit möchten. All das interessiert auch Männer durchaus, aber nur sehr wenige Männer wären bereit zu heiraten, wenn sie nicht sicher sein könnten, mit ihrer Frau schlafen zu dürfen. Für den Mann ist Sex und die sexuelle Beziehung eine alltägliche Notwendigkeit, in der Ehe wie in der Lebensgemeinschaft, im Leben überhaupt.

Die sexuelle Erfahrung ist für ihn wichtig, auch wenn es sich nur um eine flüchtige Beziehung handelt, sogar die mit einer Prostituierten. Wir haben bereits zu Anfang gesehen, daß die Prostituierte gewisse erotische Männerphantasien befriedigt. Wir brauchen uns also nicht zu wundern, daß die Erfahrung mit ihr für ihn eine Bedeutung hat. Nahezu sämtliche Untersuchungen zeigen, daß verheiratete Männer auch in den Ländern, die eine sexuelle Revolution hinter sich haben, weiter Prostituierte aufsuchen. Und sie begründen das fast immer mit irgendeiner Unfähigkeit, irgendeinem Defekt ihrer jeweiligen Frau oder Freundin. In Wirklichkeit jedoch besitzt das rein erotische Zusammentreffen mit einer neuen, anderen Frau, das frei von Verantwortlichkeiten und Konsequenzen ist und nur aus sich selbst beurteilt zu werden braucht, auch weiterhin Bedeutung für die männliche Vorstellungswelt. Die Frau, die sich ihm hingibt, verschafft ihm ein starkes Gefühl. Es ist keineswegs wahr, daß sein beherrschendes Gefühl der Stolz ist, Stolz darauf, daß es ihm gelungen ist, sie zu erobern, oder daß er geschafft hat, sie zu demütigen, indem er sie bezahlt. Gewiß gibt es solche Gefühle, aber sie sind längst nicht so wichtig wie das erotische Gefühl, von dem ich hier spreche. Der Mann wird sich später in der Tat nicht mehr an das Werben erinnern, nicht mehr an das Bezahlen, und nicht mehr an eine Geschichte. Er wird nur den erotischen Akt als solchen in Erinnerung behalten. Der Mann hat ein unglaublich gutes erotisches Gedächtnis. Es ist auf jeden Fall so ausgeprägt wie das der Frau für romantische Beziehungen. Noch nach Jahren oder Jahrzehnten fallen ihm erotische Episoden ein, die so deutlich sind wie damals, als er sie erlebte. Es ist auch genau so, als machte er in diesem Augenblick die Erfahrung selbst. Er masturbiert, indem er Bruchstücke seiner erotischen Erfahrungen in der Vergangenheit wieder wachruft und ausmalt.

Einige Feministinnen haben dieses Verhalten kritisiert, es sei negativ, verächtlich und aggressiv.[2] Aber solche Männerphantasien haben nichts Aggressives an sich. Nur die Frau erlebt sie so, weil sie meint, daß sie sie verstümmeln und einen Teil von ihr sozusagen in Klammern setzen. Weil sie ohne *ihren* Willen zustandekommen und vor allem, weil sie ein Stück Zeit aus der kontinuierlichen Zeit herausbrechen und isolieren. Weil sie einen aus dem Zusammenhang gerissenen erotischen Moment wiederbeleben. Für den Mann dagegen sind solche Phantasien wohltuend, freundlich und heiter.

Die amouröse Begegnung ruft – wenn sie freudvoll war und ihn gerührt hat und die weibliche Schönheit hat entdecken lassen – im Mann ein Gefühl von Wiedererkennen und Sympathie hervor. Und das ist es, woran er sich erinnert und was er in seiner Phantasie wiederbelebt: die Intimität, die Verschmelzung, den Moment, wo er in der Frau die Quelle seiner Freude erkannt hat, die Schönheit; nicht die Schönheit eines Kleides, für sich genommen, sondern die Schönheit des Körpers, der das Kleid trägt, die Schönheit, mit der es wallt oder Falten wirft, das Parfum, die einladende Geste, die Umarmung, das Beben, das Lächeln, die suchende Hand. Alles, was die Frau in ihre Verführung gelegt hat, findet sich unversehrt in der männlichen Erinnerung wieder. Auch wenn die Frau kein anhaltendes Liebesgefühl hat erzeugen können, sie hat mit Sicherheit etwas Unauslöschliches in der Diskontinuität erzeugt. Die visuelle Imagination des Mannes reaktiviert jedes Detail der Begegnung in all seinem Glanz, und er erlebt sie auch nach Jahrzehnten noch einmal, bis zum Orgasmus.

Die Phantasien müssen allerdings, um auftauchen zu können, zumindest eine feine Verbindung zur Wirklichkeit haben. Phantasie ist immer auch Phantasie über eine Komplizenschaft. Deshalb ist der Mann bestürzt, wenn die Frau ihn zurückweist. Denn auch die Verweigerung taucht in der Phantasie wieder auf und unterbricht sie. Die Frau weiß das, und wenn sie ihn verletzen will, formuliert sie ihre Verweigerung so deutlich und geringschätzig, daß sie sich in sein Hirn eingräbt.

2. Wenn die Leidenschaft für eine Frau beim Mann erlischt, drückt sich das durch pures Desinteresse aus. Bei der Frau ist Verweigerung die Folge. Eine Frau, die eines Mannes überdrüssig ist, möchte ihn nicht mehr in ihrer Wohnung sehen und mag überhaupt nicht mehr mit ihm reden. Ein überdrüssiger Mann beachtet die Frau einfach nicht mehr. Wenn sie sich nicht weiter in sein Leben einmischt, bleibt er sogar gern freundschaftlich mit ihr verbunden.

Wenn eine Frau sich in einen anderen Mann verliebt, kann sie den ersten nicht mehr ertragen. Sie jagt ihn davon oder, wenn sie ihn bei sich hält, dann um ihm wehzutun, um ihn zu quälen; denn in ihren Augen ist er der Schuldige, er hat sie enttäuscht. Die Frau macht einem Mann, der ihr nicht gefällt, Vorwürfe und möchte ihn am liebsten aus ihrer Gegenwart streichen. Sie versucht, jede Spur der Vergangenheit zu vernichten. Denn für sie ist der Zusammenhang einer Beziehung wichtig. Wenn dagegen – wie beim Mann – der Augenblick der Lust wichtig ist, dann werden Erinnerungen aufbewahrt. Der Mann weiß, daß das Begehren eines Tages in ihm wiedererwachen könnte. Deshalb sind Frauen so eifersüchtig auf die früheren Geliebten oder Ehefrauen ihres Mannes; denn er könnte sie – und wenn nur in der Phantasie – plötzlich wieder begehren.

Aber die Frauen irren sich, wenn sie sich vorstellen, daß der Mann die ganze Liebesbeziehung, die süßen Qualen der Verliebtheit in Erinnerung behält. Darin ist der Mann nämlich genau wie sie. Wenn er sich noch an die Gefühle der Verliebtheit erinnert, dann heißt das, er ist noch verliebt. Wer nicht verliebt ist, erinnert sich auch nicht mehr an die Liebeserfahrung und kann sie nicht wiederbeleben. Die männliche Erinnerung ist die Erinnerung an eine erotische Begegnung und an alles, was dabei mit der Erotik zu tun hatte. Alles andere ist ausgelöscht, vor allem die Gefühle.

Eben weil der Mann sich an die episodenhaften Bruchstücke erinnert, die aus der Zeit herausgelöst sind, kann er seine erotische Vergangenheit annehmen und auch weiterhin gute Beziehungen zu den Frauen seines Lebens unterhalten. Fellini entwickelt in seinem Film »8 ½« die Phantasie, daß alle Frauen, die ihn je erotisch angezogen haben oder die er geliebt hat, bei einem großen Fest zusammenkommen. Die Ex-Frau und die Prostituierte, die er als kleiner Junge am Strand tanzen gesehen hatte, die Frau, der er einmal begegnet ist und die, mit der er sein Leben verbracht hat. Einen solchen Traum könnte eine Frau schwerlich träumen.

Daß der Mann es kann, hängt mit der Diskontinuität zusammen. Der Mann vergißt tendenziell alles von einer geliebten Person, woran er gelitten hat und was Konflikte und Gewalttätigkeit ausgelöst hat. Er bewahrt nur die Erinnerung an gewisse erotische Augenblicke.

Die Frau nimmt, wenn sie nicht mehr liebt, diese Zersplitterung ihrer Person übel. Sie findet es ekelhaft, wenn man sich nur noch daran erinnert, wie sie im Bett war, wie sie vor Lust geschrien hat und auf das Glied des Mannes scharf war, denn der Mann gefällt ihr jetzt nicht mehr, er interessiert sie nicht, und sie würde sich für nichts auf der Welt mehr irgendwo mit ihm hinlegen. Sie möchte sich nicht mehr daran erinnern, und sie erinnert sich auch nicht mehr daran.

Und hier stehen wir vor einem Paradox. Der Mann kann sich leichter lösen, er möchte die erotische Umarmung nicht länger, manchmal ist er ihrer sogar überdrüssig und möchte weg. Und gleichzeitig erinnert er sich auf unauslöschliche Weise an die Erfahrung, die doch so oberflächlich schien. Er kann immer wieder darauf zurückkommen und sie mit derselben Intensität wiedererleben. Die Frau dagegen, die sich vernachlässigt gefühlt hatte wie irgendein unpersönlicher Gegenstand, sie weiß nicht, daß sie bis in die kleinsten Einzelheiten in Erinnerung bleibt und daß der Mann sein Leben lang mit Freude an sie zurückdenken wird, einfach weil er sie im Glanz des erotischen Augenblicks wieder wachrufen kann. Nicht ihre Pläne, ihre Gefühle, ihre Leidenschaften oder ihre Ängste beschwört er wieder herauf. Der Mann behält die Frau wie er sie erotisch erlebt hat in Erinnerung. Zu ihrem erotischen Wesen allerdings gehört auch ihr Zögern, ihr Schwung, ihr Beben, ihre Naivität, ihre Zärtlichkeit, ihre Schamhaftigkeit und ihre Schamlosigkeit. Es ist immer sie, die da weiterlebt, ein unverwechselbar authentischer Teil ihrer Persönlichkeit.

Die Frau dagegen möchte Kontinuität. Sie hält die Ablösung schlecht aus. Sie hätte am liebsten eine Begegnung ohne Ende, Beständigkeit. Deshalb drängt sie auf Zusammenleben, das sie sich vorstellt als mit amouröser Erotik geladen. Wenn aus dem Zusammenleben jedoch Alltag wird, ist sie enttäuscht. Sie reagiert gereizt und wütend. Sie weicht aus in Phantasiewelten. Gleichzeitig rächt sie sich in alltäglichen Gesten, die wiederum den Mann irritieren und erbittern. Sie kennt seinen Geschmack und seine Wünsche und kann ihn deshalb immer wieder und schmerzhaft treffen. Es ist ein Haß-Ritual, und sie erledigt es mit derselben Sorgfalt, die sie in das Ritual der Liebe gelegt hatte.

Wenn sie soweit ist, die Beziehung abzubrechen, dann ist der Bruch total. Ebenso absolut, wie vorher die Kontinuität sein sollte, soll jetzt der Abbruch der Beziehung sein. Vorher ging es um die Beständigkeit des Positiven, jetzt geht es um die Beständigkeit des Negativen. Alles, was vorher erwünscht war, wird jetzt brutal aus dem Leben und aus dem Gedächtnis gestrichen. Von diesem Augenblick an kann die Frau nie wieder die erotischen Begegnungen heraufbeschwören in all ihrem dem Alltag enthobenen Glanz, wie der Mann es kann. *Wenn* sie kann, dann nur, weil der Mann sie noch immer anzieht oder sie sich noch immer nicht ganz gelöst hat. Die Erinnerung kann nur als heftiger Wunsch nach einem neuen Anfang auftauchen. Oder als Verweigerung, Ekel, Rache.

Die Frau wünscht sich die Zeit der Erotik als dauerhaft. Unterbricht sie sie, schafft sie damit eine radikale Diskontinuität. Da sie die kontinuierliche erotische Zeit nicht verwirklichen kann, verzichtet sie lieber völlig und stürzt sich in die Diskontinuität, aber die hat nichts Erotisches. Und wenn sie eine neue erotische Beziehung eingeht, wird die immer auch ein Neubeginn der Zeit sein. Eine neue Ära.

Etwas Ähnliches passiert auch dem Mann, wenn er sich verliebt. Auch für ihn verliert dann die Vergangenheit ihren Wert, und seine Erotik wird tendenziell kontinuierlich. Die Frau allerdings vollzieht den Bruch mit der Vergangenheit, auch ohne daß sie sich neu verliebt. Ihre Erotik drängt auf zeitliche Geschlossenheit. Diese Geschlossenheit läßt sich aber paradoxerweise nur um den Preis radikalster Diskontinuität verwirklichen.

Das Zeitschema des erotischen Lebens, das aus einer Abfolge monogamer Beziehungen besteht, die von Phasen des Suchens, Phasen mit verschiedenen Liebespartnern unterbrochen werden, haben vor allem Frauen durchgesetzt. Es ist ein Ergebnis ihrer Emanzipation. Vorweggenommen hat es in den Vereinigten Staaten der Hollywood-Film. Hollywood-Stars führten seit Jahrzehnten ein Leben, gekennzeichnet durch eine Aneinanderreihung von Ehe-Scheidung-neue Ehe-neue Scheidung, und so weiter. Das *Star-System* hat sich diese Art Leben zu eigen gemacht, um die erotische Anarchie innerhalb der Filmwelt für das (vor allem weibliche) Publikum moralisch annehmbar zu machen. Es ist das Gewand des Anstands für etwas, das ohne dieses Gewand pure Promiskuität wäre.

Dasselbe Schema war sinnvoll angesichts der sexuellen Befreiung und der Emanzipation der Frau als Kontrollinstrument für die promisken Tendenzen der sechziger Jahre, und es hat sich als beherrschendes Modell nach dem Feminismus behaupten können.

12. Sexualität und Liebe im Zeichen der Emanzipation

1. Wahre Erotik ist nur möglich, wenn beide Geschlechter versuchen, das jeweils andere zu begreifen, wenn es den jeweils eigenen Platz einnehmen und seine eigenen Phantasien hervorbringen kann. Erotik in diesem Sinne kann sich erst jetzt im Abendland entwickeln. Bis auf wenige Ausnahmen hatten die beiden Geschlechter bis in die sechziger Jahre sehr verschiedene, streng festgelegte Rollen. Der Wandel erfolgte zuerst auf der ökonomischen, materiellen Ebene. Zur selben Zeit, als mit der wirtschaftlichen Entwicklung mehr Frauen eine Ausbildung bekamen, sank die Geburtenrate und stieg die Automatisierung des Haushalts. Die Revolte erfaßte zuerst die Jugendlichen; sie kämpften gegen die traditionelle Verteilung der Rollen und

gegen die auch körperliche Trennung von Frauen und Männern an. Die Jugendlichen vereinten sich zu großen Bewegungen und feierten große kollektive Feste, sie schufen sich auch gemeinsame Idole und Mythen. Dann trat, im Laufe dieser Transformation, der Feminismus auf den Plan und stellte die gesamte Ordnung von Männer- und Frauenrollen radikal in Frage. Von diesem Augenblick an haben beide Geschlechter begonnen, sich gegenseitig zu untersuchen und kennenzulernen. Vorher hatte jedes nur versucht, dem jeweils anderen das eigene Muster überzustülpen. Die Feministinnen forderten den Mann beispielsweise auf, zu werden wie die Frau. Gleichzeitig jedoch machten sie sich männliche Modelle zu eigen. Das ist eine lange und faszinierende Geschichte, von der ich hier aber nur einige literarische Momente ins Gedächtnis rufen möchte.

Eines der immer wiederkehrenden Themen der Frauenliteratur ist der Wunsch, wie ein Mann erotisch reagieren, also Sexualität und Liebe auseinanderhalten zu können. In ihrem wunderschönen Buch *Ein Spion im Haus der Liebe* schreibt Anais Nin: »Sie schlug die Augen auf, um den Triumph ihrer Befreiung auszukosten: Sie war frei, frei wie der Mann, konnte ohne Liebe genießen. Ohne jeden Anteil des Herzens hatte sie einen Fremden besessen, wie es ein Mann konnte. Dann erinnerte sie sich daran, was Männer oft gesagt hatten: ›Danach wäre ich am liebsten gegangen.‹ Sie starrte ihn an, der neben ihr lag, sah in ihm eine Statue, die sie nicht noch einmal berühren wollte ... Und sie empfand etwas wie Widerwillen, Reue, beinahe den Wunsch, das Geschenk ihrer selbst zurückzunehmen, alle Spuren davon zu löschen, es von ihrem Körper zu verbannen. Sie wollte schnell und restlos von ihm getrennt werden, wollte das, was für einen Augenblick verschmolzen war, entwirren und lösen, ihrer beider Atem und Haut, die Ausdünstungen und Säfte ihrer Körper.«[1]

Im selben Augenblick, in dem Anais Nin uns erzählt, sie habe die männliche Freiheit der Lust ohne Liebe für sich verwirklicht, liefert sie uns eine ausschließlich radikal und zutiefst weibliche Beschreibung. Die Loslösung, die der Mann vollzieht, ist, wie wir gesehen haben, freudig und leicht. Die Frau dagegen fühlt sich, wenn sie eine sexuelle Beziehung ohne

Liebe hinter sich hat, wie reingelegt, beraubt, betrogen; sie möchte sich zurückholen, was sie verschenkt hat, und das, was da auf so unrechte, beleidigende Weise vereint worden war, wieder auflösen.

Auch Erica Jong hat in *Angst vorm Fliegen* und *Rette sich, wer kann* immer wieder die Phantasie des »Instant-Ficks« beschrieben, den Sex, wie der Mann ihn macht. In ihrem letzten Buch *Fallschirme und Küsse* wird die Suche danach zur Besessenheit. Isadora, die Heldin, stürzt sich, nachdem ihr junger Ehemann sie verlassen hat, in eine ganze Reihe sexueller Abenteuer, wie es sich für eine geschiedene junge New Yorkerin des Jahres 1984 eben schickt. Aber so sehr sie beteuert, daß es sie erregt, man hat den Eindruck, daß sie vor allem Wut und Zorn dabei empfindet: »Die Körper sind nicht vertraut, die Schwänze fremd. Sie kann sich niemals dazu überwinden, eine ganze Nacht bei einem Mann zu bleiben. Sie will, daß der Betreffende spätestens um drei Uhr früh wie durch Magie aus ihren Armen weggezaubert wird; deshalb gestattet sie keinem, die ganze Nacht bei ihr zu bleiben, keinem. Sie hat sogar schon Männer um drei Uhr früh über den Hundeauslauf aus dem Haus geschickt.«[2] Und weiter: »Und was lernte Isadora in diesem Lebensabschnitt über die magischen Spindeln? Sie lernte, daß nur sehr wenige einen Zauber bewirken oder auch nur Vergessen bringen konnten, und wenn, dann nur für eine ganz beschränkte Zeit. Sie lernte nicht nur, daß der Märchenprinz häufig nicht kam, sondern daß er ihn sehr oft überhaupt nicht hochkriegte. Sie lernte, daß Männer ganz unterschiedliche Schwänze haben: ... Manche sind rosa, manche rot, andere gelblich und wieder andere braun, und dann wieder andere schwarz. Manche sind geädert wie eine Mondlandkarte, andere glatt wie rosa Marzipanschweinchen, manche tröpfeln, ehe sie spritzen, und manche weigern sich überhaupt, einen abgehen zu lassen ... Aber trotz all dieser Varianten bleibt eines gleich: Man kann einen Schwanz nicht lieben, ohne seinen Besitzer zu mögen.«[3]

So geht es durch das ganze Buch; es ist wie eine kontinuierliche Orgie aus widerlichem Sex und ekelhaften Männern. Es gibt keinen einzigen Moment wirklicher Erotik. Das ganze

Buch ist ein Dauerschrei der Wut während dieser Suche nach dem schönen jungen Idealmann, den man leidenschaftlich lieben kann und von dem man wiedergeliebt wird. Am Ende ihres Romans behauptet Erica Jong, ihn gefunden zu haben. Aber das ist absolut nicht wahr. Es gibt in keinem ihrer Bücher Verliebtheit.

Anais Nin hatte in ihren Liebesaffären sich selbst aufs Spiel gesetzt. Sie identifizierte sich mit jedem neuen Liebhaber. In ihrem ersten, dem wunderschönen Deutschen, lebt sie den Zauber Wagners und Siegfrieds noch einmal. In John, dem Krieger, die Anziehungskraft von Krieg und Tod. In Mambo die tropischen Inseln und die afroamerikanische Musik. Jedes Mal bedeutet eine neue Inkarnation, schließlich lebt sie eine Myriade von Leben. Am Ende jedoch, nach zahllosen erotischen Identifikationen, merkt sie, daß sie sich selbst zersplittert. Sie begreift es, während sie die Bilder von Jai betrachtet: »Seine Gestalten spalteten sich, teilten sich in Fragmente auf wie durcheinandergeratene Mosaikspiele, und jedes Stück war weit genug vom anderen entfernt, um unwiederbringlich zu scheinen.«[4] Bei ihrem Versuch, wie ein Mann zu sein und die Freiheit des Mannes zu erringen, prescht sie so weit nach vorn, daß ihr Ich sich auflöst. Aber das liegt daran, daß sie sich jedesmal zutiefst identifizieren und einen wesentlichen Teil von sich aufs Spiel setzen muß. Und das ist weiblich, nicht männlich.

Anais Nin jedoch versteht den Mann wirklich, sie hat ihn bewußt studiert, um ihre pornographischen Erzählungen schreiben zu können. Sie war eine intime Freundin von Henry Miller und Lawrence Durell, sie stand den größten Schriftstellern ihrer Zeit nahe.

2. Die einzige Frau, die es wirklich geschafft hat, eine gleichzeitig männliche und weibliche Erotik zu beschreiben, ist Emmanuelle Arsan. In den gelungensten Passagen ihrer Bücher – in der Regel sind das jeweils nur einige zig Seiten – bringt sie aus der Sicht der Frau das Kunststück fertig, das D. H. Lawrence aus der Sicht des Mannes geschafft hat: Die Welt mit der Sensibilität des anderen Geschlechts wahrzunehmen und sie dem eigenen verständlich zu machen.

In ihrem Roman *Emmanuelle oder Die Schule der Lust* beschreibt sie eine Reihe typisch weiblicher erotischer Gefühle. Gleich zu Anfang, kaum daß sie die Luxuskabine der Ersten Klasse betreten hat, durchströmt Emmanuelle »bei dem Gedanken an die überreichlichen Aufmerksamkeiten, die ihr zuteil werden, (...) ein Gefühl fast physischen Behagens.«[6] Als ihr Reisegefährte eintritt, mustert sie jede Einzelheit an ihm und registriert zufrieden, wie elegant er ist und wie gut seine Ledertasche duftet. Und genau wie in einem rosaroten Roman wird Emmanuelle von einer kurzen Eifersucht erfaßt, als sie sieht, wie die Stewardess sich gegen einen Fluggast drückt. Alles in ihr ist auf Verführung eingestellt. »Emmanuelles Knie sind nackt unter dem goldenen Licht der indirekten Beleuchtung. Ihr Rock hat sich hochgeschoben und die Knie freigegeben, und die Augen des Mannes ruhen auf ihnen ... Sie ist sich der von ihnen ausgehenden Wirkung bewußt ... Bald darauf fallen ihr die Lider zu, und sie sieht sich, nunmehr gänzlich nackt, wieder einmal der Versuchung narzißtischer Selbstbetrachtung wehrlos ausgeliefert.«[7] Emmanuelle bietet sich dem Mann neben ihr an, ohne daß er ihr den Hof gemacht hätte, ohne ein einziges Wort. Es gibt kein Gefühl und keine Absicht, die jemals über die augenblicklich vorhandene Lust hinausgingen. Trotzdem ist diese zufällige Begegnung Quelle außergewöhnlicher Lust, und die Erfahrungen, die Emmanuelle Arsan beschreibt, sind bis ins Detail die einer Frau. Sie mag den Penis des Mannes gern in der Hand halten. »Emmanuelles zusammengepreßte Finger bewegten sich um so eifriger auf und ab, je länger die Liebkosung dauerte; sie bewegten sich nun nicht mehr bloß hin und her, sondern lockerten, plötzlich erfahren, etwas ihren Griff, um entlang der stark geschwollenen Ader über den geschwungenen Bogen der Rute gleiten zu können ... Die angeschwollene Eichel glühte und schien jeden Augenblick bersten zu wollen.«[8] Der Rhythmus des Mannes ist ihr Rhythmus. Seine Lust ihre Lust. »Sonderbar erregt empfing Emmanuelle die langen weißen und würzig riechenden Strahlen, die endlich aus dem befriedigten Glied hervorschossen und sich über die Arme, ihren nackten Leib, ihre Brust, ihr Gesicht, ihren Mund und ihre Haare ergossen.«[9] Und weiter: »Während der Mann sich in sie ergoß, preßte er sein Glied tief in ihre

Scheide, so daß es sich genau in den Hals ihrer Gebärmutter einfügte, und noch auf dem Gipfel des Orgasmus blieb Emmanuelle genügend Wachheit, um das Bild zu genießen, das vor ihren Augen stand: Wie die sämigen Ströme aus dem Glied hervorbrachen, die von der länglichen Öffnung ihrer Gebärmutter kräftig und gierig wie von einem Mund aufgesogen wurden.«[10] Phantasien, die unzweifelhaft weiblich sind, aber errichtet auf dem Körper, auf dem männlichen Geschlecht, und hervorgestoßen nach seinen Rhythmen.

Emmanuelles Erotik ist promisk. Sie erlebt sie mit dem Mann im Flugzeug, mit Marie-Anne, mit ihrem Mann. Sie ist jedesmal bedingungslos und vollkommen bereit, Lust zu geben und zu empfangen. Sie ist stets fasziniert von der Schönheit der Männer, der Frauen und der Kinder. Überall entdeckt sie die Schönheit von Körpern, Gesten und Blicken. Das erinnert an die männliche Erotik, welche die Frauen auch immer als wunderschön und vollkommen imaginiert. Männlich ist Emmanuelle auch in ihrem totalen erotischen Desinteresse an gesellschaftlichen Positionen und Rangordnungen, an Prestige und Ruhm der Männer, denen sie begegnet.

In Emmanuelles Welt gibt es nie ein anfängliches Zögern. Niemand hat Angst, niemand ist schüchtern oder geniert sich, niemand wehrt sich gegen die Berührung der anderen Person. Und man wird immer augenblicklich entschädigt. Auch das ist männlich. Und doch besitzt Emmanuelle eine lesbische Sensibilität. Sie ist verliebt in Marie-Anne, wie sie in ihren Mann verliebt ist. Auch als die wunderschöne Bee auftaucht, verliebt sie sich: »Ihr war, als sei sie hierher ans Ende der Welt gekommen, um sie zu finden. Vom ersten Augenblick hatte sie erkannt, daß sie es war, auf die sie immer schon gewartet hatte ... Zum erstenmal seit ihrer Kindheit rinnen Emmanuelle echte Tränen übers Gesicht ...«[11]

In ihrer Welt ist auch Platz für tiefe, dauerhafte Liebe zu ihrem Mann und zu denen, die sie Ehemänner nennt, und für die oberflächlichen Lieben, die Geliebten. Aber auch für Freunde und Kinder.

Niemand legt es je auf sexuelle Exklusivität an, und erst recht nicht auf Beherrschung. Es gibt keine Schuldgefühle und keine Feinde. Die Erotik springt auf alle über, auf Junge und Alte, Männer und Frauen, Erwachsene und Kinder. Nie gibt es Abscheu oder Ablehnung. Und niemals Müdigkeit. Niemals ist jemand zu nahe oder zu fern. Insgesamt gesehen bietet Emmanuelle Arsan uns eine bisexuelle Phantasie an, in der Erotik mit allen anderen Formen der Liebe verwoben ist und Promiskuität problemlos neben tiefen Gefühlen möglich ist. Eine Utopie also.

Promiskuität

13. Formen der Promiskuität

1. Unzählige Male ist im Laufe der Geschichte das Thema Promiskuität aufgetaucht: als ursprüngliche Promiskuität, die der gesellschaftlichen und familiären Organisation vorangegangen war, oder als utopische Promiskuität, als endgültige Überwindung des Ausschließlichkeits- und Besitzanspruchs des Einzelnen. In den sechziger Jahren galt Promiskuität als mehr oder weniger offenes Ideal der sexuellen Revolution. Männer, so haben wir gesehen, wünschen sich in ihren Phantasien Sex mit vielen Frauen und ohne allzu komplizierte Gefühle. Gegenwärtig herrscht die Idee vor, daß Promiskuität ein Entwicklungsstadium ist, ein Exzeß, ein Überborden dieser Art von männlichem Begehren. In Wirklichkeit jedoch ist Promiskuität immer ein Akt kollektiven Lebens, Ausdruck der Vorherrschaft der Gemeinschaft über das Individuum und die Zweierbeziehung.

Man sieht das deutlich an der *Orgie*. In ihr sind Liebesbindungen und zwischenmenschliche Ausschließlichkeit zeitweise abgeschafft. Alle stehen allen zur Verfügung. Die Möglichkeit, erotische Vorlieben oder Ablehnungen zu äußern, ist außer Kraft gesetzt. Wenn jeder das Ja aller bekommt, dann muß auch jeder selbst Ja sagen. Nur so kann erotischer Kommunismus sich verwirklichen: »Jeder gibt nach seinen Möglichkeiten und bekommt nach seinen Bedürfnissen.« Eine Orgie wird nur dadurch möglich, daß all unsere Idiosynkrasien, Vorlieben, Zuneigungen, Eifersucht und Abscheu zeitweise unterdrückt werden.

In der Welt der Erotik gibt es aber auch das Negative, den Ekel. Ekel gegenüber einem Menschen, den wir zum erstenmal sehen, auf der Straße, oder gegenüber jemandem, den wir kennen. Das Ende der erotischen Anziehung stellt sich als Ekel dar. Ekel ist ebenso spontan wie Anziehung und steigert sich auch wie sie. Das ist keineswegs vergleichbar mit dem Begriffspaar Freundschaft-Feindschaft. Man kann sehr wohl ein Buch über Freundschaft schreiben, ohne Feindschaft zu erwähnen. Aber man kann kein Buch über Erotik schreiben, ohne den Ekel zu erwähnen und zu beschreiben. Bei der Orgie muß dieser Ekel außer Kraft gesetzt werden. Die orgiastische Situation ist kein Urzustand, der später durch den Prozeß der Individuation und des Wählens unterbrochen wurde. Sie ist eine gesellschaftliche Institution für sich, eine spezifische Gesellschaftsform, in der sich der erotische Kommunismus auf Zeit verwirklicht.

Die Orgie ist eng verwandt mit dem *Fest*,[1] einer anderen gesellschaftlichen Institution, in der ebenfalls die Regeln des Alltags außer Kraft gesetzt sind und sich ein Zustand kollektiver Erregung herstellt – alles jedoch mit vorbestimmtem Anfang und Ende, mit Eintritts- und Abgangsritualen. Auch die Orgie vollzieht sich im allgemeinen innerhalb eines Festes. In der Vergangenheit waren es die großen rituellen Feste, von denen in unserer Zeit der Karneval in Rio und das Münchner Oktoberfest überlebt haben. Aber selbst private Feste können sich zu Orgien steigern.

Es hat in der Geschichte jedoch auch immer wieder religiöse oder politische Bewegungen gegeben, die dem orgiastischen Zustand eine besondere Bedeutung beigemessen haben. In den dionysischen Bewegungen und Kulten war die Orgie dazu da, die Gläubigen sich mit ihrem Gott verschmelzen zu lassen.[2] Enthusiastische und orgiastische Promiskuität gab es aber auch in vielen anderen Bewegungen.[3] Erklären läßt sich das vermutlich mit dem Umstand, daß alle diese Bewegungen in ihrer Anfangsphase, im *status nascendi*, einen Drang nach Verschmelzung und Verbrüderung, nach Kommunismus, erzeugen. In dieser Phase werden die materiellen Güter häufig vergesellschaftet. In einigen wird der kommunistische Imperativ allerdings auch auf die Sexualität ausgedehnt. Und hier wird die Orgie zum rituellen Moment, das die Vergesellschaftung auch der Körper symbolisiert, jene Vernichtung des Individuums mit seinen Grenzen und seinen Egoismen. Folglich besteht in nahezu allen Bewegungen anfangs eine Neigung zur Promiskuität, eventuell negativ definiert als Verbot privater erotischer Gefühle und der paarweisen Abschottung von der Gemeinschaft.

2. Die freie Liebe war ein weitverbreitetes Thema in den europäischen Anarchistenkreisen des neunzehnten Jahrhunderts. Vor allem Charles Fourier hat der ungehinderten freien Liebe in seinem Werk *Harmonie* große Bedeutung beigemessen.[4] Auch Fouriers Werk liegt die Idee des *status nascendi* zugrunde, eine Phantasie über die Verewigung – durch Institutionalisierung – der außergewöhnlichen Liebe, wie die Liebe am Anfang immer ist. Fourier entwirft eine Gemeinschaft von Begeisterten, in der alle Gefühle und alle Wahrnehmungen überschwenglich ausgelebt werden und dadurch im Laufe der Zeit nichts von ihrer Kraft verlieren. *Harmonie* ist ein Plädoyer für die kollektive Liebe. Fourier empfindet die Paarbeziehung als egoistisch. Die Ehe wird bei ihm zu einer zweitrangigen Einrichtung, auch wenn er sie nicht verbietet. Die Kinder werden von der Gemeinschaft aufgezogen. Paare können sich paarweise treffen und ein erotisches Viereck bilden oder zu dritt, zu viert zusammenkommen und können Sechsecke, Achtecke bilden – ganze Passionsorchester, wie er sie nennt. Die Versammlung einer großen Zahl von Männern und Frauen wird zur Orgie führen, der wahren Form kollektiver Kommunion und amouröser Verschmelzung.

Alle sollten, so ein wichtiger Gedanke Fouriers, vorzugsweise vom Liebesreichtum profitieren können. Die Schönsten müssen ihre Liebe den Häßlichsten schenken, die Jungen den Alten. Und alle müssen schon in frühester Kindheit dazu erzogen werden, ihre Erotik zu entfalten. *Harmonie* ist also eine Gesellschaft uneingeschränkter Wollust für alle.

Bewegungen, die den erotischen Kommunismus verwirklichen wollten, waren zahlreich, vor allem in den Vereinigten Staaten. Frances Wright gründete 1826 Nashoba, eine Landgemeinde in der Nähe von Memphis. Etwa um 1840 trafen die Fourieristen in den USA ein und gründeten ein Dutzend erotische Kommunen. Der dauerhafteste Versuch war der von John Humphrey Noyes 1849 in Oneida, in der Nähe von New York; er konnte sich gut dreißig Jahre halten.

Eine zweite Welle solcher utopischer Bewegungen kam in

den sechziger Jahren dieses Jahrhunderts auf. Sie entwickelte sich innerhalb eines breiteren Prozesses sexueller Liberalisierung. Gay Talese hat diesen Prozeß anhand der Entstehung des *Playboy*, der *hard-core*-Pornographie und der vielen Kommunen, die die utopische Promiskuität lebten, gut beschrieben: in Kalifornien zum Beispiel die von Victor Branco gegründete, oder die Landkommune von Lama, Neu-Mexiko, die Hippy-Kommune von Oz, die von Twin Oaks, die Anarchokommune von Red Clover und die Reich-Kommune von Bryn Athin. Zur selben Zeit entstanden auch in Europa eine Menge Kommunen, die mehr oder weniger ausgeprägt erotisch promisk lebten.

Dank Talese ist uns eine höchst detaillierte Dokumentation der Ideologie und der Praxis in der von John Williamson gegründeten Kommune von Sandstone erhalten geblieben. Begonnen hatte sie mit der Promiskuität zwischen Paaren, die sich kennen, und hatte sich weiterentwickelt zu einer therapeutisch-utopischen Gemeinschaft, nachdem Intellektuelle und Sexualwissenschaftler wie Alex Comfort dazugestoßen waren. In Sandstone wurde allabendlich eine Orgie zu Befreiungszwekken veranstaltet. Hier eine Beschreibung: »Waren sie die Treppen mit dem roten Läufer drauf hinabgestiegen, traten die Besucher in einen weiten, halbdunklen Raum, in dem sich plötzlich, von Kissen her, die den Fußboden bildeten, vom Widerschein der Kaminfeuerflammen erleuchtete Gesichter aus dem Schatten herauslösten, miteinander verstrickte Glieder, üppige Brüste, zugreifende Finger, wogende Hinterteile, schweißgebadete Rücken und Schultern, Brustwarzen, Nabel, lange blonde Haare, die sich über Kissen legten, dicke dunkle Arme, die weiche, weiße hielten, der Kopf einer Frau, der über einem erigierten Phallus auf- und abhüpfte, Seufzer, ekstatische Schreie, schmatzendes Fleisch, alles vereint in der Begattung, Lachen, Murmeln, Musik aus der Stereoanlage.«[5] Wer kam nach Sandstone? Paare, die begierig waren, dem langweiligen Ehetrott zu entgehen, geschiedene, aber zu keiner neuen Ehe bereite Frauen, Frauen voller erotischer Energien, die Angst hatten, einfach auf der Straße einen Mann anzusprechen, Feministinnen wie Sally Binford und Sexualwissenschaftler wie Alex Comfort.

3. Ist die orgiastische Promiskuität als Manifestation erotischer Männerphantasien zu betrachten, als Versuch, exzessiven Sex ohne Liebe zu verwirklichen? Nein. Der Hang von Bewegungen, sich in den *status nascendi* zu begeben, hat mit Männlichkeit und Weiblichkeit nicht das geringste zu tun. Auch oberflächlichste Ereignisse wie die Trance oder die Neigung, mit einer Gruppe zu verschmelzen, sind Auswirkungen einer allgemeinen Beschaffenheit des zentralen Nervensystems des Menschen und keinem einzelnen Geschlecht zuzuordnen. Die orgiastische Situation ist nur eine recht eigenartige Form der Erotik, die beiden Geschlechtern zu eigen ist und nur zustandekommt, wenn die Gruppe die Getrenntheit der Individuen aufzuheben vermag.

Die Unterscheidung zwischen dem *status nascendi* von Bewegungen und oberflächlicheren Phänomenen wie etwa der Massenerregung, dem Fest und der Trance ist sehr wichtig. Soziologen und Sozialpsychologen werfen sie normalerweise durcheinander.[6] Das kommt daher, daß sie alle gleichzeitig in den konkreten historischen Bewegungen vorkommen.

Der *status nascendi* ist (wie wir in einem späteren Kapitel noch sehen werden) die Folge einer tiefen inneren Wandlung der Individuen. Die Individuen erfahren eine Veränderung und strömen zusammen in einer Gruppe, die sich durch größte Solidarität auszeichnet. Sämtliche Mitglieder machen hier die Erfahrungen der Brüderlichkeit, der Gleichheit und der Einmütigkeit. Sie lieben sich tatsächlich. Und messen deshalb unter bestimmten Umständen privilegierten Bindungen wie der zwischen Freunden oder Geliebten geringe Bedeutung zu. Nicht daß sie sie verachteten: Im Gegenteil, der *status nascendi* macht sehr rücksichtsvoll gegenüber Vorlieben und Gefühlen der anderen Mitglieder. Aber er führt auch dazu, die Ziele der Gruppe am allerwichtigsten zu finden. Es gibt in ihm eine bebende Erwartungshaltung gegenüber außergewöhnlichen Ereignissen, und deshalb werden die individuellen Leidenschaften von der kollektiven Leidenschaft aufgesaugt. Zwei Verliebte, die sich in eine Gruppe während deren *status nascendi* begeben, treten als Einheit auf und verhalten sich als *ein* Individuum. Wer dagegen einzeln dazustößt, wird sofort beherrscht von einem diffusen Gruppeneros und von Enthusiasmus. Diese Erfahrung der Solidarität, der Liebe und der Brüderlichkeit wird an sich nicht in erotische Handlungen übersetzt. Unter einem bestimmten ideologischen Druck kann jedoch auch das passieren. Die Fourierschen und anarchischen utopischen Kommunen sind – wie auch viele der nach 1968 entstandenen[7] – ideologische Ausprägungen des *status nascendi* in einem panerotischen Sinn. Die kommunistische Verfaßtheit, die stets dazugehört, wird ausgedehnt bis hin zum erotischen Kommunismus, bis zur körperlich-erotischen Verschmelzung.

Verglichen mit dem *status nascendi* sind Massenerregung, Fest, Orgie und Trance sehr viel oberflächlicher.[8] Sie bedürfen keiner inneren Wandlung und keiner unwiderruflichen Entscheidung. Es reicht eine freundlich gesonnene Gruppe, eine passende Umgebung, eine erregte Stimmung und das Vorbild. Bei irgendeiner Person – sie muß nur gut in die Gruppe eingepaßt sein – wird die Wahrscheinlichkeit immer größer, daß sie sich von der kollektiven erotischen Erregung hinreißen läßt. Es ist dasselbe wie bei der Massenhysterie während einer Sportveranstaltung oder in einer pöbelnden Menge. Viele der Phänomene, die Talese beschreibt, entsprechen diesem Muster. Leute kommen aus den verschiedensten Gründen in eine organisierte Gruppe und lassen sich hineinziehen in den kollektiven erotischen Rausch. Die Orgie ist zumeist eine abgesonderte Erfahrung, etwas, das den anderen erotischen Erfahrungen gegenübersteht, sie aber nicht ersetzen will.

Zwischen diesen beiden Arten – dem *status nascendi* auf der einen und der Massenerregung, dem Fest, der Orgie, der Trance auf der anderen Seite – existiert eine präzise soziologische Beziehung. Nur ersterer läßt Bewegungen entstehen, setzt sie in Gang und erzeugt die Energien für die Schaffung einer utopischen Gemeinschaft. Der *status nascendi* ist jedoch ein zeitlich begrenztes Phänomen. Eine Bewegung bleibt nicht lange in diesem flüssigen Zustand. An einem bestimmten Punkt wird sie zur Institution und legt ihre Regeln und Rituale fest. Und dann werden künstliche Kollektiverregungen bevorzugt, Feste, Rituale, Tanz und Trance. Sie dienen dazu, neues Publikum anzuziehen und die alten Anhänger im Glauben zu halten, der *status nascendi* gehe immer weiter, die göttliche Zeit der Ursprünge sei ewig wiederzubeleben. Nach und nach jedoch schrumpft der revolutionäre und utopische Drang nach dem *status nascendi*, und übrig bleibt nur noch die von kreativer Energie ungetrübte erotische Begegnung, die zum bloßen Spektakel oder sogar zur Prostitution verkommt.

14. Die kollektive Seite der weiblichen Erotik

1. Auch Frauen beteiligen sich an solchen kollektiven Prozessen, und im allgemeinen sind sie tiefer erotisch engagiert dabei. Wir haben bereits gesehen, daß die weibliche Erotik kontinuierlich ist und qualitative Differenzierungen zu vermeiden trachtet. Es kommt nicht besonders darauf an, ob eine Bewegung politisch, religiös oder kulturell ist. Dabeisein bedeutet für die Frau immer auch Zugang zu Gefühlen, zu Kontakt, Liebe und Leben in einem erotischen Sinn. Aus diesem Grund sind noch heute charismatische Führer – ob sie nun Politiker, Asketen, Gurus oder Intellektuelle sind – stets von einem potentiellen Harem aus faszinierten und erotisch verfügbaren Frauen umgeben. In manchen Fällen besitzen der Anführer und seine unmittelbaren Gefolgsleute sogar ein Monopol auf sämtliche Frauen der Gemeinschaft. Dieses Phänomen ist durch die Jahrhunderte gleichgeblieben. Es existierte in der freigeistigen Bewegung in Böhmen[1] ebenso wie unter den Frankisten[2] und in der Gemeinschaft von Oneida, und wir finden es in Hugh Hefners Playboy-Imperium ebenso wie in den Sekten von Ron Hubbard oder des Baghwan Shree Rajneesh.

Wir haben in Kapitel III. gesehen, daß es zwei Arten der weiblichen Erotik gibt, eine individuelle und eine kollektive. Bei der ersteren sucht die Frau die Liebe zu einem einzigen Mann, sie ist monogam und normalerweise besitzergreifend und eifersüchtig. Bei der anderen überläßt sie sich der Gruppe, die sie in ihre Mitte zieht, sie also der körperlichen und mystischen Vereinigung mit dem Anführer näherbringt. Dafür ist sie gern bereit, Teil eines Harems zu werden und die Liebe des

Anführers mit anderen Frauen zu teilen – wenn sie ihm nur nahe sein und sich mit ihm paaren kann.

Auch im Kollektiv also begehrt der Mann weiterhin viele Frauen, während die Frau einen einzigen Mann begehrt. Auch wenn sie des Führers andere Frauen akzeptiert, drängt sie doch darauf, ihm immer näher zu kommen und die anderen am Ende auszuschalten und die einzige zu sein. In jedem Harem herrscht eine harte Konkurrenz unter den Ehefrauen um das Monopol über die Gunst des Ehemannes. Nichts anderes passierte übrigens an den Höfen um einen König herum.

2. Der individuelle und der kollektive Aspekt der weiblichen Erotik sind so verschieden, daß man es kaum fassen kann. Simone de Beauvoir beobachtet bezüglich des Ausschließlichkeitsanspruchs der Frau: »Der liebende Mann ist selbstherrlich. Wenn er aber erlangt, was er haben will, ist er befriedigt. Die anspruchsvolle Hingebung der Frau dagegen kennt keine Grenzen . . . Die Abwesenheit des Liebhabers ist für die Frau immer eine Qual . . . Sowie er seine Augen etwas anderem zuwendet, bringt er sie um etwas. Alles, was er sieht, raubt er ihr . . . Ihre Tyrannei ist unersättlich.«[3] Und ein paar Seiten weiter: »Die Frau fühlt sich jeden Augenblick in Gefahr. Zwischen dem Verrat durch das Fernsein und der Untreue ist kein großer Unterschied. Sowie sie sich weniger geliebt fühlt, wird sie eifersüchtig . . . Sie gerät daher in Zorn, wenn die Augen ihres Geliebten sich einen Augenblick einer Fremden zuwenden . . . Die Eifersucht wird für die Frau zu einer schrecklichen Folter, weil sie grundsätzlich die Liebe in Frage stellt. Wenn die Frau wirklich verraten wird, muß sie entweder darauf verzichten, aus der Liebe eine Religion zu machen, oder auf diese Liebe verzichten.«[4]

Die Frau also neigt dazu, alles im Sinne des Alles-oder-Nichts aufzufassen. In der amerikanischen Tradition galt auch die geringfügigste Untreue als ausreichender Scheidungsgrund. Jackie Collins stellt uns in ihrem Buch *Die Welt ist voll von liebeshungrigen Männern*[5] eine sehr schöne und unabhängige Frau vor, die ihren Mann dabei erwischt, wie er mit einer Frau im Bett liegt. Sie ist sehr aufgebracht, aber am meisten darüber, daß er sie angelogen hat. Die Lüge bedeutet, daß er trotz all seiner Beteuerungen noch immer ein Weiberheld ist. Also läßt sie sich scheiden und sucht sich einen anderen. Sie gerät an einen berühmten Schauspieler und zieht zu ihm nach Los Angeles. Er hat allerdings denselben Fehler wie ihr Ex-Mann. Sie verläßt ihn und läßt sich von einem berühmten, reizvollen Schriftsteller betören. Unangenehmerweise mag der jedoch lieber junge Mädchen, am allerliebsten sehr junge. Schließlich gibt sie ihren Glauben an die Liebe auf und wird militante Feministin. In sehr vielen Büchern zeitgenössischer Autorinnen können Frauen und Männer sich nicht lieben, weil die Frauen immer nach Idealen suchen, die kein Mann erfüllen kann. Auch Margarethe von Trottas und Faßbinders Filme haben dieses Thema. Nie sind die Männer auf der Höhe der weiblichen Wertvorstellungen. Die Frau ist fähig zur edlen, großen, totalen Liebe, der Mann nicht. Die Frau muß sie also alle verlassen, einen nach dem anderen, obwohl sie ihr gefallen, denn sie sind unfähig, sie so zu lieben, wie sie es braucht.

Aber warum ist die Frau in der Paarbeziehung so besitzergreifend? Warum reagiert sie, wenn ihr Geliebter oder Ehemann mit einer anderen ins Bett geht, so jähzornig, verlangt die Scheidung? Warum teilt sie ihn nicht in gelassener Bigamie mit der anderen? Und warum kann dieselbe absolut eifersüchtige Frau andererseits Teil eines Harems werden und nicht die geringste Eifersucht verspüren?

Wir finden die Erklärung nur, wenn wir uns vor Augen halten, daß die Frau ihre volle erotische und emotionale Erfüllung sowohl in einer Paarbeziehung als auch in einem Kollektiv finden kann. Das Paar und die Gemeinschaft sind zwei selbstgenügsame Arten von Kollektiv. Ein Paar ist nur dann vollständig, wenn beide Teile sich darin engagieren. Geht einer, gibt es kein Paar mehr. In einer Zweierbeziehung ist keins der Individuen ersetzbar, beide sind unbedingt nötig. Das ist der Grund für Monogamie und Ausschließlichkeitswünsche.

In größeren Gruppen und insbesondere in utopischen Gemeinschaften geht dagegen die kollektive Identität nicht verloren, wenn irgendein Mitglied abtrünnig wird. Die Gruppe und die Gemeinschaft besitzen eine Existenz jenseits des Individuums. Wer es schafft, sich mit der Gruppe zu identifizieren, braucht kein besonderes Individuum mehr. Die einzige Ausnahme ist der Führer. Denn er ist das Symbol der Gemeinschaft, ihrer Einigkeit und ihrer Dauerhaftigkeit. Der Führer ist gleichzeitig individuell und kollektiv. In der Vereinigung mit ihm wird jede andere Beziehung unwesentlich.

In einem Paar dagegen gibt es kein Zentrum und keinen Führer. Beide Individuen sind vollkommen in der Gewalt des jeweils anderen und abhängig von seinem Willen. Wenn die Frau in der Gemeinschaft die mystische Vereinigung mit dem Kollektiven möchte, dann muß sie in der Zweierbeziehung die mit dem einen einzigen Mann wollen und braucht seine kontinuierliche Anwesenheit. Sie möchte Teil eines Ganzen sein, und das Ganze entsteht in der Paarbeziehung durch jenes andere einzelne Individuum. Sobald sie jedoch in eine Bewegung, eine Sekte, eine Glaubensgemeinschaft, irgendeine kollektive Erfahrung gerät, egal ob aus künstlerischen, theatralischen, religiösen oder politischen Motiven, wird sie mit dem Zentrum verschmelzen wollen, also mit dem Führer, und zwar auch körperlich. Und falls im Zentrum eine Frau steht, wird sie sich auch von ihr erotisch angezogen fühlen, mitsamt ihrem Körper, mit Haut und Haar. Dionysos ist nicht nur männlich.

Die Frau akzeptiert Polygamie und Promiskuität unter der Bedingung, daß sie in einer Gemeinschaft stattfinden, die einen höheren Grad von Verschmelzung, Begeisterung und Teilnahme zu bieten hat. Die Verschmelzung mit dem Zentrum zieht sie unwiderstehlich an. Der Führer ist das Zentrum, der Held ist das Zentrum, der Star ist das Zentrum. Sämtliche rosaroten Schnulzen appellieren, indem sie einen Helden präsentieren, an diese kollektive Seite der weiblichen Erotik.

Löst die Gemeinschaft sich auf und verschwindet ihr Zentrum, dann kommt die streng individuelle Seite wieder zum Tragen. Als um 1870 die Gemeinschaft von Oneida allmählich zerfiel, fingen die Frauen, die vorher allen gehört und mit allen Kinder gezeugt hatten (vor allem natürlich mit dem Anführer), an zu heiraten. Die Gruppe konnte ihnen keine Umarmung, keine Liebe, keine ökonomische Sicherheit und keine gesicherte Zukunft mehr bieten; das bot dann allerdings die individuelle Eheschließung. Also wurden die Frauen, die bis vor kurzem glücklich im Harem des Angebeteten gelebt hatten, jetzt monogam. Anstelle der Verschmelzung mit der gesellschaftlichen Totalität – mit Hilfe des Führers – suchten sie jetzt die Verschmelzung mit einem einzigen Genossen. Aber auch das Paar mußte zur Totalität werden. Also mußte die Promiskuität, die vorher obligatorisch gewesen war, jetzt vollständig ausgeschlossen werden. Außerhalb des Harems und weit entfernt vom Mann-Gott wurde die Ehefrau zur Hüterin der Exklusivität, eifersüchtig und unfähig, Untreue zu ertragen. Sie widmete sich ganz ihrem Mann und verlangte von ihm dieselbe totale Hingabe.

Es gibt also nicht nur ein Muster, sondern zwei, die sich abwechseln können: ein individuelles und ein kollektives. Dasselbe junge Mädchen, das sich – wenn sie könnte – ihrem Lieblingsstar ins Bett werfen würde, kann nicht ertragen, wenn ihr Freund eine andere Frau anguckt.

Die Geschichte um Hugh Hefner und seine Affären mit Barbi Benton in Los Angeles und Karen Christy in Chicago[6] zeigt uns, daß Polygamie nicht mehr erlaubt ist, sobald es das Versprechen einer privilegierten Zweierbeziehung gibt. Hefner hätte beide Frauen zusammen mit allen anderen in seinem Harem in Chicago lassen können. Das hätten sie akzeptiert, sie hätten es als Ehre aufgefaßt, von Zeit zu Zeit ins Bett des großen Führers, des göttlichen Hugh Hefner, gebeten zu werden. Aber er hatte sich, zuerst der einen, dann der anderen gegegenüber, als monogam anempfohlen. Er hatte jeder von ihnen gesagt: Du bist die beste, ich liebe nur dich. Eine solche Entwicklung läßt sich, wenn sie einmal erreicht ist, nicht mehr zurücknehmen. Jede der beiden hatte sich als Königin gefühlt und einen tödlichen Kampf gegen die andere angezettelt, um die einzige Ehefrau zu sein. Die Stellung der Konkubine, der Lieblingsfrau oder der Ehefrau macht einen bestimmten Status aus. Nicht jeder Status ist teilbar, in manchen Fällen gehört die Exklusivität dazu. Das gilt zum Beispiel für die Rollen von König, Königin und Hauptfrau in polygamen Verhältnissen und für die monogame Ehefrau der Zweierbeziehung. Hugh Hefner hatte für seine beiden Frauen eine exklusive Rolle geschaffen, und beide hatten sie auf keinen Fall wieder aufgeben wollen. Er fand seinen Frieden erst wieder, als er alle beide verließ und zu seinem alten Polygamie-Muster zurückkehrte, um nie wieder eine Ausnahme zu machen.

3. Im Rahmen kollektiver Phänomene finden wir auch die Erklärung für die Faszination, die der Don Juan ausübt. Er ist ein Mann, dem die Frauen nicht widerstehen können. Wir dürfen den Don Juan jedoch nicht mit dem Großen Verführer verwechseln. Der Große Verführer beherrscht die Kunst, die Frauen zu erobern, er weiß, wie man sie verführt. Don Juan dagegen erobert alle, auch wenn er überhaupt nichts dafür tut, er zieht sie allein durch seine Gegenwart an. Der Mechanismus ist so einfach, daß er unbegreiflich scheint und an Zauberei denken läßt. Colette beschreibt diesen Eindruck so: »Ich kann nur sagen, sie verfielen ihm. Handelte es sich um ihn, so nahmen sie das unbeirrbare Verhalten von Nachtwandlern an, sie hätten sich an ihm wie an einem Möbel derart gestoßen, daß sie nicht zu sehen schienen. Sie bezeichneten ihn mir, und ohne sie hätte ich ihm seinen wahren Namen nicht gegeben: ›Don Juan‹ . . .«[7] Zwischen Damien und den Frauen gab es keine Spur von Diplomatie. Es war wohl einfach eine Frage des »geschickten Wortes«. Was das sein könnte, begreifen wir nur, wenn wir uns daran erinnern, daß Mythos und Figur des Don Juan zum siebzehnten und achtzehnten Jahrhundert gehören, in eine aristokratische Epoche also, beherrscht vom höfischen Leben, vom Klatsch und von der Fama. Das geschickte Wort ist eben die Fama, also der Ruf, der jemandem vorauseilt, und der konnte sowohl militärisch als auch erotisch sein.

In der modernen Welt ist Don Juans Nachfolger der Playboy, der reiche und berühmte, faszinierende Mann, der seine Zeit damit verbringt, Frauen zu erobern, und die Frauen sind hinter ihm her, weil sie von ihm angezogen werden wie Schmetterlinge vom Licht. Hugh Hefner hat das Geheimnis erkannt. Er hat den vollkommenen Playboy, den absoluten Don Juan aus sich gemacht. Jeden Monat veröffentlicht er die Frauen, nackt, die mit ihm ins Bett gegangen sind. Deshalb haben ihn Millionen Amerikaner so beneidet, und deshalb waren Millionen Frauen sofort bereit, mit ihm ins Bett zu gehen und in seiner Zeitschrift zu erscheinen. Es wäre ein Irrtum zu glauben, nur die Aussicht auf Erfolge im Kino hätten sie so angezogen. Der eigentliche Clou ist derselbe, der schon zu Zeiten der Prinzessin von Cleve, des Grafen von Nemours[8] oder des Vicomte de Valmont[9] funktioniert hatte: Es sind die Fama und die unwiderstehliche Anziehungskraft des Ersten und Besten, des Siegers, der den kollektiven Strudel erzeugt. Die Fama ist das geschickte Wort, nach dem Colette sucht. Der Ruf, der dem Mann vorauseilt, der ihm Wert verschafft und der jeden, der ihn hat, unwiderstehlich macht; er teilt sich der Frau mit, die sich mit ihm vereinigt. Allerdings nicht im Verborgenen, sondern in aller Öffentlichkeit, auch wenn das gefährlich ist. Auch wenn das Risiko und der Skandal tödlich sein können.

15. Homosexualität

1. Es gibt eine Art von Promiskuität, die nicht in der Orgie und der Unterschiedslosigkeit der Körper aufgeht. Sie besteht darin, ein einziges Liebesobjekt abzulehnen, leicht vom einen zum nächsten überzuwechseln und sexuelle Beziehungen mit mehreren Personen zu haben. Diese Art der sexuellen Promiskuität gehört im Unterschied zur vorher beschriebenen mehr zum männlichen Geschlecht. Wir finden sie tatsächlich sehr viel häufiger bei männlichen Homosexuellen. Bei den lesbischen Frauen sind die Gefühlsbindungen dagegen stabiler, und es herrscht mehr Besitz- und Ausschließlichkeitsanspruch.[1]

Michel Foucault sagte vor ein paar Jahren in einem Interview[2], daß die Promiskuität unter männlichen Homosexuellen ein Resultat der Unterdrückung der Homosexualität und hier vor allem des Werbens ist. Eine Kultur des Hofmachens, so behauptet er, hat sich gar nicht erst entwickeln können, weil Verstecken immer notwendig war und gleichzeitig immer unbedingt etwas herauskommen mußte. Trotzdem gibt es diese Promiskuität nicht unter lesbischen Frauen. Sie haben nicht fünf, sechs verschiedene Sexualpartner pro Tag oder hunderte pro Jahr. Larry David Lachman bemerkt dazu: »Wir haben guten Grund zu der Annahme, daß Don Juan seine sagenhafte Anzahl von Eroberungen, die Leporello penibel auflistet, dank junger Homosexueller zustandegebracht hat.«

Man hat den Eindruck, daß jedes Geschlecht in der Homosexualität die ihm jeweils eigenen erotischen Phantasien im Extrem auslebt: die Männer ihre Spontanerotik ohne Werbung, wie in der Pornographie oder mit der Prostituierten, die Frauen ihren Wunsch nach fester Zuneigung und monogamer Exklusivität.

Aber selbst wenn Foucaults Erklärung der Promiskuität nicht haltbar ist, gibt uns das Interview doch vielversprechende Hinweise. Das homosexuelle Bewußtsein, so sagt er, schließt das Wissen ein, zu einer besonderen gesellschaftlichen Gruppe zu gehören. Es hat mittlerweile die Form einer »Zugehörigkeit zu einer Art Geheimgesellschaft oder einer verdammten Rasse oder einer Untergruppe der Menschheit, die gleichzeitig privilegiert und verfolgt ist.« Auf der anderen Seite dürfen wir Roland Barthes' berühmte Definition der Homosexualität als Göttin, anzurufende Gestalt und Versuch der Fürbitte nicht vergessen. Er entwirft hier das Bild einer religiösen Welt oder, soziologisch gesprochen, eines Kollektivs. Vielleicht müssen wir genau hier die Bedeutung der Promiskuität suchen: als Ausprägung einer erotischen Bruderschaft innerhalb einer mit Werten versehenen Gemeinschaft.

In der Vergangenheit war das möglicherweise anders. In der Moderne jedoch bilden die homosexuellen Männer eine Gemeinschaft, in die man durch das Sich-Enthüllen und durch eine Initiation eintritt. In Paul Robinsons Beitrag *Cher Paul* leitet ein Lehrer einen Schüler dazu an, seine eigene Homosexualität zu erkennen. Der Schüler erzählt ihm, daß er sich in seinen Zimmerkameraden verliebt und eine schwere Enttäuschung erlitten hat. Der Lehrer erklärt ihm, daß es ein Fehler war, sofort Liebe zu erwarten. In der schwulen Welt kommt in der Tat Sex *vor* der Liebe. Die Struktur des schwulen Lebens macht es erforderlich, Romantik beiseite zu lassen und bestimmte Bars aufzusuchen und dort beinah unpersönliche erotische Erfahrungen zu sammeln. Der Schüler soll also zuerst einmal seine homosexuelle »Berufung« erkennen. Dann muß er, wenn er sich ihrer sicher ist, ins schwule Leben einsteigen und dessen Regeln der Promiskuität anerkennen. Erst am Ende darf er auch Erfahrungen mit der individuellen romantischen Liebe machen.

Das erinnert sehr stark an Prozesse in Kollektiven. Berufung, Aufnahme und Vergesellschaftung der Güter kennzeichnen utopische Kommunen jeder Art. Vielleicht ist die schwule Promiskuität ja nur eine der Formen des erotischen Kommunismus. Ein von einer Gemeinschaft ohne Hierarchien und mit dem einzigen Zweck, Erotik zu geben und zu bekommen, geforderter Kommunismus. Sicher dürfen sich in einer solchen Gemeinschaft exklusive Freundschaften entwickeln – aber erst hinterher, und ohne die Regeln der Bruderschaft allzu sehr zu stören. Und selbstverständlich darf man sich auch ausschließlich in eine bestimmte Person und in aller Monogamie verlieben. Dann allerdings muß das Paar sich gegen den Gruppenkommunismus verteidigen.

George Steiner notiert in seinem Vorwort, daß die großen Mathematiker, Metaphysiker, alle die, die kontrapunktisch wirken, im allgemeinen nicht homosexuell waren. Er bezeichnet ihre jeweiligen Tätigkeiten als »einsame Praxis«. Schwule sind dagegen häufig in der literarischen, intellektuellen Welt zu finden. Und die wird ebenfalls aufgerührt von sozialen Bewegungen, in ihr entstehen kulturelle Gemeinschaften, Gruppen, die *gegen* die herrschende und als alltäglich und banal kritisierte Gesellschaft, Stellung beziehen. Und Calvin Bedient unterstreicht in seinem Beitrag über Walt Whitman die diffuse und kollektive erotische Seite in dessen Lyrik und Whitmans Anrufung der Liebe für ein Leben unter Kameraden.

Wenn männliche homosexuelle Promiskuität tatsächlich Ausdruck des kollektiven Eros und des utopischen Kommunismus der Bewegung ist, dann wird verständlich, warum sie auch in der griechischen Koiné und ihren Armeen vorkam. Ganz anders als in der heterosexuellen Beziehung steht in ihr an erster Stelle die kollektive Solidarität mit ihren Rechten und Pflichten und ihrem erotischen Kommunismus, und dann erst kommen Individualität, enge Freundschaften und schließlich die amouröse Exklusivität der Verliebtheit.

Aber auch das Lesbischsein hat einen starken Bewegungsaspekt. Ein Teil der Frauenbewegung wurde *tout court* zur Lesbenbewegung. In ihr verwirklicht sich der utopische Kommunismus jedoch nicht in der orgasmischen sexuellen Promiskuität nach Männerart, denn die weibliche Erotik funktioniert grundsätzlich anders, und man setzt nicht etwas in Gang, was man nicht wünscht. Die lesbische Schwesternschaft hat sich eher in Form liebevoller Intimität in kleinen Gruppen und der Würdigung der eigenen Außergewöhnlichkeit und Beispielhaftigkeit entfaltet. Über eine solche Westberliner Gruppe heißt es bei Evelyne Le Garrec: »Die Zärtlichkeit und Aufmerksamkeit, die jede den anderen Frauen schenkt, kann sogar eine Liebesbeziehung ersetzen. Es scheint, es würden unsere Empfindungen und Gefühle ineinander verschmelzen. Deshalb läßt sich nur schwer eine klare Trennungslinie zwischen dem, was zur Freundschaft gehört, und dem, was zum Sex gehört, ziehen. Genauer gesagt: zum Körper. Wir gehen körperlich zärtlich miteinander um . . . Dank dieser Zärtlichkeit konnte ich vier Jahre lang ohne Liebesbeziehung zu einer Frau leben. Ich habe nicht darunter gelitten. Ich hatte ständig Zärtlichkeit um mich.«[3]

In der Lesbenbewegung entsteht auch, wenn es eine führende Figur, eine unumstrittene Anführerin, gibt, keine Haremsstruktur, sondern nur ein affektives und mütterliches Primat der Anführerin über die anderen Frauen. Und während der männliche Anführer immer versucht, als einziger sexuelle Beziehungen zu vielen Frauen aufzunehmen, tut die Anführerin auch das nicht. Die Lesbenbewegung ist also in Form der oben beschriebenen Kleingruppen oder monogamer Paare strukturiert.

Aber auch in der männlichen Homosexualität schafft Promiskuität keine Harems. Es gibt hier nicht die Tendenz, in der Erotik den Einzigen, den Führer, das Zentrum zu suchen. Das Verlangen nach erotischer Vielfalt führt zu erotischem Kommunismus, dazu, daß man sich allen anbietet, weil alle sich einem anbieten.

Erotischen Kommunismus zu leben, haben, wie wir sahen, zahlreiche Kollektive versucht. Auch die sexuelle Revolution der sechziger und siebziger Jahre war die Leistung einer Vielzahl von Bewegungen. Sogar Pornographie erlebte, angefangen beim *Playboy*, ihren Aufschwung im Namen der sexuellen Befreiung, als Versprechen eines heitereren und glücklicheren Menschseins. Sehr viele der zeitgenössischen Gemeinschaften, Sekten und psychotherapeutischen Schulen sind Kollektive mit einer enormen erotischen Freizügigkeit. Aber fast alle diese Gemeinschaften oder Schulen sind nur kurzlebig, das war früher so und ist auch heute noch so. Sie existierten, solange es den männlichen Führer gab, der sie als Harem strukturierte, und fielen dann wieder auseinander.

Was die heterosexuellen utopischen Gemeinschaften nicht geschafft haben, gelang indessen den homosexuellen Bewegungen, und zwar sogar ohne einen riesigen ideologischen Apparat. In den sechziger Jahren entfalteten sich schwules Leben, schwule Viertel und schwule Solidarität zur Lebenspraxis und zur funktionierenden Utopie. Und diese Lebensform erschien ihren Anhängern als ein Ideal, das man auch allen anderen empfehlen konnte.

Heute allerdings ist die schwule *community* in Gefahr. Die Bedrohung geht nicht von gesellschaftlichen Faktoren aus, sie könnte es gar nicht. Unsere Gesellschaft ist inzwischen insgesamt gekennzeichnet durch sinkende Geburtenraten und weniger familiäre Verantwortung, durch leichter eingegangene und schneller wechselnde Beziehungen und eine Vermischung von Erotik und Arbeit, Erotik und Intelligenz. Diese Werte werden auch in der schwulen *community* gepflegt. Die Bedrohung kam woanders her – aus der Verbreitung von AIDS, die direkt mit promisken Beziehungen zusammenhängt und somit den gesamten utopischen Wert, die Heilsbotschaft der Promiskuität in Frage stellt. Solange es kein Medikament gibt, das diese Krankheit ausrotten kann, bleibt AIDS ein Angriff auf das Herz des erotischen Kommunismus und könnte sogar das gesamte soziale Gerüst, das auf ihm errichtet wurde, zum Einsturz bringen.

2. In den Großstädten, vor allem den amerikanischen, hat sich in den letzten Jahren noch eine andere Form heterosexueller Promiskuität herausgebildet. Betrieben wird sie von den *Singles*, Männern und Frauen, die allein leben, berufstätig sind

und oft schon mehrmals geschieden sind. Singles haben ihre eigenen Treffpunkte, Bars und Diskotheken, wo sie, genau wie die Schwulen, sicher sein können, nur Leute zu treffen, die ebenso frei sind wie sie.

Dieses Beispiel scheint im krassen Widerspruch zu unserer These zu stehen, nach der Promiskuität nur innerhalb einer Gemeinschaft mit starken solidarischen Bindungen möglich ist. Bei den Schwulen erfolgte die Bindung über ihre Diskriminierung oder sogar Verfolgung. Auch als utopische Gemeinschaft mußten sie sich stets verteidigen gegenüber einer feindseligen Gesellschaft. Auf den ersten Blick scheint die Sache bei den Singles anders zu liegen; aber das stimmt nicht. Bis vor zwanzig Jahren war die amerikanische Gesellschaft eine Gesellschaft der Paare. Alleinstehende, Juggesellen, Geschiedene, Ledige und Getrenntlebende waren nicht erwünscht. Sie waren im Gegenteil gefürchtet und wurden schlecht angesehen und zu Essen oder Partys nicht eingeladen. Ihre bloße Existenz galt als Bedrohung für die offiziellen Paare. Die Gesellschaft schrieb ihnen also vor, zu heiraten oder erneut zu heiraten, und zwar auf schnellstem Wege. Aber wo sucht man einen neuen Ehepartner in einer Gesellschaft, die ausschließlich aus Paaren besteht? Es gab nur zwei Möglichkeiten – entweder man nahm anderen Leuten den Mann oder die Frau weg, oder man heiratete untereinander.

Die amerikanische Gesellschaft hat ihre inneren Spannungen immer mit Hilfe von Isolationsstrategien kontrolliert. Durch Klassifizierung in ethnische oder Berufsgruppen oder entsprechend dem Sozialstatus und durch den Druck auf die einzelnen, sich innerhalb solcher Kategorien zu verbinden. Amerikanische Städte sind in streng getrennte gesellschaftliche Bezirke aufgeteilt: jeweils besondere Viertel für Schwarze, Puertorikaner, Italiener, die Universität, Schwule und so weiter. Auch die Singles standen also unter dem Druck, so lange unter sich zu bleiben, bis sie untereinander heirateten, und die Familienseligkeit der anderen nicht belästigten.

Dank der sexuellen Revolution und der Krise der Familie stieg allerdings die Zahl der Geschiedenen und Getrenntlebenden und all derer, die lieber allein lebten, um freier und ohne lästige Pflichten leben zu können. Singles sind heute zahlenmäßig stärker und nicht mehr so gefürchtet wie einst. Es gibt sogar Leute, die eine Gesellschaft der Zukunft prophezeihen, die im wesentlichen aus Singles besteht. Die Form, in der sie sich organisieren, ist allerdings immer geprägt von den Erfahrungen einer Zeit, in der sie diskriminiert wurden und gezwungen waren, unter sich zu bleiben. In den Großstädten bilden sie Gemeinschaften mit einem eigenen Verhaltenskodex. Sie haben eigene Treffpunkte, und jeder, der dorthin geht, weiß, daß er angemacht und in eine erotische Begegnung verwickelt wird und eine streng festgelegte Etikette zu achten hat. Die sexuellen Regeln sind deutlich nach dem Vorbild der männlichen homosexuellen Promiskuität gestaltet.

In europäischen Städten und vor allem in Italien hat Segregation als gesellschaftlicher Mechanismus nie funktioniert. Es gibt auch hier zwar schwule *communities*, aber keine ganzen Viertel nur von Schwulen, entsprechend denen von Puertorikanern oder Schwarzen. Früher gab es zwar nur wenige Leute, die getrennt lebten oder geschieden waren, aber Ledige galten nie als Bedrohung für verheiratete Paare und wurden auch nie diskriminiert. Man lebte gemeinsam. Die Alleinstehenden haben deshalb auch keinen so starken Gruppengeist ausgeprägt. Die erotisch-sexuelle Ethik der europäischen Singles ist ebenfalls nicht so permissiv wie die in den USA. Und zwar nicht, weil die europäische Sexualmoral etwa weniger streng wäre als die amerikanische. Sie ist nur mit Sicherheit weniger uniform. In den USA muß ein Single sich den Freizügigkeitsnormen der Gruppe, zu der er gehört, anpassen und ihren Kodex der Promiskuität übernehmen. In Europa nicht. Hier kann er selbst entscheiden, ob er jede Nacht ein anderes Bett ausprobieren oder solange allein bleiben möchte, bis er die Person gefunden hat, die er liebt. Möglich sind außerdem alle Zwischenstufen. Jemand, der nicht oder nicht mehr verheiratet ist, kann sich sehr wohl eine Zeitlang auf eine Weise verhalten und dann auf eine andere. Es gibt nicht den gesellschaftlichen Druck, der ihn zwingen könnte, sich einem bestimmten Standard zu unterwerfen.

AIDS verursacht auch in den Kreisen der Singles Panik und

kulturelle Verwirrung, vor allem in den USA: vor allem da also, wo Singlesein und als sexuell freier Mensch, Teil einer promisken Gemeinschaft zu leben gleichbedeutend ist mit der Zugehörigkeit zu einer Elite, die Muster für die Zukunft vorlebt. Denn das heißt, den anderen den Weg zu weisen, den Weg zu Glück und Freiheit. Eine Krankheit, die sich über eben die Promiskuität verbreitet, bedroht eine solche ideologische Überzeugung an ihren Wurzeln, sie verwandelt das fundamentale Instrument zur Erlösung in eine Gefahr und zerstört die Solidarität der Gemeinschaft. Ein Neuankömmling ist jetzt nicht mehr ein Bruder, den man sexuell kennenlernen und in die Freude der Freiheit einführen möchte; er stellt eine Gefahr dar, er ist ein Feind. Und alle diejenigen, die einst die Gruppen angeführt und das intellektuelle und erotische Zentrum gebildet hatten, stehen jetzt eventuell als fruchtbarste Ansteckungsquelle da, als die wahren Pestkranken, die man erschreckt meidet.

16. Voluntarismus

1. Die amerikanische Gesellschaft ist im Laufe der Jahre immer voluntaristischer geworden. *Voluntarismus* ist keine Philosophie, sondern eine Denkweise, ein logisches Prinzip, das wir in nahezu allen Produkten der amerikanischen Kultur finden. Ausgangspunkt ist die Annahme, alle Leute könnten stets klar formulieren, welche Wünsche sie haben, und deshalb sei das einzige Problem die Frage, wie sie sie erfüllt bekommen. Für den Voluntarismus liegt das Problem also nicht im Zweck, sondern ausschließlich in den Mitteln.

Die zentrale Idee des Voluntarismus entstammt der kapitalistischen Ökonomie. Im ökonomischen Universum ist der Zweck klar: Es geht um Profitmaximierung. Andere Zwecke muß man nicht einmal in Erwägung ziehen, sie sind sämtlich irrational. Bei einer ökonomischen Transaktion müssen alle versuchen zu verdienen. Überall gilt die Kosten-Nutzen-Regel. Möglich wird das, weil es ein gemeinsames Maß für den Wert gibt, nämlich das Geld. Geld macht Gegenstände, Dienst- und andere Leistungen und völlig heterogene Freuden vergleichbar. Will man das Prinzip der Maximierung anwenden, muß man unbedingt und vor allem anderen den Zweck festlegen. In der Ökonomie ist er bereits gegeben.

Die amerikanische Gesellschaft hat solche ökonomischen Kategorien auf alle anderen Lebensbereiche ausgedehnt. Auch auf zwischenmenschliche Beziehungen, Erotik, Gefühle. Deshalb heißt der kategorische Imperativ hinter jeder Handlung, jedem Gedanken und jeder Entscheidung: Setz den Zweck fest, entscheide dich, was du willst! Und hast du den Zweck klar, dann beschaff dir die zu seiner Erreichung tauglichsten organisatorischen, finanziellen und technischen Mittel.

Wenden wir dieses Prinzip einmal auf die Homosexuellen an. Was wünschen und begehren sie? Sex mit anderen Homosexuellen. Wunderbar. Also sollen sie sich doch treffen. Sollen sie doch alle im selben Viertel wohnen, dann können sie Sex und Liebe haben, solange sie mögen. Und was wünschen und begehren Ehepaare? Nicht von Alleinstehenden bedroht zu werden. Na, dann sollen sie sie doch nicht in ihre Umgebung lassen, nicht zu ihren Partys einladen. Und was wünschen und begehren schließlich die Alleinstehenden? Sich begegnen zu können, verwandte Seelen zu finden oder Sex zu machen. Also, dann sollen sie sich eben mit anderen Singles treffen und all das auch tun. Es gibt Bars, in denen man sich eine Gefährtin für eine Nacht suchen kann, und andere, in denen man die verwandte Seele trifft. Wie in einem riesigen Supermarkt. Man muß nur wissen, was man will, und dann braucht man nur noch in die richtige Abteilung zu gehen und die beste Marke zum günstigsten Preis zu suchen.

Das heißt Voluntarismus: Jedesmal gleich zu Anfang festzulegen, was man will. Willst du schwul sein, verheiratet oder Single? Willst du eine romantische Affäre oder eine Orgie? Willst du monogam oder polygam sein? Wenn du dir darüber im klaren bist, brauchst du dir nur noch die passende Gruppe zu suchen, die entsprechenden Handbücher zu lesen, und dann kannst du es erreichen.[1]

Im Gegensatz zum amerikanischen Voluntarismus herrscht in

Europa die Vorstellung vor, daß wir unsere Zwecke eigentlich nie wirklich kennen. Weil wir nämlich miteinander in Konflikt stehende Wünsche und Begierden und auseinanderstrebende Leidenschaften haben. Also liegt das wirkliche Problem im Anfang. Willst du wirklich schwul sein? Dann zieh, sagt der Voluntarismus, in eine schwule Gemeinschaft. Aber jemand kann sich sehr wohl als Schwuler fühlen und trotzdem mit der schwulen Lebensart nicht einverstanden sein. Er kann das Viertel, in dem er lebt, die vielfältige, gewachsene, alte gesellschaftliche und menschliche Umgebung seiner Stadt lieber mögen. Er kann die Anwesenheit verheirateter Freunde oder Frauen geradezu wünschen, die Anregung, die sich aus dem Anderssein ergibt, und er kann Promiskuität verachten. Warum also soll er sich in ein Ghetto einschließen und dessen schwule Regeln akzeptieren? Sicher, er fühlt sich als Schwuler, aber das schwule Leben und die Erotikbesessenheit sind nicht sein einziger Lebenszweck. Er hat andere, auf die er nicht verzichten möchte. Der Zweck ist durchaus nicht selbstverständlich und friedvoll. Der Zweck ist ein Problem.[2]

Zwecke existieren nicht als etwas Vorgeformtes *vor* der Handlung. Sie kristallisieren sich während der Handlungen heraus. Sie sind kein »a priori«, an dem gemessen alles andere zum Mittel wird. Sie tauchen auf. Wir können anfangs ein erotisches Abenteuer ohne jede emotionale Beteiligung suchen, wir können uns sogar irgendwann in unserem Leben entschließen, von Liebe überhaupt nichts mehr wissen zu wollen – und dann plötzlich erstaunt feststellen, daß die einfache Sexualität, die ständige Wiederholung neuer und oberflächlicher Begegnungen uns enttäuscht und ein Gefühl von Leere in unserem Herzen hinterläßt; und daß wir doch tiefe Bindungen und Träume und Liebe brauchen. Oder der umgekehrte Fall: Wir sind verheiratet und haben unseren Mann oder unsere Frau sehr gern, verspüren aber im tiefsten Herzen eine Unruhe, aufgrund derer wir in jeder Person, der wir begegnen, den Menschen suchen, der unser Leben verändern kann. Aber wehe, wenn wir versuchen, diesen Idealmenschen in einem Test zu definieren. Wehe, wenn wir uns aufzwingen, ihn innerhalb eines Jahres auch gefunden und geheiratet zu haben. Wehe, wenn wir hierbei unseren Willen, diesen außergewöhnlichen Traum zu verwirklichen, mit rationalen Methoden umsetzen. Denn er war ein Traum. Unsere Vernunft aber kennt die Wurzeln der Träume und die geheimnisvollen Bedürfnisse unseres Herzens nicht. Ein Test sagt uns gar nichts über die Person, die wir suchen. Wenn wir uns auf ihn verlassen, verdammt uns der Wille dazu, gar nichts zu finden.

Nach dieser Vorstellung vom Dasein kennen sich die Menschen nicht und wissen nicht genau, was sie wollen. Wenn sie beschließen, eine Sache zu maximieren, müssen sie eine willkürliche Entscheidung zwischen mehreren gleichwertigen Sachen fällen. In der Welt der Gefühle läßt sich keine Kosten-Nutzen-Rechnung aufmachen. Denn die Formen des Nutzens sind nicht kommensurabel und können nicht gegenübergestellt werden.

Und deshalb gibt es auch keine Technik für affektive Beziehungen. Es gibt nicht einmal eine Kunstform dafür, sondern bestenfalls ein Wissen, eine Kenntnis, die uns helfen können, uns selbst und gegenseitig zuzuhören.

Das europäische Denken über die Liebe[4] hat sich folglich in Paradoxa ausgedrückt. Ein Paradoxon zerplatzt, sobald man der qualitativen Welt eine logische Ordnung überstülpen will, die ihr fremd ist. So sagt man zum Beispiel, Liebe mache blind, denn wir sehen angeblich bei einer geliebten Person die Fehler nicht mehr. Aber gleichzeitig läßt sie uns mehr sehen als andere, denn wir bemerken die Qualitäten und die Schönheiten, die den anderen entgehen. So ist Liebe einerseits Eroberung, aber gleichzeitig auch Unterwerfung. Liebe ist Egoismus, hemmungsloser Egoismus, und doch auch totale Hingabe. Liebe ist Respekt, aber sie macht durchaus nicht Halt vor dem Nein des Geliebten. Sie bedeutet Zittern, aber auch Mut, Gefängnis, aber auch Freiheit, Kranksein, aber auch Gesundsein, Glück, aber auch Martyrium. Die Liebe ist ein kontinuierliches Fordern, aber sie ist auch bange Erwartung.

17. Vielfalt und Einzigartigkeit

1. Jedes Ich ist gespalten, Produkt vieler Versprechungen, die allesamt in ihren Konsequenzen unvereinbar sind. Ein Versprechen getreulich einzulösen, und zwar mit derselben Intensität, mit der es einmal gegeben wurde, bedeutet eine Verstümmelung des Daseins, enormen Kräfteverschleiß und ständige Wachsamkeit. Etwas versprechen heißt, die Zukunft in Dienst zu nehmen und sie einem Anspruch unterzuordnen, der kontinuierlich rekonstruiert werden muß. Es erfordert, die Zukunft zu dem zurechtzubiegen, was man einmal beschlossen hat. Ein Kind zu machen bedeutet ein Versprechen. Die ganze Kette von Konsequenzen und Verpflichtungen enthüllt sich erst, während es heranwächst. Auch das Zusammenleben ist ein Versprechen, denn es bringt mit sich, daß man die Beziehungen des anderen Menschen als Pflichten annimmt. Und sie entfalten sich, eine nach der anderen, genauso wie sich seine Bedürfnisse und Wünsche entfalten, alles, was der andere jeweils wird und wünscht.

Die Pflichten von heute sind der Niederschlag dessen, was wir in der Vergangenheit gewollt hatten, aber das gilt auch für einen großen Teil der Freuden. Schließlich gewinnen wir unsere Freude aus dem, was wir tun. Da uns unmöglich alles, was uns früher gefallen hat, auch weiterhin gefallen kann, haben wir gelernt, daran Gefallen zu finden. Und das heißt, daß wir gelernt haben, ja zu sagen zu einer Gesellschaft, die uns beständig auffordert: »Hab doch bitte Spaß, du hast es doch gewollt.«

Der heutige Mensch hat auf alle erdenkliche Weise versucht, sich dieser Kontrolle zu entziehen. Aber die Gesellschaft hält die Erinnerung wach. Nur Anonymität gestattet Vergessen, gestattet dem Ich, gespalten zu bleiben. Das Ich erkennt seine innere Zerrissenheit nur, wenn jemand anders es daran erinnert. Wir könnten alle lauter Parallelexistenzen leben, wenn uns andere nicht ständig erinnern würden. Diese Norm gibt es nicht für das isolierte Einzelindividuum[1], sie wird ausschließlich vom gesellschaftlichen Druck geschaffen. Das Erinnertwerden durch die anderen zwingt uns zur Synthese unseres Ichs. Vor der Erinnerung der anderen müssen wir unsere Kohärenz inszenieren. Wir allein würden unsere Versprechungen ebenso vergessen, wie wir unsere Schulden vergessen.

In der Erotik gibt es gegen diesen Stand der Dinge ein rebellisches Element. Wir konnten das anhand der männlichen Erotik sehen, die dazu neigt, Pflichten und Aufgaben und sogar alles zu verweigern, was eine lange Liebesgeschichte mit sich bringt. Aber auch bei der Frau und im weiblichen Verlangen nach Liebe gibt es im Verborgenen den Wunsch, diese Liebe möge ständig frei sein und ständig neu geschaffen werden und niemals zur Liebespflicht schrumpfen, zur Erinnerung an einen Liebesauftrag, den sie in der Vergangenheit übernommen hat, jetzt aber nicht mehr fühlt. Liebe ist wechselseitige Bindung und Abhängigkeit, aber in Freiheit. Das Versprechen jedoch, die reine Sittlichkeit des Versprechens, gestattet die Freiheit, sich zu ändern, nicht. Was versprochen ist, muß für immer gelten. Wer sich verpflichtet hat zu lieben, muß lieben.

Auch die weibliche Erotik, die Erotik der Liebe, kann also das Versprechen nicht als bindende Kraft akzeptieren und neigt deshalb dazu, gegen die gesellschaftliche Erinnerung zu rebellieren. Erotik, auch die weibliche, ist Neuheit, Enthüllung und Mysterium.

Alles zu Beobachtende, zu Erinnernde, zu Fordernde kann nichts Geheimnisvolles haben. Das Geheimnis ist ein grenzenloses Mögliches, ein Überschreiten all dessen, was schon bekannt ist und von anderen erinnert wird. Das Alltägliche ist das Gesellschaftliche. Es ist ein Gedanke der anderen, der sich uns als unser angeblich eigener aufdrängt, weil wir ihn gewollt haben oder er die Konsequenz dessen ist, was wir gewollt haben. Es ist unsere Entfremdung von uns selbst, die uns als Natürlichkeit zurückgegeben wird. Aber es bleibt stets das Verhalten von jemand anderem, das in uns eindringt, mit uns geht und uns anhält, mit ihm zu gehen. Erotik schreckt zurück vor der gesellschaftlichen Alltäglichkeit. Sie hat den Hang, sich ihr entgegenzustemmen oder zu entziehen.

Erotik beinhaltet in ihrem tiefsten Innern einen Drang nach dem »Hier und Jetzt«, auch wenn sie sich selbst als Kontinuum, als ewig entwirft. Freiheit ist das Recht, die Ewigkeit im Jetzt zu wollen.

Wenn sie sich ihrer selbst sicher ist, zum Beispiel in der rebellischen und exemplarischen Verliebtheit, ist sie eine Herausforderung an die Alltäglichkeit, verweigert sie die Vergangenheit, weist Forderungen zurück und definiert sich selbst als jenseits von Gut und Böse. Hat sie nicht die Kraft der Verliebtheit, dann sucht sie die Einsamkeit, entzieht sich, entzieht sich selbst etwas, um sich zu verteidigen. Sie sucht die abgeschiedenen Orte, zum Beispiel Mönchszellen. Wofür sonst wohl hätten Mönche Zellen nötig, wenn nicht dafür, sich gegen die anderen Mönche zu verteidigen? Sie sucht vor allem das Schweigen, das innere Geheimnis, die Intimität. Sie sucht die Vergessenheit. Die moderne Welt braucht solche Bedürfnisse, solche Vergessenheit, solche Ausweichmöglichkeiten. Die moderne Welt muß abwesend sein dürfen, um lebendig sein zu können.

Aber was entzieht sich da eigentlich, was braucht diesen Entzug? Unser Bedürfnis, mehr zu sein, als wir sind und als uns zugedacht wird. Das kann nicht nur Vergangenheit und Versprechen sein, denn es ist immer auch Ankunft, Epiphanie, Öffnung, Neues, Freiheit, Entdeckung. Die Alltäglichkeit ist der Ruf des Menschen, aber wir harren doch auch des Rufs der Götter.

2. Was trieb eigentlich einen Menschen, der Mann oder Frau und Kinder hat, gestern dazu, eine Beziehung außerhalb einzugehen, wenn diese ein großes Risiko mit sich brachte? Ehebruch war früher eine Todsünde oder konnte sogar die Todesstrafe nach sich ziehen. Bis zur Erfindung der Sulphonamide und Antibiotika galten die Syphilis und die Gonorrhoe als schicksalhafte Krankheit. Dieselbe Angst vor der Ansteckung beim Sex kehrt heute mit AIDS zurück. Aber warum suchen Männer wie Frauen dennoch, trotz solcher schweren Gefahren, erotische Begegnungen? Was treibt sie dazu, solche Risiken einzugehen? Wir leben in der Vorstellung, es müsse dafür ein ebenso tiefsitzendes Motiv geben, eine grundsätzliche Unzufriedenheit mit der Ehe oder eine große leidenschaftliche Liebe. Aber das stimmt nicht. Nicht die *amour fou* oder die heroische Liebe treibt uns zum Handeln, auch nicht die Verzweiflung; das Motiv ist viel geringfügiger, die Lust viel beiläufiger – es ist etwas angeblich Bedeutungsloses. Es ist diese irra-

tionale Hartnäckigkeit, dieser dunkle Ursprung, dieser geheimnisvolle Drang, der Freud dermaßen fasziniert hat, daß er schließlich die Sexualität als Beweis aller anderen Dinge ansah. Sie erschien ihm als die am schwersten zu disziplinierende, zu kanalisierende und ein für allemal zu beherrschende Kraft. Nicht, weil sie die erhabensten Motive hätte, sondern weil sie überhaupt keine hat. Es ist gerade ihr ausweichender Charakter, der sie so unbeherrschbar macht.

Dennoch hat Freud nicht ins Schwarze getroffen. Sexualität ist, jedenfalls unter Tieren, eine vorhersehbare, alltägliche Kraft. Nur beim Menschen verwandelt sie sich, nunmehr Erotik geworden, in eine beunruhigende Potenz, die das Risiko geradezu herausfordert. Nur beim Menschen wird sie zur Maßlosigkeit, weil sie von einer unerschöpflichen Phantasie gespeist wird.

Wir alle wünschen uns ein intensives Leben. Wir wünschen uns große Freuden und große Begierden. Und wir begehren alle neue Begegnungen. Wenn wir neue Länder bereisen, erwarten wir stets etwas Aufregendes und Wunderbares. Wir wünschen uns, intensiver begehren und intensivere Begierden befriedigen zu können. Was uns als Menschen kennzeichnet, ist unser ständiger Hang, uns zu transzendieren. Wir haben keine vorgegebenen Zwecke wie die Tiere, unsere kristallisieren sich immer erst heraus. Etwas kennenzulernen bedeutet, unsere Zwecke kennenzulernen. Die Suche nach dem Zweck ist unser innerstes Wesen.

Die Sexualität ist keineswegs der Grund für die Ruhelosigkeit der menschlichen Natur. Sie ist nur das Terrain, auf dem diese transzendente Unruhe sich manifestiert. Das Göttliche und das Dämonische verwandeln die Sexualität, indem sie in sie einbrechen, in Erotik, denn sie lassen in ihr das Wunderbare durchscheinen, das Außergewöhnliche, das Erhabene, alles, was die Gefühle bewegt, – oder auch nur das andere, das Unbekannte, die Herausforderung.

3. Die Unruhe der Erotik ist die Unruhe des Kennenlernens. Die Wahrheit ist immer das Nicht-Gewußte, das, was nicht vorher schon bekannt und gesagt ist, das Unübliche und Ungewohnte, also das allereigenste Persönliche, das uns und nur uns

gehört. Die Wahrheit ist immer eine höchstpersönliche Entdekkung von uns.

Die Wahrheit ist persönlich. Deshalb also können wir nicht annehmen, was die anderen als Schwäche definieren. Um zur Wahrheit durchzudringen, müssen wir stets Widerstand leisten. Um zur Wahrheit durchzudringen, müssen wir stets irgendwann das verweigern, was uns gesagt wird. Auch wenn wir lernen zu sagen: »Tja, da hat er recht gehabt, das stimmt.« Wahrheit gibt es nur, weil wir selbst sie entdeckt haben, weil wir selbst sie angenommen und erkannt haben. Das andere ist das Selbstverständliche, das Schon-Gesagte und Schon-Gewußte, das Wiederholte, das also, was nichts hinzufügt und nur ablenkt. Das gilt vor allem für den Bereich der Empfindungen, der Erotik, der Liebe und des Willens. Wenn die Wahrheit persönlich ist, muß der Wille sein Ziel kennen. Das Ziel ist wie ein Parfum. Man muß es unter vielen herausriechen. Es ist wie eine Farbe. Man muß sie unter den tausend Farben der Welt heraussehen.

4. Wenn aber Wahrheit und Wille persönlich sind, wenn die Entdeckung wie das Erkennen eines Parfüms unter tausend anderen ist, dann muß auch die intensivste Erotik eng mit der Person verbunden sein. Viele Leute halten orgiastische Promiskuität für das Höchste der Erotik. Das ist eine Illusion. Gewiß ist Erotik auch in der Promiskuität möglich. Aber hundert Leute sind weniger lebendig und weniger intensiv als die verschiedenen Erscheinungsformen einer einzigen Person.

Es gibt im Leben der Individuen lange Phasen der Suche, die aus Begegnungen mit verschiedenen Menschen bestehen. Auch die Filme, die wir uns ansehen, die Bücher, die wir lesen, sind erotische Kontakte und Erfahrungen mit der Vielfalt. Dann gibt es eine andere Phase, in der die Vielfalt ihre Einheit sucht und sie nur in einer einzigen Person finden kann. Also wird diese eine Person alle anderen Personen, ihre Synthese und ihre Transzendenz. Das geschieht im höchsten Grad, wenn man verliebt ist. Verliebtheit nährt sich von der Vielfalt. Aber die Erfahrung der Vielfalt selbst braucht die Einheit. Promiskuität könnte nicht erotisch sein, wenn wir nicht zumindest einmal im Leben eine außergewöhnliche individuelle Beziehung gehabt hätten.

Nur die individuelle Beziehung macht uns fähig, andere Individuen zu identifizieren und sie zu erotischen Objekten zu machen. Wir sehen sie nur, wenn unsere Augen mit Hilfe einer außergewöhnlichen, aufregenden Erfahrung mit einem besonderen Individuum das Sehen gelernt haben. Fehlt uns diese Erfahrung, so fehlt uns die Fähigkeit, das Individuelle wahrzunehmen, jenes außergewöhnliche Individuelle, das in allen steckt. Objekt des erotischen Interesses ist das Individuum und nur das Individuum. Selbst bei der Promiskuität lassen wir uns anziehen von den individuellen Einzelheiten, von Augen, Brüsten, Händen, Rücken. Wir begehren, diese bestimmte Person anzufassen, anzusehen, zu umarmen, und dann die nächste, aber beide sind nicht im geringsten zu verwechseln. Wir wollen sie alle beide, genau *weil* sie verschieden sind. In unserem diffusen erotischen Interesse finden wir die Besonderheiten heraus, und genau die Besonderheiten gefallen uns an diesem neuen und unverwechselbaren Individuum. Jedes Individuum ist anders, und genau das Andersartige wollen wir.

Findet die Entdeckung der individuellen Tiefe nicht statt, bleiben die anderen Menschen ein Haufen amorpher Körper. Ihre Augen glänzen nicht, und ihre Münder lächeln nicht. Alles löst sich in undifferenzierte Vielfalt auf.

5. In der Erotik wirkt eine tiefe Dialektik zwischen Pluralität und Einheit, zwischen Promiskuität und Einzigartigkeit; und sie wird immer wirken. Die Einzigartigkeit verlangt nach der Vielfalt, sie braucht sie, um sich zu bereichern. Wird sie zur Wiederholung, zur Gewohnheit, Pflicht, Disziplin, stirbt die Erotik und verwandelt sich in Langeweile und Widerwillen. Ohne Vielfalt, ohne das Mögliche, ohne Verführung und Überschreitung kann es Erotik nicht geben. Deshalb möchten Frauen allen Männern gefallen und von allen begehrt werden – sie möchten den Auserwählten wirklich aussuchen können. Deshalb sind Männer fasziniert von der Schönheit, die sie in jeder Frau entdecken, und möchten alle Frauen der Welt haben. Aber diese Schönheit enthüllt sich nur in der Zeit, in der Vertiefung der Beziehung mit der einzelnen Frau. Vielfalt ist Nahrung, Saft und Blut der Erotik. Und zwar für beide Geschlechter. Aber zum Triumph der Erotik, zur unumschränkten Ausdehnung, zur Erotisierung

der ganzen Welt kommt es erst, wenn die Unendlichkeit des Vielfältigen sich auf eine Person konzentriert, wie die tausend visuellen Reize sich auf der Netzhaut bündeln.

Dadurch wird jene Person einzig und vielfältig gleichzeitig. Sie ist sie selbst und alle anderen. In ihr sammelt sich alles und läuft über. Das ist das Wunder der erotischen Liebe. In der erotischen Liebe reduziert sich das ganze Universum auf eine einzige Person und transzendiert sie. Jetzt rührt und erregt uns jede Einzelheit dieser Person. Alles an ihr ist herrlich, alles, was war, und alles, was ist. Alles – ein Blick oder ein Wort, eine Bewegung der Lippen oder der Wimpern, die nachdenklichen Augen. Alles wird zur Kostbarkeit. Sogar die Abwesenheit, der Ort, an dem die geliebte Person verweilt. Alle ihre Eigenschaften, alle Einzelheiten ihres Körpers, alle Gesten, die sie machen, alle Worte, die sie sagen kann, alle Positionen, die sie annehmen, alle Orte, an denen sie sein, und alle Erinnerungen, die sie auslösen kann, sind gleichermaßen grenzenlose Reihen, die zusammenlaufen. Die Liebe ist eine immerwährende Reise durch diese Unendlichkeit, eine Passage von Erstaunen zu Erstaunen.

In der geliebten Person konzentrieren sich alle Menschen dieser Welt. Alle, auch die flüchtigen Erinnerungen an das, was wir in der Vergangenheit begehrt haben, und die Eindrücke, die das hinterlassen hat. Der geliebte Mensch ist die Synthese sämtlicher Begegnungen, sämtlicher Stars, sämtlicher Fotos und Träume, sämtlicher Geliebter und Begierden, sämtlicher Männer und Frauen, mit denen wir uns identifizieren und von denen wir träumen können. Keine Zeit kann solchen Reichtum je erschöpfen. Keine noch so konkrete Vielfalt kann sich je messen mit solcher Unendlichkeit der Möglichkeiten, mit der ganzen Fülle des Liebens.

Liebesobjekte

18. Bindungsmechanismen

1. Bei Frauen verschmilzt Erotik mit Liebe; und zwar sobald die Absicht zur Verführung besteht und sogar in ihren kollektiven Formen, zum Beispiel bei der Liebe zu einem Star oder einem Führer. Der Mann dagegen kann sich erotisch erregen, ohne das Bedürfnis zu verspüren, sich in die Liebe verwickeln zu lassen. Was soll das alles eigentlich heißen? Daß nur die Frau liebt? Daß nur sie sich verliebt und den Mann sexuell zu binden versteht? Daß die Mann-Frau-Beziehung einzig und allein ein Tausch von Sex gegen Liebe ist? Nein. Wir wissen, daß auch Männer lieben können. Und wir wissen mit absoluter Sicherheit, daß auch Männer sich verlieben können. Dabei wünschen sie sich genau die Nähe, die Zärtlichkeit und die Kontinuität, die wir als typisch weiblich beschrieben haben. Auch der Mann braucht Liebe und gefühlsmäßige Stabilität. Sein sexuelles Verlangen kann sich nur dann von der Liebe lösen, wenn er in anderen Bereichen eine große emotionale Sicherheit hat. Das Bild vom harten, kalten Mann, der in seiner Arbeit aufgeht und sexuell unersättlich ist, ist schlichtweg Phantasie und hat mit der Wirklichkeit nichts zu tun.

Sollen wir daraus also schließen, daß der Mann sich nur gelegentlich so verhält, wie die Frau es jedesmal und immer tut? Nach dieser Definition wäre die Frau fähig, kontinuierlich im Zustand der Verliebtheit zu leben, der Mann dagegen könnte das nur manchmal, von Zeit zu Zeit. Aber auch diese These läßt sich, obwohl sie einleuchtend klingt, nicht aufrechterhalten. Die Erfahrung lehrt, daß auch die Frau sich nur von Zeit zu Zeit verliebt. Sie ist auch nicht ständig verliebt. Sie hat lange Phasen, in denen sie es nicht ist.[1] Sie kann mit einem Mann leben, den sie sehr gern hat, der aber ihre Leidenschaften nicht mehr zum Schwingen bringt. Der Unterschied zwischen der weiblichen und der männlichen Erotik liegt darin, daß die Frau sexuelle Freude nur dann empfindet, wenn sie den Mann in seiner Gesamtheit mag und wenn sie ihn vor allem leidenschaftlich liebt. Das heißt aber nicht, daß sie diese Leidenschaft auch tatsächlich findet. Auf der anderen Seite verliebt sich auch der Mann und bleibt lange Zeit verliebt. In diesem Zustand entwikkelt er eine ähnliche Art zu fühlen und macht ähnliche Erfahrungen wie die verliebte Frau. Aber nicht, weil er sich nach ihrem Bild formt oder ihre Liebesfähigkeit nachahmt oder übernimmt. Beide werden, wenn sie sich verlieben, anders, als sie vorher waren, und gegenseitig ähnlicher.

Um aus diesem Wespennest voller Fragen ohne Antworten wieder herauszukommen, müssen wir einen Augenblick lang die Erotik im engen Sinn beiseitelassen und uns ein anderes Problem ansehen. Nach welchen Mechanismen binden wir uns eigentlich fest an einen anderen Menschen? Was bringt uns dazu, Zuneigung und Liebe zu empfinden und jemand anderen gernzuhaben? Wenn man die Frage so stellt, wird sofort klar, daß Verliebtheit nicht der einzige Weg zur Liebe ist. Wenn wir Wörter und ihre Bedeutungen achten, dann können wir kaum behaupten, wir seien in unseren Vater oder unsere Mutter »verliebt«. »Verliebtsein« benutzen wir als Begriff nur, um den leidenschaftlichen Aspekt unserer Liebe zu betonen. Zu sagen, wir sind in unsere Eltern verliebt, ist falsch. Nein, unsere Liebe war schon da, als wir noch Säuglinge waren, dann kleine Kinder, dann Jugendliche – jedesmal verschieden, unglaublich verschieden und doch auch wieder anders als die schmerzhafte, strahlende Liebe, die wir erlebten, als wir uns, erwachsen geworden, verliebten. Wir haben unsere Geschwister gern und lieben sie, aber verliebt sind wir nie in sie. Nicht einmal die Mutter verliebt sich je in ihr Kind. Es ist, als ob ihre Liebe zu ihm schon längst vorher da ist und sie nur auf eine Stimme gewartet hat, die ihr sagt: »Hier ist dein Kind«, um sie ihm zuzuwenden. Verliebtheit dagegen bahnt sich mühsam ihren Weg durch unser Hirn und unser Herz. Sie taucht auf und verschwindet. Sie ist ungewiß. Sie fragt beständig und besessen: »Liebe ich ihn? Liebt er mich?«

Auch die freundschaftliche Liebe ist etwas anderes. Sie bildet sich allmählich heraus durch *Begegnungen*, in denen wir das Gefühl bekommen, daß der andere uns mit seiner Lebenserfahrung bereichern kann; daß er uns hilft, wir selbst zu werden. Ein Freund gibt uns Vertrauen. Aber wir brauchen nicht immer mit ihm zusammen zu sein. Wir wissen, er ist da, er ist auf unserer Seite, und er kommt sofort, wenn wir Hilfe brauchen. Zeit und Entfernung zählen nicht.

Vater, Mutter, Geschwister, Freunde, Kinder, Ehegatten, Geliebte sind unsere festen Liebesobjekte. Psychoanalytisch ausgedrückt: Sie sind diejenigen, in die wir sehr viele Gefühle investiert haben. Aber die Mechanismen, nach denen diese Investitionen erfolgt sind, sind andere. Welche also?

Wir werden in den nächsten Kapiteln drei von ihnen genauer schildern. Der erste Mechanismus gründet sich auf die Befriedigung unserer Bedürfnisse und Begierden, auf die Freuden und Leiden, die eine Beziehung mit jemand anderem uns bringt. Wenn eine Person uns Freude macht, insbesondere auf erotischem Gebiet, kehren wir gern wieder zu ihr zurück, bleiben länger bei ihr und kommen auch später wieder. Freude verstärkt die Bindung, Frustration schwächt sie. Dieser Mechanismus liegt den konditionierten Reflexen und dem Lernen im allgemeinen zugrunde und entspricht dem Thorndikeschen Wirkungsgesetz. Behavioristische Psychologen und Utilitaristen erklären mit ihm sämtliche emotionalen Beziehungen.

Der zweite Mechanismus ist sehr viel weniger untersucht worden und mit Sicherheit auch weniger bekannt. Er fußt auf der Tatsache, daß uns die Bedeutung einer Person nur von Zeit zu Zeit auffällt, vor allem dann, wenn es eine Bedrohung von außen gibt und wir zwischen zwei Möglichkeiten wählen müssen, wenn wir also einen *Verlust* riskieren. Um ein einfaches und einleuchtendes Beispiel zu nehmen: Wir merken erst, wie bedeutend Gesundheit ist, wenn wir krank sind, und wie wichtig uns unsere Freunde und unsere Stadt sind, wenn wir emigrieren müssen. Unsere stabilsten Liebesobjekte sind uns also auf ähnliche Weise aufgefallen, und wir haben sie gegen eine Bedrohung gewählt, gewollt und verteidigt.

Der dritte und vor allem der Verliebtheit eigene Mechanismus ist der des *status nascendi*. Man darf ihn mit den beiden anderen nicht vermischen, denn er ist völlig anders strukturiert.

Alle drei Mechanismen funktionieren bei Männern wie bei Frauen. Es gibt keine weibliche oder männliche Art des Lernens oder des Verlustes oder der Verliebtheit. Aber sie funktionieren verschieden bei den verschiedenen Geschlechtern, und wir werden uns jetzt ansehen, wie.

19. Bindung durch Freude

1. Beginnen wir mit dem Mechanismus, der sich auf die Freude gründet. Er ist offensichtlich einfacher, logischer und rationaler. Zusammengefaßt bedeutet er letzten Endes, daß wir Zuneigung zu solchen Personen fassen, die uns gut behandeln und uns Freude machen, während wir die, die uns schlecht behandeln, meiden oder regelrecht hassen. Die kindliche Urbeziehung zur Mutter funktioniert so, und zwar bereits vor der Geburt, denn das Kind hat aus der Plazenta schon Nahrung und Leben bekommen. Aber auch nach der Geburt, denn jetzt deutet die Mutter seine Bedürfnisse und erfüllt sie.

Die Psychoanalyse neigt insgesamt gesehen dazu, die Fixierung der Libido als Produkt ihrer Befriedigung zu erklären. Große Befriedigungen und intensive Freude binden uns an die Personen, die sie uns verschafft haben. So verwandelt sich die narzißtische Libido auch in Objektlibido. Das Ich ist wie eine Amöbe, die ihre Pseudopoden ausfährt und sich da niederläßt, wo sie Nahrung und Freude findet.

Die sexuelle Lust ist nach Freud die stärkste aller Lüste. Sie ist also diejenige, die die stärksten Bindungen schafft. Wenn uns jemand große erotische Lust und Freude verschafft, versuchen wir, ihm immer wieder zu begegnen. Jede positive Erfahrung, jede erlebte Ekstase verstärkt unser Bedürfnis nach dem anderen. Ist die Erfahrung der stets erneuerten Lust beiderseitig, dann entsteht zwischen den beiden Personen eine dauerhafte Bindung, die auch schweren Frustrationen standhält.

Bedenken wir auch, daß der Mensch ein Vernunftwesen ist.

Er ist also fähig, aktiv nach den Personen zu suchen, die ihm Lust verschaffen, und sich ihnen gegenüber entsprechend zu verhalten. Wenn ich durch das Zusammensein mit einer Person große Freude erlebt habe, werde ich versuchen, ihr zu gefallen und sie glücklich zu machen. Wenn sie mich interessiert, werde ich mich außerdem bemühen, alle unangenehmen Situationen zu vermeiden und jede Begegnung vollkommen zu gestalten, vollkommen nicht nur für mich, sondern auch für die andere Person; denn ich will ja, daß sie mich will und wieder zu mir zurückkommt. So können zwei Leute, die angenehme, lustvolle Begegnungen hatten, sich immer stärker aneinander binden.

Die Liebesbeziehung erscheint in diesem Modell als Entwicklung der erotischen Beziehung, als Summe aller positiven Erfahrungen, als solide Ablagerung der Freude, die jemand erlebt hat. Dank Intelligenz und Lernfähigkeit kann beiderseitige Liebe aus Erotik und gegenseitiger Befriedigung entstehen. Erotische Kunst stellt sich damit in den Dienst der Kunst der Liebe und wird zu einem ihrer Kapitel, ihrer Werkzeuge.

Der Leser erkennt dieses Erklärungsmodell leicht als kleinsten gemeinsamen Nenner der zeitgenössischen Psychoanalyse, die sich vorgenommen hat, unsere affektiven Beziehungen zu verbessern. Er erkennt auch sofort die formelhafte Handlungsanweisung, die darin steckt, jenes »Wie werde ich dies und das« amerikanischer Lehrbuchpraxis, die ihrerseits nur eine Vulgarisierung und Popularisierung der Psychotherapie ist. Solche Bücher fordern das Subjekt auf, die von den Psychologen entdeckten goldenen Regeln einfach selbst anzuwenden. Das heißt, eigentlich handelt es sich nur um eine einzige: »Realisieren Sie wechselseitige Lust, dann haben Sie eine stabile Liebe.«

Aber obwohl sie so logisch daherkommt und sich so universeller Zustimmung erfreut, ist diese Theorie der Liebe falsch. Sie erklärt überhaupt nichts. Wenn man sich wirklich gründlich an sie hält, kommt man zu absurden Schlüssen wie zum Beispiel dem, daß intelligentere und gebildetere Leute auch ein glücklicheres Liebesleben haben müssen als einfache Leute. Aber es besteht keinerlei Zusammenhang zwischen Kultur und Liebesglück, zwischen psychologischen Kenntnissen und der Festigkeit von Zweierbeziehungen. Es gibt noch nicht einmal einen

Zusammenhang zwischen Bildungsstand und Liebesfähigkeit. Nicht nur unter Armen und Ungebildeten zerbrechen Familien, lassen sich Paare scheiden und sind die Geschlechterbeziehungen schwierig. Das heißt aber, daß psychologische Regeln und Rezepte keinerlei Macht über die Lage haben. Sie sind vielmehr Teil der Lage.

2. Kehren wir zurück zu Freuds Behauptung, die erotische Lust sei die stärkste Lust. Das ist richtig. Und sehen wir uns jetzt die zweite Behauptung an: Jemand, der durch jemand anderen große erotische Freude gefunden hat, wird immer und immer wieder zu diesem zurückkehren. Jede positive Erfahrung und jede erlebte Ekstase festigen die Beziehung. Das ist falsch. Jemand kann einer Sache müde werden. Das kommt bei beiden Geschlechtern vor, bei Männern allerdings sehr viel häufiger. Das alltägliche Leben und die Erotisierung der Zeit, die der Frau so sehr gefällt, führt für den Mann oft zu einer Verringerung der Erotik. Zwar waren alle Begegnungen glücklich und wunderschön, aber statt zu festeren Beziehungen haben sie nur zum Überdruß geführt.

Vergessen wir nicht, daß der Mann zwischen der erotischen Wertschätzung einer Person und der Wertschätzung ihrer Gesamtheit klar trennt. Ein Mann kann eine Frau verzweifelt begehren und ihren Körper anbeten, aber er möchte trotzdem nicht mit ihr zusammenleben; das kann er dagegen mit einer anderen, die ihm erotisch nichts bedeutet. Ein Mann kann sich stark angezogen fühlen von einer Frau, der er nicht traut oder derer er sich schämt. Der Protagonist in Philip Roths Roman *Portnoys Beschwerden* fühlt sich zu der wunderschönen Langur hingezogen, aber er verachtet sie. Sie ist geradezu überwältigend sexy und hat einen bildschönen Körper, alle sehen ihr nach, alle wollen sie, alle beneiden ihn um sie. Aber sie ist zu dumm und zu keß und sie kleidet sich ordinär. Sie ist ihm total ergeben und hat ihn gern, er dagegen empfindet überhaupt keine Zuneigung.

Ein Mann kann eine erotisch befriedigende Affäre haben, die beim ersten Hindernis kaputtgeht, fast wie aus Versehen. Wenn zwei Leute sagen, sie gehen nur zusammen ins Bett, heißt das, sie haben sehr wenig gemeinsam oder ihre Beziehung geht ihrem Ende zu.

Von hier aus gesehen ist der Unterschied zwischen der (männlichen) Erotik und der Freundschaft erstaunlich. Auch Freundschaft festigt sich, wie Erotik, durch Begegnungen und hat eine körnige Struktur. Jede Begegnung ist eine Entdeckung, man entdeckt durch den anderen etwas von sich und von der Welt. Jede Begegnung schafft ein Depot aus Sympathie, Vertrauen und Zuneigung. Bei jedem nächsten Mal haben wir das Gefühl, wir hätten den Freund gerade erst verlassen und nähmen nur einen unterbrochenen Gesprächsfaden wieder auf. Jedes Körnchen Zeit fügt sich zu den anderen, und je öfter wir uns getroffen haben, desto stärker wird unsere Freundschaft, desto fester die Bindung und desto tiefer das Vertrauen.[2]

In der (männlichen) Erotik geschieht ein solches Wunder nicht. Die jeweils nächste Begegnung wird nicht als Fortsetzung der vorigen erlebt, sondern als etwas vollkommen Neues, als neue Erfahrung, als neuer Beweis. Eine erotische Begegnung kann jedesmal schief- oder gutgehen, sie wird jedesmal beurteilt.

In der Freundschaft beurteilen wir die Begegnung nicht. Wenn irgendetwas an ihr schiefgelaufen ist, wenn es ein Mißverständnis gab, dann merken wir uns das nicht, sondern streichen es von der Liste. Es gibt ja ein nächstes Mal. Freundschaft will nicht urteilen, sie ist geduldig. Die Intensität einer Freundschaft ist nicht das algebraische Mittel der Beurteilung sämtlicher stattgefundener Begegnungen zwischen zwei Freunden. Sie ist die Summe der positiven Begegnungen. In der (männlichen) Erotik indessen werden alle Begegnungen jeweils für sich beurteilt und ohne Bezug auf die Vergangenheit abgeschätzt. Wenn man sich bereits liebt, dann funktioniert das wie bei der Freundschaft: Enttäuschungen zählen nicht. Wenn man sich aber noch nicht liebt, wenn sich Liebe erst entfalten soll aus den erotischen Begegnungen, dann wird immer alles in Frage gestellt, denn es gibt Enttäuschungen, die so irritierend und widerlich sind, daß sie die ganze Beziehung kaputtmachen können. Bei der Freundschaft zählt Vergangenheit überproportional viel, bei der (männlichen) Erotik überproportional wenig.

3. Kann sich also für den Mann niemals aus einer glücklichen erotischen Beziehung eine dauerhafte Beziehung, eine starke Bindung entwickeln? Doch, aber es kommt darauf an, ob sie

eine ganz bestimmte Erfahrung beinhaltet. Der Mann bindet sich nur dann an die Frau, wenn er in ihrer erotischen Beziehung die Erfahrung machen kann, daß ihrer beider Erotik zunimmt.

Ein Hund reagiert stets auf dasselbe Stimulans, auf dasselbe Fleisch. Der Mann nicht. Das immer gleiche Stimulans bewirkt irgendwann Überdruß. In der Gattung Mensch funktionieren alle Stimulantien als konditionierte Stimulantien, das heißt, sie brauchen Verstärkung. Lust kann nicht die stetige Wiederholung vergangener Lust sein. Die Wiederholung der Vergangenheit ist bloß Langeweile. Für das Leben ist Wiederholung Horror.

Liebesbande können nicht geknüpft werden, wenn es nicht in irgendeiner Form eine Zukunft gibt. Die einfachste Form, die sich direkt in der Gegenwart erfahren läßt, ist das *Mehr*. Mehr als gestern, mehr, als wir uns noch vor einer Stunde vorstellen konnten. Mehr heißt vorwärts, Bewegung, Wachstum. Die Begegnung wird dadurch zur Entdeckung, daß etwas Unerwartetes und Besseres passiert ist. Die Lebenserfahrung bekommt eine Richtung. Sie geht von einem »Schlechter« über in ein »Besser«, nimmt zu, wird reicher und reicher. Das gilt auch für die männliche Erotik – wenn der positive Unterschied wegfällt, wenn man nichts Besseres mehr zu erwarten hat, wenn also die Zukunft verschwindet, dann besteht die erotische Bindung nicht einmal mehr in der Gegenwart weiter, dann schrumpft sie als etwas Beendetes und Totes auf die Formel: »Hat mir gefallen.«

Also greifen Männer, um die Begegnung lebendig zu halten, zu erotischen Phantasien. Sie malen sich die Liebe mit einer anderen Frau aus, mit einer Frau aus ihrer Vergangenheit, von der sie eine Geste, ein Wort, ein Bild in Erinnerung haben. Oder sie malen sich ihre Frau bei der Liebe mit einem Mann aus, den diese in ihrer Vergangenheit gekannt hat und mit dem sie sich identifizieren. Letztes Glied dieser erotischen Prothese ist der Pornofilm, bei dem der Mann Erregung durch das sucht, was andere tun, Männer, die anders sind als er.

4. Einer Frau passiert es nicht so leicht, nach zahlreichen erotischen Begegnungen Knall auf Fall festzustellen, daß sie

keine Lust mehr hat. Für sie steht jede Begegnung im Zusammenhang mit der Vergangenheit. Sie merkt sich vergangene Erfahrungen. Wenn eine Beziehung weiterbesteht, dann weil jede Begegnung sich in die vorigen integrieren kann und deren harmonische Entwicklung darstellt.

Für die Wahrnehmung des Mannes ist eine sexuelle Erfahrung etwa so, wie wenn er sich vom Sprungbrett ins Schwimmbecken fallen läßt. Hat die Frau sich ihm hingegeben, so hat er das Gefühl, daß auch sie sich fallengelassen hat, daß sie sich ihm völlig überlassen hat. Aber so ist es gar nicht. Eine Frau öffnet sich nie völlig nach einem einzigen Augenblick. Ihre Hingabe passiert immer allmählich. Sie überprüft den Mann schon von Ferne. Vom ersten Blick an entwickelt sie wohlgesonnene oder negative Gefühle. Näherkommen läßt sie den Unbekannten nur, wenn er einen guten Eindruck auf sie gemacht hat, wenn er gut riecht und sie interessiert. Aber das ist nur die erste Etappe. Selbst bei der sexuellen Begegnung gibt die Frau nur ein kleines Stück von sich, das äußerlichste. Der Zugang zu ihrem intimsten Teil, zu ihrer Seele, erfolgt ebenfalls allmählich.

Gilt für den Mann der Begriff des Fallenlassens oder Springens, so müssen wir uns die Frau eher wie eine Wohnung vorstellen. Die Frau ist drinnen, der Mann draußen. Er kommt näher, und die Frau kann schon aus der Art, wie er das tut, wie er an die Tür klopft, aus seinen Gesten, Eindrücke, Gefühle und Urteile ableiten. Aufgrund seiner Gesten und ihrer Gefühle entscheidet sie, ob sie die Tür überhaupt aufmacht. Ist sie dann offen, läßt sie ihn erst einmal im Flur stehen. Jetzt beobachtet sie, wie er Mantel und Tasche ablegt, betrachtet seine Hände, seine Haare und schnuppert, wie er riecht. All das sind gleichermaßen körperliche Empfindungen wie Bewertungen, Urteile. Erst wenn der Mann diese Prüfungen bestanden hat, wenn er beweist, daß er auf der Höhe solcher Neuüberprüfungen ist, öffnet sie ihm eine Tür nach weiter innen und gewährt ihm Zutritt zum persönlicheren, intimeren Teil ihrer Wohnung. Sie öffnet und gibt sich ihm *mehr*, um den oben benutzten Begriff zu erwähnen. Aber auch im nächsten Zimmer hält sie ihn weiter aufmerksam unter Beobachtung und bewertet weiterhin, was der Mann ist, was er geben kann und was sie beide zusammen sind oder sein können. Die Beziehung der Frau zum Mann ist eine Aneinanderreihung von Eindrücken, Gefühlen, Bewertungen und Öffnungen ihrer selbst. Auch die verliebte Frau geht so allmählich vor.

Bereits Wilhelm Stekel[3] hatte gründlich belegt, daß eine Frau – sobald sie sich nicht mehr geschätzt, gemocht und geliebt fühlt – sich verschließt und frigide wird. Neuere Untersuchungen bestätigen ihn. Die Frau muß, um sich öffnen und fallenlassen und ihre Erotik freisetzen zu können, Vertrauen haben.[4]

Als die Frau in *Lady Chatterley* zum ersten Mal mit dem Wildhüter schläft, ist es fast wie ein Traum, sie fühlt nichts. Erst beim nächsten Mal fängt sie an, sich zu öffnen: »Tief innen in sich fühlte sie etwas Neues sich regen, eine neue Nacktheit erstehen. Und sie fürchtete sich fast. Halb wünschte sie, er möchte sie nicht so liebkosen . . . Doch sie wartete, wartete . . . Sie hatte diese Ausgeschlossenheit immer gewollt . . . Wenn man eine Frau war und nicht recht beteiligt bei der ganzen Sache, war dieses Aufundniedergehen des Mannes mit seinem Hintern sicher in höchstem Grade lächerlich.«[5] Erst ganz langsam, jedes Mal ein bißchen mehr, stößt sie zur totalen Lust vor, zur amourösen Verschmelzung mit dem Mann, den sie inzwischen schätzt und wertvoll findet und mit dem sie leben will. Was für den Mann diskontinuierliche und jeweils unabhängig voneinander beurteilte erotische Begegnungen sind, sieht die Frau als Etappen, derer jede einzelne eine Aufforderung an den Mann war, eine Prüfung zu bestehen und eine Schwelle zu überschreiten. Das *Mehr* bedeutet in der erotischen Begegnung für den Mann ein Erstaunen darüber, daß er etwas Unerwartetes gefunden hat. Für die Frau dagegen ist es immer nur das *Mehr*, das sie von sich gegeben hat. Es ist die jeweils nächste Tür in ihr Inneres, ihre Intimität. Was für ihn eine Überraschung darstellt, ist für sie eine Wahl, eine Entscheidung. Das *Mehr*, das er heute findet, ist das Ergebnis eines Urteils, das sie beim letzten Mal gefällt hatte, ein Bruchstück aufkeimender Liebe also, das sich in eine zarte Willkommensgeste verwandelt hat.

Der Mann empfindet eine erotische Begegnung fast immer dann als mißlungen, wenn die Frau verschlossen war. Sie war unsicher, hat gezögert, hatte das Gefühl – egal, ob zu Recht oder zu Unrecht –, daß der Mann plump und grob sein könnte oder egoistisch, dumm, arrogant. Also wurde sie verschlossen, um nachzudenken, um neu zu untersuchen, aus Angst oder aus Desinteresse. Der Mann ist kaum fähig, den emotionalen Prozeß der Frau zu begreifen oder wiederherzustellen. Aber daß die Erotik weg ist, das bekommt er sofort mit. Und oft gibt er die Beziehung nach zwei oder drei solcher enttäuschenden Erfahrungen ganz auf. Er hat kein *Mehr* gefunden. Bei genauem Hinsehen allerdings stellen wir fest, daß auch die Frau das so sieht – vorher schon. Es ist, als hätte sie den Mann, statt ihn weiter hinein zu bitten, zwei-, dreimal im Flur stehen lassen. Weil sie sich nicht bereit fühlte, weil sie nicht das Gefühl hatte, er ist bereit und auf der Höhe, weil sie ihn nicht für würdig befand. Sie hat ihm kein *Mehr* erlaubt, und deshalb hat er es nicht gefunden.

Frau und Mann sind also extrem unterschiedlich, ergänzen sich aber in der Struktur ihrer Erfahrung. Das *Mehr*, das der Mann jedesmal sucht und ohne das die Beziehung nicht fester werden kann, ist oft nur eine weitere Öffnung der Frau, eine weitere Selbstenthüllung, eine Etappe ihrer Erotik.

5. Dieses Gesetz gilt auch, wenn plötzlich zwei Leute verblüfft feststellen, daß sie sich mögen, sich gegenseitig anziehend finden und sich wollen. Hände berühren sich, Beine streifen sich. Manchmal genügt ein Blick, der Austausch eines intensiven Blicks, und man weiß Bescheid. Wichtig ist allerdings, daß niemand *beabsichtigt* zu verführen. Denn wo eine Verführungsabsicht besteht, wo Verführungsanstrengungen unternommen werden und es einen Willen gibt, da gibt es auch Manipulation und Bosheit, und das ist ganz etwas anderes. Was ich dagegen hier meine, ist die überraschende Entdeckung, sich nicht verteidigen zu müssen, die unerwartete Übereinstimmung, die spontane und lachende Entstehung einer komplizenhaften Verbündung. Und all das bedarf einer Hemmschwelle, damit verhindert wird, daß die Anziehung augenblicklich in fiebrige sexuelle Umarmung umschlägt. Die Spannung muß hoch bleiben, damit beide Kopf und Herz aufsperren und sich dem Unglaublichen öffnen. Das kann eine innere oder äußere Hemmschwelle sein, Schüchternheit, Zögern, ein etwas zu langsames Begreifen. Sie erlaubt, daß alles in der Schwebe zwischen dem Möglichen und dem schon

Existierenden bleibt, woraus sich wiederum eine Vibration ergibt, ein *Schauder*. Mit diesem Wort bezeichneten die Alchimisten die Anziehungskraft der Elemente, den Zustand der Erregung des einen Elements gegenüber einem anderen, aus dem heraus die Reaktion passiert.

Dieses ist der wunderbare Augenblick, wo sich das wechselseitige Begehren enthüllt und wo kein Bedarf an Etikette, an Ritualen und an Entschuldigungen herrscht (sonst muß man sich ja stets entschuldigen – für sein Dasein und Hiersein, für seine Worte und seine Begierden). Der gesamte gesellschaftliche Apparat, der die beiden Geschlechter als Ganzes voneinander getrennt hält, wird außer Betrieb gesetzt, und beide Begierden können sich voreinander darstellen – außerhalb der Welt der Verbote und des Vorhandenen und seiner Glanzlosigkeit. Die beiden schaffen um sich herum befreites Gebiet, das sie von den anderen trennt und sie selber zu Komplizen macht. In diesem Augenblick teilt die Frau die Unmoral der männlichen Erotik, denn ihr eigenes Begehren stellt sich außerhalb der Zeit und der Kontinuität. Sie begehrt diesen Mann und sonst gar nichts. Nicht morgen, nicht in Zukunft, sondern jetzt, in diesem Moment, sofort; etwas anderes interessiert sie nicht. Die Zeit der Begegnung ist demnach ebenfalls abgetrennt, herausgeschält aus der Spur dessen, was vorher passiert war und morgen passieren wird; sie ist ein Moment, ein *Zeitstempel*. Sie wird bald verschluckt sein, aber zerstört werden kann sie nicht.

Besonders an dieser Erfahrung wächst ihre enorme innere Energie, aufgrund derer sie im Gedächtnis bleibt und Handeln in Gang setzt. Obwohl vollkommen, ist sie andererseits auch unvollständig. Sie ist stets nur Invasion, nie Erreichen. Selbst wenn die beiden sich zurückziehen können, wenn sie eine sexuelle Beziehung eingehen, drängt es sie doch beide, sich immer wieder zu treffen. Der einen Begegnung kann so die nächste folgen, und daraus kann sogar eine erotische Beziehung oder – in bestimmten Fällen – Verliebtheit werden. Aber es könnte immer auch die letzte gewesen sein. Oder beim nächsten Mal könnte sich der Schauder nicht mehr einstellen. Die Verschränkung von Begehren und Hindernis – mit ihren Gefühlen, der Erwartung, der Enthüllung – stellt sich nicht in ihrer

Gesamtheit wieder her. Wenn nur ein Element fehlt, ist das ganze Ergebnis anders. Die Person, die wir faszinierend gefunden hatten, wirkt jetzt peinlich und banal. Und sie selbst benimmt sich auch anders, sie hat nicht mehr die alte Sicherheit. Andere Gedanken gehen ihr durch den Kopf. Sie weiß zu viel oder zu wenig. Sie hat ihre Begierden umstrukturiert oder zu enge Grenzen gezogen. Das *Mehr* hat sich nicht verwirklicht.

6. Liebesbande entstehen also bei beiden Geschlechtern nur aus einer Erotik, die sich aus Enthüllung, Entschleierung und Entdeckung speist, aus der Wiederbelebung latenter, schlummernder, unbenutzter Potenzialitäten. Für den Mann ist das ein Wunder. Die männliche Erotik schreit heraus, daß etwas wunderschön ist, daß eine Erfahrung außergewöhnlich ist. Sie macht Freudenschreie. Sie bejubelt und feiert die andere Person und sich selbst. Die weibliche Erotik ist mehr von Werturteilen durchdrungen, von Erwartungen, Vorbereitungen, vom langsamen Näherkommen und Sich-Kennenlernen, von Öffnung und Entdeckung.

Das *Mehr* gehört in diese Erfahrungsdimension und enthüllt uns die tiefe Beziehung zwischen Erotik und Erkennen. Das *Mehr* ist ein Kennenlernen von Teilen und Dimensionen unserer selbst und des anderen, die wir noch nicht kannten; es ist *Gnosis*, also Erkenntnis. Jede weitere Begegnung mit derselben Person heißt, auf dem Weg der Erkenntnis fortschreiten, bedeutet eine Vertiefung des Wissens über uns selbst und unser Wesen, über das, was wir sind und was wir sein können. Es handelt sich nicht um eine Enthüllung gleich zu Anfang, sondern um einen epiphanischen Prozeß. Die zweite Begegnung erzeugt ein neues Gefühl und ein neues Wunder. Und ebenso die dritte, die vierte, die hundertste. Nur das Kennenlernen, die Erkenntnis, ist fähig, kontinuierlich zuzunehmen, ohne sich zu wiederholen und ohne sich zu erschöpfen.

20. Bindung durch Verlust

1. Der zweite Mechanismus, der feste Bindungen möglich macht, ist der des *Verlustes*.[1] Der erste Mechanismus basierte

auf vielen erotischen Begegnungen, die Gefühle und jenen *Schauder* auslösen und in denen sich etwas von uns selbst und der anderen Person enthüllt, das wir das *Mehr* genannt haben.

Der zweite Mechanismus dagegen entsteht nicht aus erotischen Erfahrungen und ist in sich überhaupt nicht erotisch. Er greift in die Erotik ein, weil er ein Grundbaustein bei der Herausbildung und Auswahl unserer Liebesobjekte ist.

Wir wollen häufig gegensätzliche Dinge oder wissen überhaupt nicht so recht, was wir eigentlich wollen. Wir wissen nicht, was uns wirklich interessiert, was Wert hat und wesentlich ist. Etwas begehren oder wünschen und etwas für nötig halten sind zwei verschiedene Dinge. Ebenso das Brauchen und das Nicht-ohne-Auskommen. Es gibt allerdings Momente, da begreifen wir – weil wir dazu gezwungen werden –, daß eine Person für uns wesentlich ist. Ohne sie würde auch alles andere an Wert verlieren. Wesentlich ist etwas, das anderen Dingen Wert verleiht. Wesentlich ist der Endzweck, etwas, dem sich alles andere unterzuordnen hat und für das es Mittel werden muß.

Wir können unsere Endzwecke, die endgültigen Objekte unseres Begehrens und unserer Liebe, nicht dadurch erkennen, daß wir einfach das algebraische Mittel aus allen Freuden und Leiden errechnen, die sie uns verschafft haben. Solche Bilanzen machen wir, um vor uns zu rechtfertigen, warum wir an jemandem hängen oder beschlossen haben, jemanden zu verlassen. Das algebraische Mittel aus Freuden und Schmerzen sagt uns, was besser und was schlechter ist, relativ gesehen. Der Endzweck dagegen ist etwas Absolutes. Er erscheint nicht als graduelle Abweichung, sondern als himmelweiter Unterschied. Er ist nicht das Ergebnis gründlichen Nachdenkens. Er taucht plötzlich und brutal auf. Nehmen wir ein Beispiel. Irgendwann während eines Spaziergangs in den Bergen merken wir, daß wir unser Kind verloren haben. Wo ist es wohl hingelaufen? Ob ihm etwas passiert ist? Ganz plötzlich wird aus dem Kind etwas, das wichtiger als alles andere ist. Alles andere muß sich der Suche nach ihm unterordnen. Das Kind, das vorher neben allem anderen dagewesen war, bekommt jetzt einen höheren ontologischen Status. Und mit ihm die Welt, die vorher etwas Selbstverständliches gewesen war, eine Bühne für unser Handeln – jetzt wird sie zu etwas, was unser Kind vor uns versteckt, ein unbekannter Raum, in dem wir es suchen müssen. Aber wir wissen gar nicht wo. Die Welt ist bedrohlich geworden und liegt einfach da, schrecklich und wirklich. Unsere Suche bekommt etwas Verzweifeltes, denn wir müssen das Kind der Macht des Negativen entreißen. Sie ist auch deshalb verzweifelt, weil unser Leben jetzt zum Mittel geworden ist. Das Objekt, das wir suchen, ist wichtiger geworden als wir.

Was sich im Augenblick des Verlustes entschleiert, wird empfunden als präexistent, als immer schon dagewesen. Erst jetzt merke ich, daß mir das Kind schon vorher wesentlich war und daß ich es schon vorher geliebt habe. Es geht also um die Enthüllung von etwas, das schon vorher wesentlich, aber nicht gegenwärtig und nicht bewußt war. Der Augenblick des Verlustes enthüllt uns, was wir eigentlich hätten wissen müssen, aber vergessen hatten.

An dieser Stelle müssen wir versuchen, uns etwas vorzustellen. Denken wir mal an die Mutter, *bevor* sie ein Kind gebiert. Sie erwartet und wünscht es bereits. Aber noch ist es nicht da. Es könnte auch nicht geboren werden, nicht leben. Wenn es geboren wird, dann weil sie es gewollt und den Kräften des Negativen entrissen hat. Schon vor seiner Geburt hat die Mutter es häufig einfach dadurch vor dem Nichts gerettet, daß sie es wollte. Wenn es dann geboren ist, wiederholt sich dieser Prozeß – abends, wenn sie es ängstlich ansieht und fürchtet, es könnte nicht mehr atmen; oder wenn es Fieber hat und krank ist und weint. Auch hier kämpft sie gegen die Macht des Negativen und setzt ihr Kind als Endzweck, als stabiles und totales Objekt ihrer Liebe. Mit anderen Worten: Ein Objekt, das im Verlust als Liebesobjekt erkannt wird, entsteht als solches erst durch den Prozeß des Verlustes. Beständig lieben tun wir das, was wir dem Verlust entwunden und als Endzweck gesetzt haben.

Dieser Mechanismus ist äußerst wichtig, wird aber im allgemeinen kaum erkannt. Die behavioristische Psychologie sieht nur den Zusammenhang von Freude und Widerwillen als verstärkend an. Die Psychoanalyse hält nichts vom Verlustmechanismus, weil sie ihn als pathologischen Zustand betrachtet. Nach unserer Ansicht ist dagegen Angst durchaus nichts Pathologisches. Sie ist vielmehr eine vitale Reaktion des intelligenten Organismus, eine Art und Weise, Endzwecke festzusetzen und damit zu erkennen, was wirklich zählt für uns. Nur was man viele Male verzweifelt gewollt hat, wird ein stabiles Liebesobjekt. Ein Liebesobjekt besteht nämlich nicht nur aus seiner Fähigkeit, uns Freude zu verschaffen, sondern auch aus unserem Willen und unserer Leidenschaft.

2. Wenn wir uns das klar machen, können wir wieder zu den beiden Formen der Erotik zurückkehren, der weiblichen und der männlichen. Auf der einen Seite haben wir das Verlangen nach Kontinuität, Nähe und Intimität und das Bedürfnis, sich kontinuierlich erwünscht, geliebt und begehrt zu fühlen; die Lust, in der Umarmung zu verharren, zusammen zu leben, gemeinsam zu atmen. Und auf der anderen Seite haben wir die Diskontinuität mit ihrem Bedarf an zeitlichen Brüchen und Unterschieden. Sie möchte nicht gern von der Liebe in die Pflicht genommen werden, sondern so frei sein, gerade eingegangene Bindungen wieder aufzulösen. Was also passiert, wenn jemand von der einen Seite mit jemandem von der anderen zusammentrifft? Die Unterbrechung, der Abstand wird fühlbar und zwar als Verlust oder als Verlustdrohung. Man braucht sich die Person gar nicht als verliebt vorzustellen. Es reicht, wenn sie in ihrer bestimmten Form begehrt. Nach der sinnlichen Umarmung, nach Delirium und Ekstase, steht die andere Person auf und geht. Und das reicht schon aus, um ein Verlustgefühl zu erzeugen, um die Frage aufzuwerfen: Soll ich den anderen halten oder nicht? Verdient er, gehalten zu werden, oder nicht? Es gibt für diese Entscheidung keinen festen Punkt. Die Frau kann tun, was sie will. Wenn sie sich aber für das Ja entscheidet, dafür, den Mann zu halten, und sei es nur für einen Moment, dann muß sie ihn als absolut begehrenswert über sich stellen.

Die aus dem Verlustmechanismus entstandene Beziehung ist nicht Verliebtheit, sie ist sehr viel schwächer. Das wissen alle Frauen intuitiv. Und da ihr erotisches Leben mehr auf Verlustmechanismen beruht (Reaktionen aus Eifersucht oder Techniken, Eifersucht zu erzeugen, und so weiter), mißtrauen sie deren Fähigkeit, in der Zeit wirksam zu sein. Normalerweise können sie sich ihnen jedoch nicht entziehen. Wenn sie einen Mann besitzen wollen, sind sie bereit zum Risiko, dazu, ihn vor die Alternative zu stellen: Entweder du liebst mich, oder du liebst mich nicht. Entweder ich oder die andere. Sie produzieren die Krise des Verlustes selbst, um sich die Bedingungen dafür zu schaffen, den Mann verzweifelt zu begehren, sie sehen ihn an, als wäre es das letzte Mal. Sie verspüren eine Liebe, die sich genau aus der Tragweite und der Unwiderruflichkeit der Entscheidung speist. Vor allem aber lösen sie im Mann denselben Prozeß aus, und so entdeckt auch er im Angesicht der Katastrophe des drohenden Verlustes den Wert dessen, was ihm entgeht, und spürt, wie eine Liebe wiedererblüht, die er für erloschen gehalten hatte. Also wirft er sich der Frau in die Arme, hält sich für verliebt und beschließt, mit ihr zusammenzuleben. Aber das stimmt alles nicht. Es ist genau wie im Fall des ehemüden Mannes, der von seiner Freiheit träumt oder eine Geliebte hat. Er malt sich aus, daß seine Frau geht, er kann sie buchstäblich nicht mehr ertragen. Aber an dem Tag, an dem sie beschließt, ihn zu verlassen, merkt er, daß er sich in Wirklichkeit nur für sie interessiert hat. Daß er sie liebt und »immer noch verliebt« ist in sie.

Der Mechanismus funktioniert auch spontan, sobald der andere tatsächlich geht. Typisches Beispiel dafür ist die Ehefrau, die erst, als ihr Mann ihr erzählt, er habe sich in eine andere Frau verliebt, merkt, daß sie ihn liebt. Also wird er schlagartig wieder das Wichtigste, das Zentrum ihres Lebens. Und sie fängt verzweifelt an zu kämpfen, um ihn nicht zu verlieren. Dieser Mechanismus hält Gatten oft ein Leben lang zusammen. Mit Verliebtheit hat er nichts zu tun.

Diese Art »Gefühlszement« wird oft mit Gewohnheit verwechselt. In Wirklichkeit aber ist Gewohnheit, also Konditionierung, in der Gattung Mensch keine bindende Kraft. Hinter der Konditionierung liegt noch die Angst vor einem Verlust, die Anstrengung, das Objekt zu halten, das damit zum Objekt der Begierde avanciert.

Der Verlustmechanismus liegt vielen Scheidungen, nach denen bald eine neue Ehe geschlossen wird, zugrunde. Mit der Aussicht darauf, das geliebte Wesen zu verlieren, bekommt das Subjekt das Gefühl, es sei wahnsinnig verliebt. Also bricht es mit der Vergangenheit, läßt sich scheiden und heiratet die Person, in die es »verliebt« ist. Aber das ist eine Illusion, es handelt sich nicht um Verliebtheit. Nach ein paar Monaten Zusammenleben entdecken beide mit Entsetzen, daß sie sich nichts zu sagen haben. Die Verschmelzung, zu der Verliebtheit führt, ist nicht passiert, und sie wird nie stattfinden. So vereint sind beide dazu verdammt, Tag für Tag mitanzusehen, wie sie sich entfremden.

3. Verlustangst enthüllt – im Gegensatz zur landläufigen Meinung – kein präexistentes Gefühl, sie bringt vielmehr ein neues Gefühl hervor. Sie kann so plötzlich und heftig auftauchen, daß man das Gefühl bekommt, man sei wirklich verliebt. Man macht, wie bei der Verliebtheit, die Erfahrung, die Dinge mit völlig neuen Augen zu sehen und ganz sicher zu wissen, was von Wert ist und was nicht, und beides nicht mehr zu verwechseln. Bei sorgfältiger Beobachtung jedoch kann man erkennen, daß beim Verlust Libido immer häppchenweise investiert wird, mit Hilfe einer Serie von Krisen und Wiederaneignungsakten. Die Frau merkt erst, daß der Mann sie interessiert, wenn er sich von ihr entfernt, erst wenn er eine andere anguckt, erst wenn sie auf ihn wartet und er zu spät kommt. Das Begehren bahnt sich in Form der Eifersucht seinen Weg, zuerst ist es nur ein kleiner Stich, der dann auch wieder verschwindet; aber er hinterläßt Spuren.

Auch Männer sind eifersüchtig, stellen sich aber vor, es nicht zu sein. Sie brauchen Eifersucht nicht für ihre erotischen Phantasien. Frauen dagegen fast immer. In den Schnulzen tritt immer von Anfang an auch die verführerische, freizügige Rivalin auf, die es zu fürchten gilt. Und beide, die Heldin und sie, sind gegenseitig aufeinander eifersüchtig. In diesen Frauenphantasien ist Eifersucht die wesentliche Kriegslist der Verführung. Die Rivalin benutzt diese Kriegslist, die Heldin auch, und sie richten sie auf den begehrten Mann. Auch er benutzt sie gegenüber beiden Frauen. Eifersucht ist eine dem Begehren wesentliche Marschordnung.

In Schnulzenromanen gibt es im Zusammenhang mit der Eifersucht auch den Mechanismus des Verlassens. Manchmal betreibt die Frau ihn bewußt, um den Mann eifersüchtig zu machen, aber zumeist passiert er impulsiv, als Wutausbruch oder in Form einer Krise, bei der sie keinen klaren Gedanken mehr fassen und keine Worte mehr finden kann. Herauskommt ein Bruch, den sie für definitiv und nicht mehr zu kitten hält, der jedoch in Wirklichkeit heftig das Begehren schürt. Liebe enthüllt sich auf diese Weise – von Krise zu Krise, zwischen Vereinigungen und Trennungen, nach denen es neue Annäherungen gibt, die immer intensiver werden, bis sie schließlich in der endgültigen Apotheose münden, in der alle Zweifel ausgeschaltet sind und Sicherheit und Kontinuität Einzug gehalten haben.

Oberflächlich betrachtet wirken diese Wechselfälle wie das typische Muster der Verliebtheit. Aber in Wirklichkeit erzählen rosarote Schnulzen nie von der plötzlichen Liebe, von jenem wechselseitigen Blitzschlag. Weder Mann noch Frau lassen sich je dazu hinreißen, sich gegen ihren Willen anzusehen und zu suchen. Sie machen keine dieser Verrücktheiten, sie fahren nicht die ganze Nacht lang Auto, um früh morgens vor der Tür des Geliebten zu stehen. Sie betrinken sich nicht, schreien nicht herum und weinen nicht. Sie schreiben weder Gedichte, noch sprechen sie die Sprache des Mythos, sie wünschen sich nicht, daß die Zeit stillsteht und der Augenblick zur Ewigkeit wird. Das tun jedoch Verliebte im wirklichen Leben. Die Entdekkung, daß man verliebt ist, ist wie ein Licht, das einen blendet, den eigenen Willen bricht und das Herz mit grenzenloser Freude erfüllt. Wer verliebt ist, ist glücklich, auch wenn er nicht weiß, wie die Liebe enden wird. Ein Verliebter würde nie auf diesen außergewöhnlichen, göttlichen Zustand verzichten. Auch wenn er weint und nicht mehr weiß, wer und wo er ist.

21. Eifersucht

1. Einfache Abwesenheit erzeugt keine Eifersucht.[1] Für beide Geschlechter ist die Vorfreude auf eine Begegnung sogar im Gegenteil äußerst wichtig. Nicht Unsicherheit und Zweifel zählen, sondern die Vorfreude auf das, was mit ziemlicher Sicherheit passieren wird. Sie ist eine von der Phantasie geschaffene

Erregung. Ja, man kann sich sogar fragen, ob die Phantasien nicht am Ende lustvoller sind als die Begegnung selbst. Das erotische Leben kann zu weiten Teilen aus lustvollen Phantasien bestehen: Solchen vor einer Begegnung, solchen über Tage, Wochen oder Monate, solchen nach einer Begegnung. Manchmal sogar direkt danach, abends, am nächsten Morgen – sie noch einmal durchleben und Lust empfinden. Keine andere Erfahrung ist mit einer solchen Vorfreude verbunden; nicht einmal besonderer gesellschaftlicher Erfolg oder ein Triumph. Denn des Erfolgs oder Triumphs kann man sich nie im selben Maße sicher sein wie der Freuden einer erotischen Begegnung. Erfolg *schmeckt* man vor allem hinterher. Erotik indessen gleichermaßen intensiv auch vorher.

Beim Mann kann die Vorfreude einen dauerhaften Zustand träumerischer Erregung hervorrufen, der erst mit dem Orgasmus aufgehoben wird. Bei der Frau fügt sich die erotische Begegnung in eine kontinuierliche Spannung ein, deren Erwartung ein Knoten, ein Moment ist. Erotik ist untrennbar verbunden mit ihrer Vorbereitung und dem, was danach kommt.

Daß es diese Vorfreude gibt, erklärt, warum die Erwartung und die Vorbereitung so lustvoll sind. Es ist schon vielfach betont worden, daß Frauen warten. Das sei, so wird behauptet, eine Folge ihrer niederen, subalternen Stellung. Sie sind gezwungen zu warten auf den Ehemann, den Geliebten, denjenigen Mann, der die Uhrzeit festlegt, wie es ihm paßt. Die Frau bereitet sich darüber hinaus vor. Diese Vorbereitung ist unglaublich viel länger als die des Mannes, sie wählt ihre Kleider, ihr Make-up. Manchmal ist es völlig unnütz, und der Mann versteht sie nicht. Darüber ist sie frustriert und enttäuscht. Wenn sie sich jedoch begehrt fühlt, wenn sie sich ausmalen kann, daß auch er in banger Erwartung lebt, dann ist die Vorbereitung erregend und spannend. Sie ist eine Heldentat, integraler Bestandteil der erotischen Begegnung, und die Frau gewinnt ihr den Geschmack der Freude ab.

2. Geht eine geliebte Person weg, emigriert sie oder stirbt, spüren wir schmerzhaft, daß sie uns fehlt, denken ständig an sie, sind verzweifelt und weinen, aber das hat nichts mit Eifersucht zu tun. Für die Eifersucht bedarf es einer dritten Person und

einer – wenn auch nur momentanen – Vorliebe unseres Geliebten für diese dritte Person.

Erotische Liebe ist immer ein Auserwählen. Wir werden ausgesucht als Individuen, als einzelne, aus einer anonymen Masse anderer heraus. Auch Tiere kennen das Werben als Auswahl und Vorliebe, die auch nur momentan sein kann. Auch die Prostituierte, die angeblich mit allen geht, gibt dem Freier, wenn sie sich ihm widmet, das Gefühl, sie sei nur an ihm interessiert. Das Bedürfnis, ausgewählt und bevorzugt zu werden und – wenn auch nur für kurze Zeit – alle Aufmerksamkeit auf sich zu ziehen, ist nicht typisch für erotische Liebe. Wir erwarten dasselbe vom Arzt, vom Anwalt, vom Bankangestellten hinter seinem Schalter, vom Masseur oder Sportlehrer. In der erotischen Liebe möchten wir aber außerdem, daß solches Interesse nicht geschäftsmäßig und keine Pflichterfüllung ist. Sondern Ergebnis einer frei getroffenen Wahl, die keine Rücksicht auf gesellschaftliche Verpflichtungen uns gegenüber nimmt.

Im tiefsten Innern eines jeden Menschen, vielleicht sogar eines jeden Lebewesens, gibt es ein Bedürfnis, bevorzugt zu werden. Es zeigt sich in der Eifersucht von Tieren und kleinen Kindern. Ein Kind kann nur schwer hinnehmen, daß seine Mutter sich auch um die Geschwisterchen kümmert und sie liebkost. Es braucht jedenfalls, daß die Mutter es von Zeit zu Zeit ganz allein anguckt und einen Augenblick lang behandelt, als sei es das einzige Kind, daß sie ihm das Gefühl gibt, es sei für sie so wesentlich wie sie für es. Im Grunde seines Herzens glaubt oder hofft jedes Kind, es sei das auserwählte. Andererseits liebt jede Mutter aber jedes einzelne Kind total, und jedes ist ihr gleichermaßen wichtig. In jedem liebt sie ein besonderes, absolut einzigartiges, unverwechselbares individuelles Wesen. Eine Symmetrie ist nicht möglich, denn die Mutter braucht alle ihre Kinder, während jedes der Kinder sie braucht und auf die anderen gut verzichten könnte. Kindliche Eifersucht zeigt sich als Aggressivität gegen die Geschwister, sie sollen verjagt und vernichtet werden. Ähnlich verhalten sich Tiere, wenn sie ihr Territorium verteidigen. Wir bezeichnen ein Kind dann als »eifersüchtig«, aber seine Eifersucht richtet sich nicht gegen das Liebesobjekt, sondern gegen den Rivalen. Ein Kind ist eifersüchtig auf Geschwister und Vater. Auf seine Mutter ist es nicht eifersüchtig.

Eifersucht tritt in unserem Leben auf als Konkurrenzverhalten gegen jemand anderen für die Sicherung der Exklusivrechte an der Liebe einer Person oder gegen den Verlust der Exklusivität. Wieder sind wir also im Bereich der Verlustsituation. Das Liebesobjekt wird von einer bedrohlichen Potenz abgezogen. Die Potenz ist jedoch nicht anonym und unpersönlich, sondern persönlich. Andererseits kann man Liebe und Interesse nicht bekommen ohne das Einverständnis des anderen. Ein Rivale wird erst dann zur Bedrohung, wenn unser Geliebter das akzeptiert. Die Bedrohung kommt also zwar von außen, aber eben auch von der geliebten Person. Wenn wir eifersüchtig sind, fürchten wir, daß unser Geliebter eine andere Person uns vorzieht. Wir müssen also nicht nur den Geliebten vor der Macht des Negativen schützen, denn er selbst ist deren Komplize, er selbst ist diese Macht, insofern er den anderen wählt und uns nicht will, sondern sich unserer Liebe entzieht. Bei der Eifersucht richtet sich unsere Aggressivität auch gegen die geliebte Person. Deshalb sagen wir, wir sind eifersüchtig auf den, den wir lieben.

Eifersucht gegenüber dem Rivalen (also Aggressivität ihm gegenüber) ist die einfachste, ursprünglichste Form. Eifersucht auf den Geliebten tritt erst später auf, wenn wir aus freien Stücken geliebt und vorgezogen werden möchten. Jetzt erst wird aus Eifersucht Ambivalenz. Unter Eifersucht zu leiden ist die typische Form des Leidens unter Ambivalenz.

3. Wenn beide tief verliebt sind, bleibt kaum Platz für Eifersucht, denn dann ist kaum Platz für Ambivalenz. Verliebtheit basiert auf einer Art Spaltung der Erfahrung. Auf der einen Seite gibt es das, was da ist, die Dinge, wie sie sind, banal oder kleinlich, und auf der anderen unsere sonnenhelle und vollkommene Liebe. Eifersucht kann solche Vollkommenheit nicht infiltrieren.[2] Tritt sie auf, ist sie ein Alptraum, denn sie wirft uns wieder zurück in die hoffnungslose, kalte Alltagswelt.

Wenn wir tief verliebt sind, sind wir auch fest überzeugt, daß die andere Person dazu geschaffen ist, uns ihrerseits zu lieben, denn das ist ihre Natur. Selbst wenn sie das bestreitet, glauben wir doch weiter, wenn sie sich nur richtig kennen und ihrem Ruf folgen würde, könnte sie gar nicht anders als uns lieben. Guckt sie jemand anderer an oder sagt sie uns, sie liebt uns nicht, dann ist das doch nur Selbstbetrug und wird sie, auch wenn sie das nicht weiß, ins Unglück stürzen.

Wir brauchen ständig Anerkennung, um uns selbst wertschätzen zu können. Deshalb brauchen wir unbedingt die Anerkennung dessen, den wir lieben und der Wert hat. Eifersucht ist eine Selbstentwertung. Wenn wir allerdings verliebt sind, sind wir, obwohl wir den Geliebten absolut brauchen, fest davon überzeugt, seine Affinität zu uns intuitiv erfaßt zu haben. Wenn er uns dann doch nicht will, sind wir zwar verzweifelt, aber nicht moralisch zerstört. Wir wissen ja, daß er sich irrt, daß er nicht weiß, was er tut. Wenn er uns verläßt, verurteilt er sich selbst und treibt sich in den Ruin.

In der Verliebtheit taucht Eifersucht erst auf, wenn diese Gewißheit in eine Krise gerät. Wenn wir uns, kurz gesagt, nicht mehr darauf verlassen können, uns selbst und den anderen zu begreifen. Wenn wir aus den goldenen Sphären der sonnenhellen Liebe in die Hölle der Kontingenz stürzen, in der andere Gesetze gelten und keine gerechte Ordnung mehr herrscht.

Nabokovs Protagonist Humbert Humbert liebt *Lolita* verzweifelt, aber er wird nicht wiedergeliebt, denn sie ist ein kleines Mädchen, schmökert gern, sieht gern Filme und mag die anderen Jungen. Er ist in seiner verzweifelten Liebe wahnsinnig eifersüchtig, er hat Angst, jeder könnte sie ihm wegnehmen; solange, bis eintritt, was er befürchtet hatte, und zwar in Gestalt eines Komödienschreibers aus Hollywood, eines verlotterten Stars, der von einem Harem umgeben ist. Auch Humbert Humbert glaubt weiterhin, Lolita sei betrogen worden und habe einfach nicht gewußt, was sie tat. Durch die Ermordung des Stars meint er, die Gerechtigkeit wiederherzustellen, und stellt die Motive der echten Liebe gegen die Schwärmerei für einen Star und gegen deren Blindheit.[3]

4. Eifersucht wird häufig mit Neid verwechselt. Aber Neid hat eine grundsätzlich andere Struktur. Am besten verstanden und beschrieben hat ihn vielleicht René Girard.[4] Er geht davon aus, daß der Mensch ein mimetisches Wesen ist, sich also an die

Stelle des anderen setzt und begehrt, was der andere begehrt. Kleine Kinder lernen das, so Girard, durch Identifikation mit Eltern und Gleichaltrigen. Begehren entsteht erst, wenn es eine andere Person gibt, die etwas Bestimmtes will. Tom Sawyer soll in Mark Twains berühmtem Buch einen Zaun ausmalen. Ein anderer Junge kommt vorbei und lacht ihn aus. Tom jedoch tut so, als ob ihm das großen Spaß macht, und sofort möchte der andere auch malen. Tom läßt ihn malen, kassiert aber Geld dafür. Und nach und nach bekommt er lauter Geschenke von den anderen Jungen, die auch alle malen wollen.

Girard wendet diesen Mechanismus auf die erotische Situation an und kommt zu folgender Erklärung des Ödipus-Komplexes: Das (männliche) Kind identifiziert sich mit dem Vater, und da der die Mutter für sich haben will, will das auch das Kind. Um diesen Konflikt zu erklären, muß man nicht auf Frustrationen zurückgreifen. Auch der sanfteste und liebevollste Vater erzeugt unabhängig von sich ein neues Selbst, das genau dasselbe will wie er und deshalb notgedrungen mit ihm in Konflikt geraten muß.

Der *mimetische Neid* ist um so stärker, je stärker die Identifikation erfolgt. Eifersucht ist nach Girard nur eine Form von Neid. Wir sind eifersüchtig auf die von uns geliebte Person, weil wir, damit wir sie lieben können, nötig haben, daß sie von jemand anderem besessen wird. Wir brauchen es, daß jemand anders sie will und sie besitzt. Nur so, durch Neid auf den anderen, kommt unser Begehren in Gang. Folgerichtig müssen wir gegen diesen anderen kämpfen und versuchen, ihn zu vernichten. Aber im selben Moment, in dem der andere weg ist oder sein Begehren fehlt, schwindet auch unseres, denn es hatte seins nur widergespiegelt.

Die Mechanismen des *mimetischen Neids* sind zwar nicht so bedeutend, wie Girard behauptet, aber sie spielen in erotischen Beziehungen eine beachtliche Rolle. Sie erklären nicht, wieso man sich überhaupt verliebt, aber sie erklären einige heftige erotische Schwärmereien in Konkurrenzsituationen, zum Beispiel, warum wir plötzlich so wahnsinnig an jemandem hängen und ihn begehren, der uns wegen einer anderen Person verlassen will. Es ist also nicht nur der Verlust, der unser Begehren schürt, sondern auch die Identifikation mit der anderen Person und deren Begehren, das in uns arbeitet.

5. Die Mechanismen der Mimesis erzeugen jedoch nicht immer Eifersucht, manchmal bringen sie sie sogar zum Verschwinden. Es gibt mit Sicherheit Männer, die sich allein bei dem Gedanken daran, ihre Frau sei im Besitz von jemand anderem, erregen. In Dino Buzzatis Roman *Amore*[5] verliebt sich der Protagonist in eine Prostituierte und begehrt sie um so mehr, je häufiger sie mit anderen Männern schläft. Als sie am Ende ein Kind erwartet und bei ihm bleiben will, ist seine Liebe weg. Sehr viele Männer praktizieren Partnertausch nicht deshalb, weil sie Erfahrungen mit einer neuen Frau machen möchten, sondern weil es sie erregt, daß ihre eigene es mit einem Dritten treibt.[6] Ein Mann hat während des Geschlechtsakts sehr oft Phantasien, in denen er sich mit einem anderen identifiziert. Häufig ist das ein verflossener Liebhaber der Frau oder jemand, von dem sie ihm erzählt hat. Er stellt sich vor, den beiden zuzusehen, während sie sich lieben, und übernimmt dann unmerklich die Stelle des anderen. Solche Phantasien hat er sowohl bei irgendwelchen Frauen als auch bei denen, in die er verliebt ist.

Man kann sogar die Hypothese aufstellen, daß Eifersucht nur dann auftritt, wenn der Mann den Rivalen nicht ersetzen kann, wenn der in Wirklichkeit nicht aus dem Feld zu schlagen ist, sondern ihn überrundet.

Männer produzieren solche Verhaltensweisen und Phantasien häufiger als Frauen. Vermutlich, weil eine sexuelle Beziehung für Männer weniger mit Liebe befrachtet ist. Die Frau erregt sich nicht daran, daß ihr Mann mit einer anderen schläft, denn für sie hängt Sex mit Liebesinteresse zusammen, und das löst bei ihr sämtliche Alarmglocken der Eifersucht aus. Wenn er mit einer anderen schläft – so denkt sie –, liebt er nicht mich, sondern sie. Dann will er auch nicht mich, sondern sie. Partnertausch passiert im allgemeinen aufgrund der Initiative von Männern.[7] Frauen machen nur mit, und sie müssen dazu überredet werden. Meistens allerdings sind sie dagegen, weil sie es nicht lustvoll finden, ihren Mann in den Armen einer anderen zu sehen, selbst wenn sie hinterher mehr begehrt werden.

6. Es gibt also Leute, deren Erotik sich aus Eifersucht speist. Der Gedanke daran, der eigene Mann oder die eigene Frau liege in den Armen von jemand anderem, tut zwar weh, steigert aber gleichzeitig auch ihr Begehren und ihre Lust. Und es gibt eine zweite Art von Leuten, die sozusagen in friedlicher Koexistenz mit ihrer Eifersucht leben. Sie sind eifersüchtig und leiden darunter, aber sie können es ertragen. Sie jammern und kämpfen, aber ihr Interesse für das Liebesobjekt hält an. Und dann gibt es schließlich Leute, die Eifersucht überhaupt nicht aushalten und die, sobald sie davon gepackt werden, die Person, deretwegen sie leiden, verlassen wollen und das auch kompromißlos in die Tat umsetzen.

Die Leute, die wir als eifersüchtig ansehen, gehören nie zu dieser dritten Gruppe (die in Wirklichkeit höchst eifersüchtig ist), sondern zur zweiten. Sie lassen sich hineinfallen in die Eifersucht, kämpfen dagegen an und sind verzweifelt, aber irgendwie halten sie sie aus. Die anderen indessen wirken nicht eifersüchtig, weil sie gleich im ersten Moment jede Beziehung abbrechen, die Eifersucht auslösen könnte. Wenn sie jemand Neuen kennenlernen, taxieren sie zuallererst dessen Anhänglichkeit, und zwar aufgrund dessen, was er über sein Leben erzählt, aufgrund einzelner unbedeutender Verhaltensweisen, und sie vergleichen, wie verschieden dieser Neue dasselbe Faktum in zwei verschiedenen Momenten darstellt. Das Ergebnis ist im allgemeinen endgültig. Die Einschätzung wird im Unbewußten verstaut und taucht mit absoluter Sicherheit wieder auf, sobald etwas passiert. Solche Leute brechen die Beziehung ab, ohne ihr nachzuweinen, denn eigentlich hatten sie ja ohnehin nicht geglaubt, daß sie von Dauer sein könnte. Wenn sie sich auf den ersten Blick verlieben, sind sie am Anfang, solange sie sich noch kein endgültiges Urteil gebildet haben, entsetzlich eifersüchtig, und brechen danach die Beziehung entweder ab oder werden vertrauensselig, ohne jeden Schatten von Eifersucht, weil sie wissen, sie brauchen nichts zu fürchten.

7. Bei der Frau ist Eifersucht gebunden an das Verlangen des Mannes. Solange sie es als intensiv und exklusiv erlebt, ist sie nicht eifersüchtig, hat schlimmstenfalls einmal einen Verdacht. Sie kann denken, der Mann habe vielleicht irgendein unbedeu-

tendes Abenteuer. Wenn sie allerdings aus seinen Gesten, aus der Wärme seiner Umarmung und aus der Intensität des erotischen Aktes spürt, daß sein Begehren nicht mehr so ist wie früher, wird sie in aller Stille eifersüchtig. In ihrem Innern erwartet sie, daß das Begehren des Mannes konstant und unveränderlich ist. Wenn sie dann spürt, wie es weniger wird, geht sie instinktiv davon aus, daß es sich jetzt auf ein anderes Objekt richtet, daß eine andere Frau die Bühne betreten hat.

In der weiblichen Vorstellungswelt ist das Begehren des Mannes ein gespanntes Seil, auf dem beide sich bewegen. Läßt die Spannung auch nur für einen Moment nach, fühlt sie sich in Gefahr und gerät in Panik. Sie reagiert instinktiv, indem sie sich noch schöner macht und besonders liebenswert und verführerisch auftritt. Wird die wirkliche Gefahr größer, entfernt sich der Mann mehr von ihr, so wird ihre Eifersucht – das heißt, ihre entsetzliche Angst, gemeinsam in den Abgrund zu stürzen – zu einer ebenso entsetzlichen Kraft und Energie. In so einer Situation kann eine Frau wüste Kämpfe anzetteln. Sie ist zu allem bereit, setzt hemmungslos und ohne Scham ihre Erotik ein und kümmert sich nicht mehr um ihre Würde. Nur um das Seil zusammenzuhalten, das doch bloß noch ein dünner Faden ist.

Hat sie erst einmal eine bestimmte Schwelle überschritten, kommen in der Frau zutiefst zerstörerische und selbstzerstörerische Mechanismen zum Zuge, Rachegelüste bis zur Erschöpfung und zum Verzicht. Von da ab zieht sie sich in aller Stille zurück, versucht sie, sich in Sicherheit zu bringen, und läßt ganz langsam das Seil in den Abgrund gleiten.

22. Der *status nascendi*

1. Um zu begreifen, was Verliebtheit ist, müssen wir uns mit schöpferischen Prozessen genauer beschäftigen. Arthur Koestler schreibt in seinem Buch *Der göttliche Funke*: »Jedesmal, wenn wir vor eine Aufgabe gestellt sind, suchen wir sie mit Hilfe jener Regeln zu lösen, die es uns in der Vergangenheit ermöglicht haben, mit ähnlichen Problemen fertigzuwerden . . .

Daneben gibt es aber . . . Situationen, die in mancher Hinsicht an andere erinnern, darüber hinaus jedoch neue Merkmale und Schwierigkeiten enthalten, die einer Problemlösung durch die in vergangenen Situationen angewandten Regeln entgegenstehen. In diesem Fall sprechen wir von einer blockierten Situation . . . Die Blockierung steigert die Intensität des frustrierten Triebes. Sind alle Bemühungen erschöpft, das Problem mit Hilfe traditioneller Methoden zu lösen, so jagen die Gedanken in der blockierten Matrix im Kreis herum wie Ratten in einem Käfig. Danach scheint die Matrix des organisierten, zurechtgerichteten Verhaltens zu zerfallen: Planlose, ungezielte Versuche treten auf . . . begleitet von Wutanfällen und Verzweiflung . . . Bis schließlich der Zufall oder die Intuition die Verbindung zu einer völlig anderen Matrix herstellt . . . und die beiden bislang getrennten Systeme miteinander verschmilzt . . . Der schöpferische Akt deckt auf, wählt aus, mischt, kombiniert, bildet Synthesen aus bereits vorhandenen Tatsachen, Vorstellungen und Fertigkeiten.«[1]

Verliebtheit stößt dem Individuum zu, sie ändert seinen Zustand. Das Liebesobjekt muß damit nicht unbedingt etwas zu tun haben, es braucht noch nicht einmal etwas davon zu wissen. Wechselseitigkeit gibt es, zumindest am Anfang, nicht, und sie kann auch später fehlen. Wir können in jemanden verliebt sein, obwohl der uns nie auch nur anguckt.

Verliebtheit ist die individuelle Lösung eines unlösbaren Lebensproblems, die kreative, individuelle Antwort, wo jede andere gewohnheitsmäßige, traditionelle Lösung versagt hat. Wir müssen also Zweifel anmelden, wenn Leute behaupten, verliebt zu sein, die sich an feste Regeln halten: die erst streiten, dann sich scheiden lassen und sich sofort danach verlieben. Das ist ein gesellschaftliches Muster, eine Regel. Verliebtheit dagegen ist etwas Schöpferisches, und damit stürzt es Regeln um und findet eine Lösung, wo vorher niemand eine gesucht hätte. Verliebtheit geschieht immer unerwartet, sie entsteht durch Enthüllung. Genauso wie die Lösung eines quälenden unlösbaren Problems.[2]

Aber welches Problem löst Verliebtheit eigentlich? Man kann es folgendermaßen definieren. Wir Menschen haben von

Kindheit an Bedarf an absoluten, totalen Liebesobjekten. Mutter, Gott und Vaterland sind derartige Wesen. Wir haben den Drang, uns an etwas zu binden, das uns total transzendiert. Psychoanalytiker bezeichnen das als Erinnerung an unsere Erfahrung des Lebens im Fruchtwasser. Theologen behaupten, es sei das Verlangen nach Gott. Biologen halten es für einen evolutionären Trieb. Aber das ist nicht von Bedeutung. Bleibt unsere Neigung, das, was da ist, zu transzendieren, und nach dem Paradies zu suchen, nach dem gelobten Land, nach Gott, nach der restlosen Glückseligkeit.

Alle konkreten Liebesobjekte allerdings sind begrenzt und werden häufig unterdrückerisch und frustrierend. Sie können uns sogar um so mehr enttäuschen, je wichtiger sie uns sind. Etwas, das uns wenig interessiert, kann uns auch nur wenig wehtun. Wenn uns aber jemand wesentlich ist, kann uns auch die geringste Unaufmerksamkeit verletzen. Daraus entsteht *Ambivalenz*. Wir entwickeln unvermeidlich aggressive Gefühle gegenüber der Person, die wir am meisten lieben. Ambivalenz heißt Verwirrung und Unordnung. Die versuchen wir niedrig zu halten, indem wir unsere Liebesobjekte idealisieren und uns selbst oder einem äußeren Anlaß die Schuld geben, wenn etwas passiert. Ein Ehemann fühlt sich schuldig, wenn seine Frau traurig ist. Die Frau versucht, die schlechte Laune ihres Mannes mit Müdigkeit, Überarbeitung und Sorgen zu entschuldigen. Die Psychoanalyse nennt alle Mechanismen, mit denen wir die Schuld für alles, was an unserem Liebesobjekt nicht stimmt, übernehmen, *depressiv* und alle diejenigen, mit denen wir die Verantwortung nach außen abschieben, *persekutorisch/paranoid* oder Verfolgungsmechanismen.

Unsere Liebesobjekte (Gatten, Geliebte, Kinder, eine Partei, die Kirche, alles, womit wir uns identifizieren und was wir lieben) sind also stets Idealkonstrukte, Produkte einer Bearbeitung. Sie werden in einen persönlichen Mythos eingefügt, ständig weiterbearbeitet und zurechtgerichtet, damit die Spannungen niedrig bleiben und die Ambivalenz nicht zu stark wird. Aber diese beständigen Reparatur- und Instandsetzungsarbeiten, die praktischen Kompromisse und Angleichungen an das Ideal können in bestimmten Fällen auch schiefgehen. Wir verändern uns während unseres Lebens, und was früher in Ordnung war, muß uns nicht immer reichen. Neue Erfahrungen verschaffen uns neue Bedürfnisse. Wenn wir ein Ziel erreicht haben, tauchen alle die Begierden, die wir hintangestellt hatten, wieder in uns auf. In einer Welt des ständigen Wandels verändern sich auch die Personen, die wir lieben, sie werden anders und wollen etwas anderes. Deshalb bröckeln Paarbeziehungen. Deshalb überwerfen Leute sich mit allen Freunden oder lassen sich scheiden oder verkrachen sich mit ihren Kindern. Oder tun nur noch so, als wäre alles wie früher, obwohl es völlig verändert ist. Spielen weiter in einer Komödie mit, bei der sie nicht mehr wissen, was richtig und was falsch ist. Und nicht einmal mehr, was sie eigentlich wollen.

Das ist die Situation der Unordnung, der *Entropie*, in der sämtliche depressiven und sämtliche Verfolgungs-Mechanismen versagen und die Idealisierung des Liebesobjekts nicht mehr funktioniert. Mit den traditionellen Mechanismen läßt sich das Problem nicht mehr lösen. Sie sind *überlastet*. Es entsteht ein Gefühl von Verzweiflung und Niederlage. Die vitalen Triebe wissen nicht, wohin sie sich orientieren sollen. Sie irren umher und suchen neue Wege. Das Individuum macht die Erfahrung, ein riesiges Lebenspotential zu verschleudern. Es bekommt den Eindruck, nur die anderen seien glücklich. Es sieht sie lachen und sich amüsieren, und es entwickelt glühenden Neid. Allem Anschein nach können sich seine eigenen tiefen Wünsche ihm nicht mehr direkt enthüllen. Es nimmt sie bei den anderen wahr. Von seiner ambivalenten und unordentlichen Wüste aus spürt es, daß alle Wünsche und Leidenschaften in der Welt maßlos sind und daß ihm kein Glück erlaubt ist. So fühlen sich Jugendliche häufig. Sie stecken voller Leben, sind aber unfähig, dieses Leben mit seinen Objekten und Zielen zu versehen.

Die Lösung dieses Problems ist immer, sich selbst und die Welt neu zu definieren. Man kann zu einem anderen Glauben übertreten. Man stellt plötzlich fest, daß alles, was einem Leid zugefügt hat, wertlos ist. Daß alle eingeschlagenen Wege falsch waren. In der neuen Sekte oder Kirche wird alles wieder einfach und klar.

Man kann auch politisch konvertieren. Auch dabei findet man das Wesentliche und ordnet alles andere dem unter, was wirklich mehr zählt. Und man kann sich schließlich verlieben. Dabei wird eine Person zum Endziel, denn durch sie erkennt man alles, was begehrenswert ist und einen selbst vervollkommnet.

Der Augenblick, wo die alte unordentliche und ambivalente Welt ihren Wert einbüßt und die neue Lösung auftaucht, ist der *status nascendi*.

2. Wir wollen den *status nascendi* illustrieren, damit wir ihn besser begreifen (siehe Abb. Seite 159). Die erste Abbildung illustriert den ausgeglichenen psychischen Zustand. Pluszeichen bedeuten positive Ladung, mit der das Subjekt S versehen wird; Minuszeichen stehen für Negativladung, also Aggressivität. Links oben steht A für ein wichtiges positives Liebesobjekt, rechts oben B für ein persekutorisches oder Verfolgungsobjekt mit aggressiver Sättigung. Die Situation ist ausgeglichen: Wir empfinden uns selbst weiterhin als wertvoll und betrachten unsere Liebesobjekte als vollkommen, unsere Feinde dagegen als hassenswert.

Sehen wir uns nun die zweite Abbildung an. Sie zeigt den Zustand der Unordnung, die Entropie. Mit dem Pfeil »Depression« wird der Mechanismus bezeichnet, mit dem unsere auf das Liebesobjekt gerichtete Aggressivität in Schuldgefühl verwandelt wieder zu uns zurückkehrt. Der Pfeil »Projektion« zeigt den Weg, auf dem wir die Aggressivität an das Verfolgungsobjekt weitergeben. Beide Mechanismen können die Ambivalenz nicht mehr unter Kontrolle halten. Die Liebesobjekte werden jetzt mit Aggressivität aufgeladen, die Verfolgungsobjekte mit Eros.

Dies ist die *depressive Überlastung*, jene Situation, die dem *status nascendi* vorausgeht. Der löst sie mit Hilfe einer außergewöhnlichen und schöpferischen Lösung auf. Die Lösung besteht darin, alle Elemente neu zu kombinieren. Aus dieser Umstrukturierung entsteht ein neues und nicht ambivalentes Liebesobjekt, mit dem das Subjekt sich verschmolzen fühlt. Diesen Prozeß kann man so wie auf Abbildung 3 darstellen.

Das unambivalente neue Liebesobjekt hebt sich als Figur aus

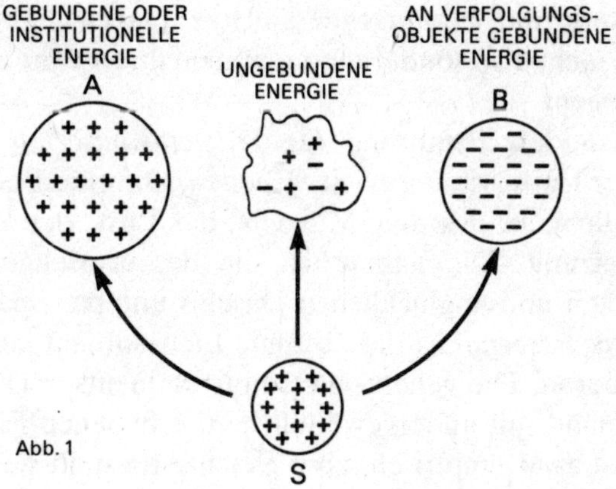

Abb. 1

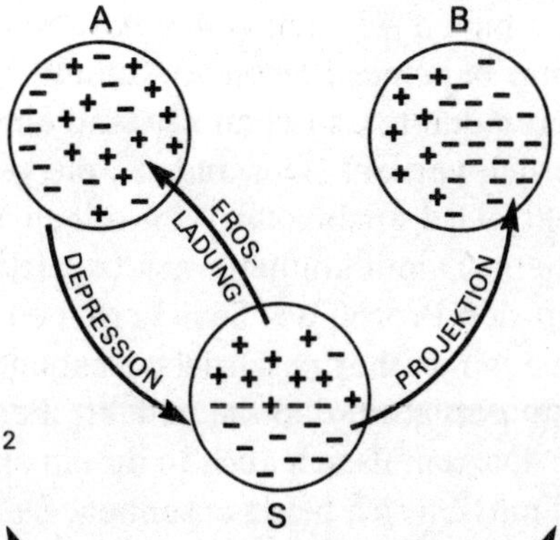

Abb. 2

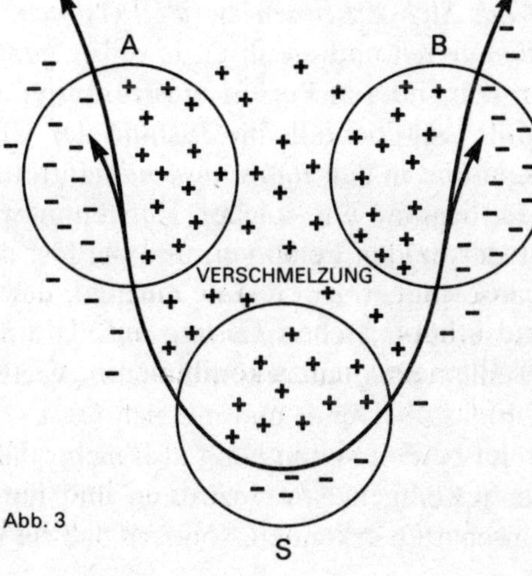

Abb. 3

dem Untergrund vergangener anderer Liebesobjekte ab. Es löscht sie nicht aus, sondern nimmt ihnen ihren Wert und macht sie kontingent.

Die besondere Erfahrung, die der *status nascendi* bedeutet, liegt in der Entmischung zweier Ebenen. Die eine Ebene ist die der Wirklichkeit, des Sein-Müssens, der Lust, der Liebe, der Verschmelzung. Die andere ist die des armseligen, widersprüchlichen und unglücklichen Daseins und der Spaltung.

Im *status nascendi* ist das absolute Liebesobjekt kein Objekt unter anderen. Die geliebte Person ist dementsprechend nicht irgendjemand mit außergewöhnlichen, erhabenen Eigenschaften. Sie ist zwar empirisch, aber gleichzeitig stellt sie auch den Weg zur Vollkommenheit und zum Absoluten dar.

3. Bis hierher haben wir den *status nascendi* als etwas beschrieben, das nur bei einer Person vorkommt. Die drei Abbildungen illustrieren den psychischen Zustand eines einzigen Individuums, das sich verliebt. Der andere, die geliebte Person, das Liebesobjekt, wird unabhängig von seinen Wünschen und Reaktionen geliebt. Damit können wir jetzt wirklich begreifen, welch eine Kluft den Prozeß des Sich-Verliebens von allen anderen trennt, die wir vorher beschrieben haben.

Wie kommt es nun aber, daß die geliebte Person uns ihrerseits auch liebt? Dazu muß sich auch in ihr ein analoger Prozeß vollziehen, und müssen sich beide erkennen. *Die wechselseitige Verliebtheit ist das Sich-Erkennen zweier Personen, die in den status nascendi eintreten* und die ihren jeweils eigenen Bereich ausgehend von der anderen Person umstrukturieren. Die andere Person muß also ebenfalls im Zustand der Überlastung, der Entropie sein und in den *status nascendi* eintreten können. Im allgemeinen beginnt ein solcher Entstehungsprozeß zunächst in einer der beiden Personen, und die löst ihn dann in der anderen aus, indem sie deren Zustand des instabilen Gleichgewichts aufhebt. Der *status nascendi* ist äußerst kommunikationsfreudig, eine außergewöhnliche Verführungspotenz, die ihr Objekt überrennt und mit sich reißt.

Verliebtheit auf beiden Seiten heißt also nicht, daß sich zwei Leute in ihrem jeweiligen Normalzustand und mir ihren bestimmten Eigenschaften erkennen, sondern daß sie sich erkennen in einem außergewöhnlichen Zustand, eben im *status nascendi*. Diese zwei ahnen also das Ende der Spaltung des Subjekts vom Objekt voraus, das heißt die absolute Ekstase, die Vollkommenheit. Sie sind, jeder für sich, einerseits Wesen aus Fleisch und Blut, mit Namen und Adressen, Bedürfnissen und Schwächen, und andererseits transzendente Potenzen, durch die das Leben in seiner Gesamtheit läuft. Aus demselben Grund sind sie gleichzeitig nahe und unendlich weit entfernt, verschmolzen und getrennt. Denn Liebe besteht in jedem einzelnen von ihnen unabhängig von der empirischen Existenz des jeweils anderen. Jeder hat die Enthüllung für sich erlebt. Jeder bildet sich ein, das innerste Wesen des anderen besser zu kennen als der andere selbst. Wie Lou Andreas-Salomé schreibt: »Aber im Grunde interessiert es den Liebenden auch gar nicht so sehr, wie der Andere eigentlich ›ist‹ ... Es genügt ihm zu wissen, daß er ihm ganz unbegreiflich gut bekommt. Wie er das anstellt, das bleibt unerforscht. Die beiden bleiben einander ein letztes Geheimnis.«[3] Aber nur deshalb, weil beide im *status nascendi* gleichzeitig empirische und transzendente Wesen sind, etwas Vorhandenes und etwas Werdendes, Fragmente der schöpferischen Potenz des Lebens.

4. Verliebtheit produziert einen mächtigen Verschmelzungstrieb bei beiden Individuen, aber sie ist nicht nur die reine Verschmelzung. Die empirischen Persönlichkeiten verschwinden ja nicht, wie wir sehen konnten. Im übrigen kennen sie sich selbst nicht, sie wissen nicht einmal, ob sie wirklich verliebt sind. Und niemand der beiden Verliebten weiß vor allem, ob der andere ihn auch liebt. Verliebtheit ist erst der Nachweis darüber, ob es überhaupt eine Wechselseitigkeit gibt.

Verliebtheit ist ein Prozeß, in dem jeder gezwungen ist, sich zu verändern, und sich der Veränderung widersetzt. Man darf sie keineswegs mit der Idylle verwechseln. Die Idylle ist ein Moment der Harmonie und des Friedens, der sich auch in der Verliebtheit zeigen kann, der aber nicht lange dauert. Aus demselben Grund ist Verliebtheit auch kein Zustand permanenter Ekstase. Sie ist immer auch Zweifel, Suche, Qual.

Ich kann in diesem Buch nicht noch einmal detailliert analysieren, wie der *status nascendi* der Liebe, also die Verliebtheit, übergeht in eine feste Liebe zwischen zwei Leuten, die sich kennengelernt haben, die gelernt haben, sich zu respektieren und zusammen zu leben, wie Verliebtheit also übergeht in eine Institution. Ich verweise hier nur auf mein Buch *Verliebtsein und Lieben*. Ich möchte den Leser nur warnen, Verliebtheit nicht mit dem Mythos der romantischen Liebe gleichzusetzen, den die zeitgenössische amerikanische Kultur hervorgebracht hat.[4] Romantische Liebe wird beschrieben als Zustand kontinuierlichen Glücks ohne Konflikte, als eine Art monogame mystische Liebesverschmelzung. Die Massenkultur, vor allem der Hollywood-Film, hat mit diesem Mythos die weiblichen Phantasien über die totale und kontinuierliche Verschmelzung mit dem Geliebten befriedigt. Die Frau wünscht sich die diffuse, kontinuierliche erotische Zeit. In der Wirklichkeit leistet aber auch sie erbittert Widerstand dagegen, so zu werden, wie der Mann sie will. Auch die Frau kämpft also, wenn sie verliebt ist, darum, ihr eigenes Begehren, ihre Phantasien und Hoffnungen, die sie im Laufe ihres Lebens erworben hat, durchzusetzen. Und es gibt keinen Grund, weshalb sie mit denen des geliebten Mannes übereinstimmen sollten. Beider Wünsche können also an der Stelle, die ich den *point of no return* nenne[5], tödlich aufeinanderprallen. Das Bild der Frau, die total und bedingungslos liebt, die ganz Eros und amouröses Staunen ist, gehört in den Bereich der Idealisierungen.

23. Verliebtsein und Identität

1. Wie merken wir eigentlich, ob das, was wir empfinden, wirklich Verliebtsein ist oder lediglich Schwärmerei? Wie merken wir, ob unser Begehren vielleicht nur aus der Verlustangst herrührt? Wodurch unterscheidet sich schließlich die Erotik des Verliebtseins von den vielen anderen Formen der Erotik, die wir beschrieben haben?

Im vorigen Kapitel haben wir gesagt, daß Verliebtsein die Lösung für eine blockierte Situation darstellt, für die *depressive Überlastung*. Der Begriff »depressiv« kann widersprüchliche

Erwartungen auslösen; er klingt nach Traurigkeit, nach Depression. So ist er nicht gemeint. Depressive Überlastung heißt, daß die depressiven Mechanismen nicht mehr funktionieren, eben überlastet sind. Verliebtsein resultiert aus einem starken Lebenstrieb, der sich in der gegebenen Situation nicht verwirklichen kann und die Depression gerade ablehnt. Das geschieht, wenn wir uns geändert haben, unsere Umgebung aber dieselbe geblieben ist. Dann werden unsere Lebenskräfte rebellisch. Im Bewußten versuchen wir, unsere alten Beziehungen und Liebesobjekte zu bewahren, wir übernehmen die Verantwortung für das Unwohlsein, das wir verspüren und das wir anderen bereiten, solange bis wir eine neue Generallösung gefunden haben. So eine ist die Verliebtheit. Deshalb verlieben wir uns leichter, wenn wir gerade Erfolg haben, denn dabei stehen uns ohnehin neue Wege offen. Aber verlieben können wir uns auch, wenn wir das Gefühl haben, eine schöpferische Energie zu besitzen, die die anderen nicht erkennen. Oder wenn wir im Ausland eine Arbeit aufnehmen – indem wir uns in jemanden aus diesem neuen Land verlieben, integrieren wir uns leichter, weil wir uns von unserer Vergangenheit absetzen.

All das geschieht jedoch nicht freiwillig. Niemand verliebt sich, weil er es *will*. Sich zu verlieben ist ein unbewußter Prozeß. Wir merken nicht, daß wir gerade dabei sind. Wir spüren zwar starke vitale Energien in uns, aber gleichzeitig haben wir auch ein Gefühl von Unwohlsein und Impotenz. Wir nehmen das Begehren in uns selbst nicht wahr, wir sehen es eher bei den anderen. Wir stellen fest, daß die ganze Welt voller lebhafter, glücklicher Menschen ist und werden neidisch. Wir möchten sein wie sie, aber wir sind es nicht, wir möchten auch glücklich sein, aber wir schaffen es nicht. All das geschieht, weil wir gegen unsere tiefsten Wünsche ankämpfen und auf der Suche nach dem sind, was sie erfüllen kann. Der Neid ist – im Gegensatz zu dem, was Proust und Girard behaupten –, keineswegs der Grund dafür, daß wir uns verlieben, sondern ein Symptom dafür.[1]

Ein anderes Symptom ist plötzliches brennendes Verlangen nach wer weiß was oder die Hoffnung darauf, jemandem zu begegnen, auf den wir noch lange warten, von dem wir aber nicht einmal wissen, wer es sein soll. Manchmal, wenn wir in einen Zug steigen oder auf die Straße gehen oder einen Saal voller Leute betreten, haben wir plötzlich für den Bruchteil einer Sekunde das Gefühl oder die Hoffnung, es könnte jemand für uns dabei sein. Kurz bevor wir uns verlieben, füllen sich unsere Träume mit Beschwörungen und Vorahnungen. Auch im täglichen Leben haben wir dann oft das Gefühl, daß ungewohnte und mysteriöse Zufälle geschehen. Ab und zu kommen uns unsere tiefsten Überzeugungen völlig sinnlos vor, und wir fühlen uns den Rebellen nah. Wir verspüren eine plötzliche Faszination durch alle die, die für ein Ideal oder einen Wert ihr Leben aufs Spiel setzen. Manchmal genügt ein Musikstück, und wir sind gerührt und fangen an zu weinen. Wenn ein Mann weint, ist das fast immer ein sicheres Anzeichen dafür, daß die Liebe in ihm erwacht.

2. Bevor wir uns in eine bestimmte Person verlieben, machen wir einige Versuche und einige Entdeckungsreisen. Für einen Augenblick leuchtet der *status nascendi* auf, die Umstrukturierung beginnt. Aber noch ist nicht alles bereit, die Person ist nicht die richtige. Solche Entdeckungsreisen sind plötzliche, wenn auch sehr heftige Schwärmereien. Manche Menschen bleiben lange in diesem Zustand und behaupten von sich, sie seien ständig verliebt. Oder sie haben das Gefühl, sie seien gleichzeitig in verschiedene Leute verliebt. In Wirklichkeit sind sie aber noch nicht verliebt. Denn wenn das eintritt, dann wird die Beziehung zu der betreffenden Person exklusiv und total. Das geliebte Bild kommt, auch wenn man es wegschiebt, wieder und drängt sich auf. Und gleichzeitig treten alle anderen unverwechselbaren Kennzeichen des *status nascendi* auf.

Vor allem ein bestimmtes Staunen, denn die gewohnte Welt wird einem fremd. Manchmal fühlt sich das an wie Freude, wie eine Befreiung, ein Aufschrei der Revolte. Manchmal aber auch wie Trauer, weil die Dinge, an denen wir so gehangen hatten, jetzt keinen Wert mehr zu haben scheinen und zerbrechlich und kontingent wirken. Der *status nascendi* ist ein Erlebnis von Sterben und Wiederauferstehen, und deshalb bringt er uns dem Tod entsetzlich nah. Daß in der Liebesliteratur so häufig vom Tod die Rede ist, ist weder ein makabres

Spiel noch Anzeichen einer Neurose, sondern Symptom dafür, daß im Verliebtsein die gesamte Bedeutung des Lebens in Frage gestellt wird. Wir fragen uns ja wirklich: Wer sind wir? Warum sind wir hier? Was ist unser Leben wert? Unser Dasein erscheint uns nicht mehr als etwas Natürliches, das so ist, weil eben die Welt so funktioniert. Es kommt uns vor wie ein Abenteuer, in das wir hineingezogen werden und bei dem wir mitmachen oder aussteigen können. Unsere Vergangenheit kommt uns wieder in den Kopf, und wir fällen Urteile über alles. Der *status nascendi* ist auch eine Art Jüngstes Gericht, und dessen Urteilsspruch ist unanfechtbar.

Während unsere Liebe sich entfaltet, fühlen wir uns frei, aber es fühlt sich gleichzeitig auch an, als vollzöge sich unsere Freiheit nur als Erfüllung dessen, zu dem wir berufen sind, als Erfüllung unseres Schicksals. Der *status nascendi* der Liebe bringt völlig naturwüchsig Kategorien zusammen, die der abstrakten Logik als unvereinbar gelten. Zum Beispiel Freiheit und Schicksal, pralles Leben und Todesnähe, totalen Altruismus und totalen Egoismus, Stärke und Schwäche, Freude und Angst, Qual und Ekstase.

Allmählich entwickelt sich in unserem Bewußtsein eine Trennung zwischen dem, was wirklich wichtig ist, und dem, was unwesentlich ist. Im alltäglichen Leben kommt uns alles wesentlich vor, sogar die albernsten Dinge. Im *status nascendi* dagegen merken wir, wie unnütz manche Dinge und wie überflüssig viele Sorgen sind. Zumindest wenn wir sie vergleichen mit dem, was sich gerade als unser größtes Wohl herauskristallisiert, mit dem Sinn des Lebens selbst.

Hinter einer bestimmten Tür, jenseits der Barriere, erscheint das Leben uns intensiv und außergewöhnlich. Auch der erschöpfteste Mensch empfindet Liebe als Wiedererwachen. Die Welt zeigt sich von ihrer verblüffendsten Seite. Wer diesen Zustand je erlebt hat, kann nie wieder im trägen Grau der Vergangenheit leben.

Die Person, die wir als die geliebte erkennen, ist also nicht nur schön und begehrenswert. Sie ist die Tür, die einzige Tür, durch die wir in diese neue Welt vordringen und Zugang zu diesem intensiveren Leben bekommen können. Durch sie, dank ihrer und in ihrer Gegenwart bekommen wir den letzten Ursprung aller Dinge zu fassen, die Natur, den Kosmos, das Absolute. Unsere gewohnte Sprache erweist sich jetzt als unbrauchbar, um dieser inneren Wirklichkeit Ausdruck zu verleihen. Und wir entdecken spontan eine neue Sprache, die Sprache der Ahnungen, der Poesie, des Mythos.

Der *status nascendi* ist nie das Ankommen, er ist immer ein Erahnen. Es geht uns wie Moses, dem größten Propheten, dem es nur vergönnt war, das gelobte Land zu sehen, aber nicht, es zu erreichen. Auch die geliebte Person ist uns auf diese Weise unendlich nah und unendlich fern. Sie ist uns von allen die liebste. Aber gleichzeitig kann ihre Nähe uns erschüttern. Und nicht nur unseren Kopf. Das Gefühl, verliebt zu sein, erfaßt unseren Körper samt Magen, Muskeln und Haut, den ganzen Organismus bis in die letzte Zelle. Die geliebte Person besitzt eine außerordentliche Potenz, die uns verwundert und unglaublich vorkommt. Sie ist wie ein Traum, der auch schwinden könnte.

Wenn wir uns erst einmal verliebt haben, festigt sich das neue System. Die einzige Alternative, die uns bleibt, ist, weinend in die alte Welt zurückzukehren. Verliebtheit aber läßt sich weder abschalten noch ändern, und sie läßt sich auch nicht auf jemand anderen übertragen. Sie hält immer lange an, selbst wenn die beiden Verliebten sich nicht wollen oder verstehen, selbst wenn sie sich streiten und verlassen.

Die Kraft des *status nascendi* ist eine Heilspotenz, die alles umwandelt. Wir lieben an der geliebten Person auch die Fehler und Mängel, sogar die inneren Organe wie Nieren, Leber, Milz. Wer wirklich verliebt ist, möchte die auch liebkosen und küssen wie die Lippen, die Brüste, das Geschlecht. Es wäre falsch hier von Idealisierung zu reden. Es handelt sich um eine Transsubstantiation, eine Erlösung dessen, was gewöhnlich als minderwertig erachtet wird. Was verborgen ist, wird ans Licht geholt, auf dieselbe Ebene wie alles, was als edel und gesellschaftlich anerkannt gilt.

Diese Heilskraft erlischt erst mit der Zeit, erst wenn sich ihr alltäglich und kontinuierlich und auf alle erdenkliche Art etwas widersetzt. Kein punktuelles Geschehen reicht dafür aus, es bedarf der Zeit, des Überdrusses der Sinnlosigkeit, der Verzweiflung über die Gleichgültigkeit und die Trägheit. Liebe endet durch langanhaltende, wiederholte, alltägliche und unaufhörliche Enttäuschung. Sie braucht Alltäglichkeit, um sich zu verzehren, wie das abgeschliffene Eisenstück, das die Radnabe nicht mehr anzieht, sondern wegrutschen läßt.

3. Jetzt können wir uns vorstellen, warum die Schwärmerei für einen Star keine Verliebtheit ist. Verliebtheit deckt, wie wir gesehen haben, etwas auf, enthüllt den Wert jenes einzigartigen und unverwechselbaren Individuums, das wir lieben. Einen Wert, den niemand vorher gesehen hatte, der sich nur den Augen des Verliebten zeigt. Der Star, der Prominente dagegen ist schon vorher bekannt und wird bewundert. Das Wunder der Verliebtheit besteht genau darin, den Wert einer Person gegen die gesellschaftlichen Wertmaßstäbe zu erkennen.

Deshalb ist sie eine revolutionäre Potenz. Angelica in *Der rasende Roland* schert sich nicht um die Könige und Prinzen, die in sie verliebt sind. Nicht einmal um Roland, den Berühmten und Unbesiegbaren. Sie verliebt sich in Medoro, einen gemeinen Soldaten, der nichts zählt. Gesellschaftlich gesehen ist das ein Skandal, und Roland wird angesichts dieser Entdeckung verrückt.

Aber es gibt noch einen subtileren Grund. Anläßlich der kollektiven weiblichen Erotik haben wir gesagt, daß die Frau sich zum Zentrum hingezogen fühlt. Was sie erotisch fasziniert, ist nicht die konkrete einzelne Person, sondern deren Position im Zentrum. Wenn wir verliebt sind, lieben wir die einzigartige und unverwechselbare Person, und die ist durch niemanden ersetzbar. Wenn wir ihrer allerdings überdrüssig werden, dann kann eine andere an ihre Stelle treten, solange sie denselben *Rang* hat. Nehmen wir an, ein Mann ist einer Frau erotisch überdrüssig. Er kann zwar nicht ohne sie auskommen, aber wenn sich seine Erfahrung mit ihr nur auf Erotisches beschränkt, dann kann er sie sehr wohl verlassen, sobald er eine andere, ebenso schöne, faszinierende und begehrenswerte Frau trifft, und *ihr* folgen.

Erotisch gleichrangige Personen sind austauschbar. Auch Stars sind es. Wenn eine Frau einen Star satt hat, ist sie stets bereit, ihn durch einen anderen zu ersetzen, der mindestens denselben erotischen Rang hat. Woody Allens Film *The Purple Rose of Cairo* erzählt, wie eine kleine Hausfrau sich in einen Kinohelden verliebt. Als der Schauspieler ihr dann in Fleisch und Blut begegnet, »verliebt« sie sich auch in ihn. Und sowie beide verschwinden, kehrt die arme enttäuschte Frau in das Kino zurück, in dem das Wunder geschehen war. Aber jetzt tanzen Fred Astaire und Ginger Rogers über die Leinwand. Und sofort ist die Frau wieder fasziniert und vergißt alle vorhergehenden Lieben. Das Beispiel macht ganz deutlich, daß es nicht Verliebtheit war, sondern erotische Schwärmerei. Die Frau glaubt, sie sei verliebt in jemand Einzigartigen und Unverwechselbaren, in Wirklichkeit jedoch sind alle ihre erotischen Objekte sofort ersetzbar durch andere, gleichrangige. Hinter ihrer Fassade aus Liebe zeigt weibliche Erotik also auch ein frivoles und leichtfertiges Antlitz, das der männlichen Sexualität vergleichbar ist.

Dorothy Tennov wirft diese Art Erfahrung in *Limerenz* mit der wirklichen Verliebtheit durcheinander. Sie schreibt gleich zu Anfang über Terry: »Terry war immer in jemanden verliebt gewesen. In der sechsten Klasse war sie ›fürchterlich verknallt‹ in Smithy Adams, den beliebtesten Jungen in der Schule . . . Natürlich nahmen dann andere Smithys Stelle ein, und sie folgten zeitlich aufeinander, da der Schmerz, der mit einer Liebe verbunden war, offensichtlich nur wich, wenn sie sich in den nächsten verliebt hatte.«[2] Smithy Adams war der kleine Lokalmatador, ein Star, den alle Mädchen anbeteten. Noch typischer verhält sich Cynthia – sie verliebt sich in Paul McCartney, ein Rockidol, dem sie nie wirklich begegnet ist.[3]

Anders liegt der Fall bei einer Frau, die zu einem anderen Glauben übertritt und sich dann in den Führer verliebt (oder den Guru oder Propheten). Hier handelt es sich tatsächlich um einen *status nascendi*. Die totale, leidenschaftliche Liebe, die die Frau dem Propheten zuwendet, wird eins mit ihrem Übertritt. War Maria Magdalena verliebt in Jesus? So, wie wir Verliebtheit definiert haben, dürfen wir das bejahen. Hinzuzufügen wäre allerdings, daß ihre Verliebtheit einseitig war.

Zur Verliebtheit gehört etwas Verzweifeltes und Heroisches.

Das Verzweifelte ergibt sich aus der Hoffnung auf Wechselseitigkeit, auf eine kollektive Bewegung zu zweit. In einer Sekte oder anderen Bewegungen dagegen gibt es immer viele Gläubige, vor allem viele Frauen. Zwischen dem Führer und seinen Anhängern besteht ein asymmetrisches Verhältnis. Alle sind ersetzbar, austauschbar – nur er nicht. Aber auch ihre Liebe hat etwas Heroisches, denn die Bewegung verlangt totale Hingabe und Opfer, die zu fordern ein verliebter einzelner nie den Mut hätte. Ziemlich oft allerdings gehen die Forderungen der Gruppe oder des Führers weit über den *point of no return* hinaus und provozieren Handlungen, die im krassen Gegensatz zu dem stehen, was jemand an moralischen Überzeugungen und Wertvorstellungen hat. So ein Anhänger gehorcht dann zwar, aber seine Moral und seine Fähigkeit, zwischen Gut und Böse zu unterscheiden, gehen kaputt. Solche *moralische Hörigkeit*[4] macht aus dem Anhänger einen Sklaven und potentiellen Mörder. In kleinen Sekten um einen Guru herum wirken also dieselben Phänomene, die auf der Ebene der großen Politik Stalinismus und Nationalsozialismus gekennzeichnet haben. Frauen sind die häufigsten Opfer dieser Art amouröser Faszination und Sklaverei.

4. Zur Erotik gehört, wenn man verliebt ist, eine unverwechselbare Sehnsucht. Verliebtheit macht einerseits möglich, daß man den Gipfel der Erotik erreicht, aber sie läßt einen andererseits auch ahnen, daß da noch mehr ist. Körper, Schönheit, sexuelle Freuden, Küsse, Hautkontakte und Umarmungen – alles, was bei der Erotik Verwirklichung, Erfüllung und Freude ist, wird bei der Verliebtheit Mittel für etwas anderes, für eine Überschreitung auf dem Weg zum innersten Wesen der geliebten Person, zu einem unaussprechlichen Wert.

Manchmal beginnt eine Beziehung wie ein Abenteuer, wie eine intensive, aufregende erotische Erfahrung. Und so kann sie lange Zeit weitergehen, einfach weil jeder der beiden Liebenden im anderen das *Mehr* findet, das ihn anzieht. Wenn sich jedoch einer von beiden oder gar beide verlieben, passiert eine tiefgreifende Veränderung. Die sichere, triumphale erotische Geste wird zögerlich. Sexuelles Verlangen macht Platz für totale Emotionalität, für den körperlichen Schauder, die Lust zu weinen, die Rührung. Der andere, der uns jetzt näher ist, wird uns noch begehrenswerter und noch ferner. Wir sehen ihn an und haben das Gefühl, ihn das erste Mal zu sehen. Jedesmal das erste Mal. Es kommt uns vor, als hätten wir nur die oberflächlichsten Teile gekannt. Wir hatten doch gedacht, wir hätten alles gesehen, dabei hatten wir gar nichts gesehen. Der Körper, die Hände, die Augen erzählen uns jetzt von einer unbekannten Unendlichkeit. Solange wir mit dem anderen zusammen sind, ihn fest im Arm halten, mit ihm schlafen, können wir den Abgrund überbrücken. Aber kaum gehen wir, geht er weg, kaum sind wir fern voneinander, bekommen wir Angst, wir könnten ihn nicht mehr wiederfinden. Also müssen wir ihn unbedingt sehen, berühren, mit ihm sprechen, ihn sagen hören: »Ich liebe dich.«

Mit Eifersucht hat das nichts zu tun. Es ist eine Angst, uns selbst, den Sinn unseres Lebens, unser Leben überhaupt zu verlieren. Die Liebe enthüllt uns die unendliche Komplexität, den unendlichen Reichtum des anderen. Wir nehmen im anderen alles das wahr, bis ins Detail, was er gewesen ist, was er jetzt gerade ist und was er jedesmal hätte sein können und was er sein wird. Die Liebe enthüllt uns die unendlichen Möglichkeiten, die ein Individuum ausmachen, seine totale Unwahrscheinlichkeit, also das Wunder unserer Begegnung. Wir staunen und wundern uns, weil uns in der Liebe bewußt wird, daß das Sein absolut provisorisch, aber gleichzeitig wirklich ist und daß wir es wollen. Daher kommt unser Verlangen, es festzuhalten, uns gegenseitig festzuhalten, uns zu vereinen und zu verschmelzen.

Dieses krampfartige Begehren nimmt häufig die Form des Wunsches an, ständig zusammen zu sein, zusammen zu leben, zu heiraten, in einer Wohnung zu wohnen. Das ist die einfachste, weil institutionalisierte und gesellschaftliche Art, das Unwahrscheinliche zu fixieren. Aber es ist oft eine Illusion. Denn in Wirklichkeit sind wir ja gar nicht in eine empirische Person verliebt, sondern in eine transzendente Potenz, eine Tür zum Absoluten. Das Verlangen nach jener Person ist das Verlangen nach dem erahnten Absoluten, aber das ist unerreichbar. Im Liebesakt versuchen wir, die Distanz zu überwinden, die Totalität zu erreichen und dauerhaft mit ihr zu verschmelzen.

Verliebte haben das ganz deutliche Gefühl, daß der Liebesakt etwas Heiliges ist, eine religiöse Handlung[5], etwas wie die Vermählung von Himmel und Erde. Die Erklärung der Ehe zum Sakrament ist nichts als eine ideologische, institutionelle Transskription dieser tiefen Urerfahrung der verliebten Liebenden. Im *status nascendi* hat das Individuum das Gefühl, mit dem Kosmos und mit der Natur zu verschmelzen. Der Mikrokosmos verwirklicht in sich den Makrokosmos.

Wenn man zutiefst verliebt ist, werden auch die Orte der Liebe und die Tage der Liebesenthüllung mit göttlicher Bedeutung aufgeladen, und die beiden Verliebten schaffen sich eine sakrale Geographie und einen liturgischen Kalender. Er soll sie ständig an die Momente erinnern, in denen sie das Glück hatten, das unendlich vorläufige, unwahrscheinliche und unendlich verblüffende letzte Wesen des Lebens zu erahnen.

24. Erotische Freundschaft

1. Es gibt auch eine Form der Liebe, die ganz allmählich aus Erotik und Freundschaft entsteht. Eine Liebe, die sich nicht als einzigartige sofortige Explosion zwischen zwei Unbekannten zeigt, sondern bei der sich zwei Menschen zuerst auf dem empfindlichen Terrain gegenseitiger Wertschätzung und Vertraulichkeit begegnen. Dann erst tritt erotisches Begehren dazu, wie übrigens fast immer, wenn Mann und Frau sich begegnen. Erotik ist zu Anfang immer etwas, das hinzukommt, oder ein Wunsch, den anderen besser kennenzulernen. Erst erotische Intimität deckt unbekannte Tiefen des anderen auf. Das zur Freundschaft gehörige Vertrauen macht es möglich, daß man sich ruhig verlassen kann. Man muß sich nicht in Szene setzen, nicht verführen, keine Auftritte absolvieren.

Wir stehen jetzt vor einer neuen Art von Beziehung, die uns bisher als Ausnahme erschienen ist. Männer und Frauen lebten in getrennten Sphären. Wenn sie sich treffen wollten, mußten sie zahlreiche Barrieren überwinden, und das passierte im besten Fall durch die Explosion der Verliebtheit. Emanzipation und ökonomische Unabhängigkeit jedoch haben der Frau ein neues Maß an Gleichheit verschafft, und damit wird Freundschaft zwischen den Geschlechtern möglich. Eine Erotik, die sich aus einer Freundschaftsbeziehung ableitet, ist *per definitionem* zweiseitig. Jeder der beiden bemüht sich spontan, dem anderen das zu geben, was ihm gefällt, und respektiert dessen Freiheit.

Erotik entwickelt sich mit der Zeit innerhalb einer Freundschaft, ist aber gleichzeitig auch Enthüllung und Klugheit. Erotik ist nie nur ein einfacher Impuls, einfache Sexualität, einfache Phantasie. Sie ist Aufmerksamkeit, Vorbereitung, Lernen. Die Wertmaßstäbe der Freundschaft reinigen unsere Seelen von allem Exklusiven, Egoistischen und Kleinlichen. Erotik aus Freundschaft verlangt die dazu passenden Gefühle, Rücksichtnahmen, das ensprechende Wissen und Respekt. Sie verlangt, daß man den Wunsch nach Lust hat und danach, dem anderen Lust zu verschaffen. Sie ist ein Austausch, bei dem jeder die erotischen Phantasien des anderen versteht und sich zu eigen macht und sich ihnen anpaßt. So können in der Beziehung beide wachsen und immer mehr von sich kennenlernen, indem sie den anderen immer besser kennenlernen.

Im Verliebtsein, das eine funkensprühende und schreckliche Initialzündung ist, kennen sich die Verliebten nicht. Ihre empirische Realität enthüllt sich erst nach und nach, als ob die Materie, das Vorhandene, sich den Begierden des *status nascendi* widersetzten. Sie zeigt sich in der dramatischen Form der *points of no return*, als etwas, wonach man bei Strafe des totalen Ruins nicht fragen darf. In der Liebesbeziehung dagegen, die aus der Freundschaft entsteht, gibt es bereits eine *gewählte Affinität*, es gibt den Respekt für die Freiheit des anderen und die Anerkennung der Grenzen, die sich bei der explosiven Liebe erst unter Schmerzen und Qualen herstellen muß. Freundschaft läßt dem Mann seine Freiheitsphantasien, in denen er die Beziehung, wann immer er mag, abbrechen kann. Und sie verschafft der Frau die Sicherheit kontinuierlicher Zuneigung und schützt sie vor der Verlustangst.

Liebe, die so entsteht, ist also kein machtvoller Einbruch, aus dem sich dann ganz langsam etwas entwickelt. Sie ist das Gegenteil: Ein Prozeß, in dem sich – langsam oder schnell, immer aber mühsam und oft zerbrechlich – das jeweils Beste herausbildet. Das Ergebnis ist ein Konstrukt. Wir dürfen sie uns aber nicht als einen Plan vorstellen, der schrittweise und vernunftmäßig verwirklicht wird. Eine gute (vollkommene) Beziehung zeichnet sich immer erst während ihres Entstehungsprozesses ab. Zu erkennen gibt sie sich nur, während man sie erlebt. Sie ist gut – ich bin zufrieden, wir sind beide zufrieden. Man braucht nicht einmal mehr weitere Vervollkommung wünschen. Es reicht, unterscheiden zu können, was besser und was schlechter ist, zu wissen, was Freude macht, sich den Wert klarzumachen und zu sagen: Gut, das genau will ich, so und nicht anders. Die *Gestalt* (im Original deutsch, A. d. Ü.) taucht also nicht schon voll entfaltet am Anfang auf und wird auch nicht imaginiert wie bei der »Planwirtschaft« des Voluntarismus. Sie gibt sich während ihrer Erschaffung zu erkennen. Vollkommenheit zeigt sich in ihrer Verwirklichung. Sie ist der *epiphanische Weg*. Es gibt weder am Anfang noch am Ende eine vollkommene Situation, sondern nur das Erkennen einer immer größeren Außergewöhnlichkeit, und die erwirbt man durch Mäßigkeit (Grenzen) und Besonnenheit, also durch Tugend.

Erotische Freundschaft ist etwas Schwieriges. Die Freundschaft hat eine körnige Struktur, sie braucht nicht die Nähe des Freundes, den Hautkontakt. Sie ist auch nicht exklusiv, sondern grundsätzlich bemüht um die Freude des Freundes, mit wem auch immer jener sie sich verschafft. Männer können Erotik also leichter in eine Freundschaft einführen, denn die männliche Erotik ist diskontinuierlich und interessiert sich nicht für das Danach. Eine Frau dagegen muß sich diese Art von Liebesphantasie erst zu eigen machen und die Autonomie der männlichen Erotik akzeptieren.

Daraus folgt, daß Frauen und Männer in der freundschaftlichen Liebe oft zwei verschiedene Rollen spielen. Die Frau bildet den stabilen, dauerhaften und ausschließlichen Pol, der Mann den diskontinuierlichen und abenteuernden. Natürlich kann das Ganze auch umgekehrt ablaufen, aber diese Art ist die häufigere.

2. *Freundschaftliche Liebe* gibt es auch, wenn nur einer der

beiden verliebt ist. Dann liebt er leidenschaftlich und mit sakraler Erotik. Der jeweils andere fühlt sich vor allem geliebt und angebetet. In einem voluntaristischen System, in dem beide »die Wahrheit« sagen müßten, könnte eine solche Beziehung nicht halten – sie würde an der Alternative: »Entweder du liebst oder nicht« zerbrechen. Freundschaft jedoch macht es möglich, daß sie sich entfaltet. Wenn man befreundet ist, dann geht man von der Verschiedenheit aus und kann tolerieren, daß die jeweiligen Wünsche voneinander abweichen können. Vor allem braucht man keine Alternativen und Zwänge, kein Dilemma.

So stellt also jemand, der zwar nicht verliebt ist, aber geliebt wird, keine Fragen und keine Forderungen. Er nimmt die Liebeslust und die Anbetung des anderen an. Auch der Verliebte fühlt sich nicht zu Entscheidungen gezwungen. Er empfindet die Freundschaft des anderen als sicheren Schutz. Der andere wird ihn nicht wortlos verlassen, denn er empfindet – das weiß dieser – ihm gegenüber aufrichtige Zuneigung. Er ist treu. Und er gibt sich den eigenen Leidenschaften hin und ist glücklich, wenn er spürt, daß der Verliebte erotische Lust entwickelt und verrückt wird vor Verlangen nach ihm.

Solche asymmetrische Liebe erzeugt im allgemeinen eine sehr starke wechselseitige Erotik. Allerdings unter der Bedingung, daß der Verliebte keine totalitären Alternativen setzt, sondern mit der Liebe, die er bekommt, zufrieden ist und Erotik als hinreichenden Beweis der Liebe versteht.

Wenn der Liebende jedoch sicher wissen will, daß auch der andere verliebt ist, und ihn auf »Liebesproben« stellt, wenn er ein Monopol über die Zeit besitzen und das, was für den anderen außergewöhnliche Erotik ist, in Alltäglichkeit verwandeln will, dann bricht das Gleichgewicht unweigerlich zusammen. Schon ein Wort bedeutet Dilemma und Verletzung. Den Bruch überlebt im allgemeinen nicht einmal die vorher gewesene Freundschaft.

Erotische Freundschaft steht also unter dem Gesetz der Freundschaft, und die ist diskontinuierlich, außergewöhnlich und frei. Bestehen kann sie nur, solange die Verliebtheit sich ihr beugt, und wenn nur dadurch, daß sie sich auf sanfte Art widersetzt. Sie hat der Verliebtheit nur eine diskontinuierliche Ausdrucksweise anzubieten. Sie garantiert der Verliebtheit aber auch etwas Kostbares: Dauer. Denn auch Freundschaft setzt sich als immerwährend. Erotische Entfesselung, der »Zeitstempel« und der »Schauder« können in ihr eine Nische finden. Durch diese Art Erotik kann ein Verliebter seine intensivsten erotischen Gefühle neben dem Objekt seiner Liebe ausleben, selbst wenn dieser andere nicht so verliebt ist. Erotik hat eine eigene Ordnung der Vollkommenheit, und sie vereinigt die beiden Menschen in dem Wunsch, ein noch größeres Glück zu finden. Zu dem feinen Netz der freundschaftlichen Begegnungen gesellt sich das feine Netz strahlender Momente und erotischer Enthüllungen, und daraus allein kann eine dauerhafte Beziehung entstehen.

3. Man kann sich leicht vorstellen, daß sich in einer solchen Beziehung die Verliebtheit des einen dem anderen fast sicher mitteilt. Der *status nascendi* entspringt weder der Erotik noch der Freundschaft. Aber jeder Mann und jede Frau muß sich im Laufe der Monate oder Jahre innerlich erneuern und den eigenen Lebensbereich umstrukturieren, und das heißt: einen *status nascendi* schaffen. In einer Freundschaft, in der einer von beiden schon verliebt ist und in der es eine glückliche erotische Beziehung gibt, kann sich der neue *status nascendi* in dem des schon Verliebten wiedererkennen. Verliebtheit bleibt etwas Unvorhergesehenes und Unvorhersehbares. Sie erblüht aus eigenen Gründen, aufgrund tiefer innerer Bedürfnisse – ohne jegliche Verführung. Eine freundschaftliche Liebe, in der Erotik als Vervollkommnung gewünscht ist, schafft den fruchtbarsten Boden für das *Wiedererkennen*. Am Tag ihres Erwachens wird die Person, die im Begriff steht, sich zu verlieben, als erstes die Augen der schon verliebten Person sehen.

Verliebtsein, das aus tiefer Freundschaft erblüht, ist immer auch Enthüllung, und der Freund oder die Freundin erscheinen plötzlich wie eingewoben in jenes Mysterium, das nur Verliebtheit einen in anderen Menschen entdecken läßt. Diese Verliebtheit ist in Struktur und Erfahrungsgehalt mit der, die zwischen zwei Unbekannten passiert, absolut identisch. Und doch verleiht ihr die gelassene Freundschaft noch etwas Kostbares zusätzlich, etwas, das ebenso kostbar ist wie der *status nascendi*. Denn Verliebtsein ist kein Akt, sondern ein Prozeß – nämlich eine Aneinanderreihung von Enthüllungen und Fragen, von Ängsten und Prüfungen. Damit aus Verliebtheit Liebe werden kann, muß klar werden, was der andere als empirische Person ist. Wir verlieben uns ja manchmal in jemanden, der dann ganz anders ist, als wir ihn erträumt hatten, der uns enttäuscht und desillusioniert. Das entdecken wir aber erst mit der Zeit, durch Erfahrungen und mit Hilfe von Prüfungen. Woher erfahren wir, ob der andere uns liebt? Daß er nicht lügt? Wir stellen Fragen, wir stellen ihn auf die Probe, und der andere macht dasselbe mit uns. Nur dadurch wird Liebe wirkliches Erkennen, bleibt sie kein Traum. Liebe muß, wenn sie andauern will, auch Vertrauen und Wertschätzung werden. Sie muß also etwas vom Vermögen der Freundschaft erwerben.

Die aus Freundschaft entstandene Liebe hat einen Schritt auf diesem Weg schon hinter sich. Wir kennen unseren Freund, seine Grenzen und seine Tugenden. Wir haben vor allem Vertrauen zu ihm und zu seiner Treue. Sonst wäre er nicht unser Freund geworden. Freundschaft hat eine moralische Substanz. Auf solches Kennen, auf solche stillschweigenden moralischen Sicherheiten kann die im Entstehen begriffene Liebe zählen. Liebe bleibt trotzdem immer auch Unruhe und Furcht, Rührung und Weinen, bleibt jenes unaussprechliche Verlangen, den geliebten anderen in uns zu haben. Aber neben diese ineinander verstrickten Gefühle setzt die Freundschaft das Vertrauen, die wechselseitige Zutraulichkeit und den Respekt vor der Freiheit des anderen. Verliebtheit, die innerhalb einer Freundschaft entsteht, ist also reiner und gelassener.

Widersprüche

25. Der Imperativ der Verführung

1. Wir alle lernen: Verführe, sei erotisch begehrenswert, verführe mehr als alle anderen, verführe alle. Und gleichzeitig: Sei treu, begehr nur den einen Mann, die eine Frau. Auch der Ehemann und der Geliebte wollen, daß ihre Frau verführerisch und schön ist und von allen begehrt wird. Und jede Frau will, daß ihr Mann oder Geliebter der schönste und begehrenswerteste ist. Sie möchte, daß die anderen Frauen ihn begehren. Das Begehren der anderen ist Teil unserer Erotik, es nährt sie. Eigentlich jedoch wollen beide, Mann und Frau, das geliebte Objekt für sich allein. So nehmen sie den Kampf gegen alle auf, denn alle sind aufgefordert, das zu begehren, was sie selbst begehren.

Um begehrenswert zu sein, muß man begehren. Eine Frau kann nicht verführerisch werden, wenn sie nicht verführen will, wenn sie ihr Begehren, und wenn auch nur in Spielform, dem Mann nicht zeigt. Der Mann, aufgefordert, verführerisch zu sein, sieht andere Frauen an und begehrt sie. Um wirklich zu gefallen, muß er zumindest in der Phantasie betrügen. Ein Mann, der andere Frauen nicht begehrt und nicht anschaut, nicht einmal merkt, daß sie da sind, kann nicht verführerisch sein. Die anderen Frauen nehmen sofort wahr, daß er keinerlei erotische Bereitschaft hat. Er mag so toll gekleidet und so reich und liebenswert sein, wie er will, er versprüht kein Fünkchen wahrer Erotik. Denn sein Blick ist zerstreut und abwesend. Seine Worte vibrieren nicht, sind tot. Wenn eine Frau das absolute Monopol über einen Mann will, der allen anderen Frauen wahnsinnig gefällt, dann will sie einen Widerspruch. Folglich kann sie nur entweder einen Mann haben, der den anderen gefällt, ihnen aber eben auch hinterherschaut, oder einen, der gezwungen ist, besessen nur an sie zu denken, aber kaum von Interesse für die anderen ist.

Die Frau kann sich zwischen diesen beiden Polen nie entscheiden, sondern pendelt zwischen ihnen hin und her. Mal drängt sie ihn, begehrenswert zu sein, dann wieder behandelt sie ihn eifersüchtig. Der Mann, der gedrängt wird, begehrenswert zu sein, also andere Frauen zu begehren, lernt seinerseits rasch, daß er das nicht darf, oder daß er es zwar tun kann, aber lügen muß. Es gibt nur zwei Möglichkeiten: Verdrängen oder Lügen.

Andererseits soll auch die Frau gleichzeitig treu und begehrenswert sein. Um begehrenswert sein zu können, muß sie jedoch die Phantasien anderer Männer anregen und ihnen den Eindruck vermitteln, sie könnte ihre Beute sein. Auch sie steht also vor der Alternative: Entweder betrügt sie ihren Mann, wenn auch nur in der Phantasie, oder sie wird streng und häßlich. Ihre Alternative ist also auch nicht sehr anders.

Der der Erotik innewohnende Widerspruch läßt nur zwei Wege offen: den der Verdrängung und den der Heimlichkeit. Und tatsächlich gibt es zwei vollkommen unterschiedliche erotische Kulturen auf der Welt. Die erste gehorcht den Maßstäben von Wahrheit und Verdrängung, die zweite denen der Imagination und der Heimlichtuerei.

In den Hunderten von amerikanischen Büchern über Liebe, Verliebtheit, Sex und Erotik ist keine einzige Seite über Lüge, Verschwiegenheit oder Schweigen, über Heimlichkeiten und Unoffenheiten. Immer und überall wird einem eingeredet, empfohlen oder aufgedrängt, die Wahrheit zu sagen, die ganze Wahrheit, und nichts zu verbergen. Die *Religion der Wahrheit* ist keineswegs neu. Der Beichtvater in katholischen Ländern hatte ebenfalls die Pflicht, auch die verborgensten Gedanken dem Reuigen aus dem Herzen zu reißen. Die Exerzitien sahen vor, daß man auch die winzigsten sexuellen Begierden notierte und mit dem geistlichen Oberhaupt erörterte. Kein Winkel, nicht einmal der entfernteste Winkel der Seele, galt als privat und geschützt vor neugierigen Blicken. Das Auge des Priesters besaß dieselbe Stellung wie das Auge Gottes. Die Psychoanalyse hat ebenfalls eine Religion der Wahrheit geschaffen, indem sie Lüge und Krankheit in Zusammenhang stellt. Wie entsteht denn ein Symptom? Indem man schweigt, indem man sich selbst und den anderen nicht sagt, was man denkt und will. Dadurch wird der Wunsch ins Unbewußte abgedrängt, und von dort aus (wie aus der Hölle des Christentums) nistet er sich ins bewußte Leben ein und stört und zerstört es. Das einzige Heilmittel ist also, sich an das zu erinnern, was vergessen worden ist, das auszusprechen, was nicht gesagt worden ist, das zu gestehen, was man nicht gestanden hat.

In der christlichen Religion wie in der Psychoanalyse muß die Beichte vor einem besonderen Individuum abgelegt werden, in letzterer dem Psychoanalytiker. Damit bleibt sie in gewisser Weise privat und geheim. In Ländern, in denen die Beichte ein Sakrament ist, sind Priester zu strengster Wahrung des Beichtgeheimnisses verpflichtet. Psychoanalytiker sind ihrer professionellen Schweigepflicht unterworfen.

Mit der allgemeinen Verbreitung der Psychoanalyse jedoch hat sich auch der Glaube an die therapeutische Kraft der Wahrheit verbreitet und Einzug in alle anderen gesellschaftlichen Beziehungen gehalten. Vor allem die Amerikaner haben aus der Wahrheit eine Kunst der zwischenmenschlichen Beziehungen gemacht. Sie sind überzeugt, daß diese um so harmonischer werden, je wahrhaftiger sie sind.

Selbstverständlich hat man dieses Postulat durchaus nicht auf alle gesellschaftlichen Bereiche übertragen. Es ist zum Beispiel niemandem eingefallen, es etwa auf wirtschaftliche Transaktionen oder auf die Außenpolitik auszudehnen. Ökonomie ist auch weiterhin ein Bereich, in dem jedermann das Recht hat, die eigenen Angelegenheiten unter Verschluß zu halten. Ein Unternehmen braucht nicht auszuposaunen, welche Pläne es hat, es braucht auch seine Patente nicht der Konkurrenz zu zeigen. Es darf überall da Geheimnisse haben, wo es das für opportun hält.

Außerhalb der Ökonomie jedoch, und vor allem im Bereich von erotischen Beziehungen und Liebesbeziehungen, hat man die totale Wahrheit zur Regel gemacht. Man kann tatsächlich von einer Religion der Wahrheit sprechen, deren Höhepunkt die Theorie der *Intimität* ist. Lillian B. Rubin bringt es auf die Formel: Intimität ist der Wunsch, jede Einzelheit aus dem Innenleben des anderen zu erfahren und ihm die eigenen mitzuteilen.[1] Frauen sind nach Lillian B. Rubin sehr häufig dazu imstande, Männer dagegen nur höchst selten.

Die Religion der Intimität und der totalen Wahrheit sind nicht vorstellbar ohne ein voluntaristisches Konzept von Leben. Wenn alle sich alles sagen müssen, auch die flüchtigsten Gedanken, dann müssen sie sich auch die unangenehmeren Dinge mitteilen, sogar ihren Haß, ihre Verachtung, ihre Mordwünsche.

Möglich ist das, weil die voluntaristische Kultur Zorn, Gereiztheit, Aggressivität und schlechte Laune als Störungen betrachtet, die man beheben kann, als völlig korrigierbare Symptome. Wer solche Gefühle hat, geht zum Psychoanalytiker, und der empfiehlt ihm als erstes, darüber zu reden, um den Grund dafür abzuschaffen. Für die voluntaristische Kultur gibt es zu jedem Gefühl eine Technik, die es in die richtige Richtung lenken kann. Es gibt Techniken, mit denen sich Kummer in Freude verwandelt, Haß in Liebe und Abscheu in Attraktion. In einem voluntaristischen kulturellen System sind Gefühle Objekte des Willens. Sie müssen mit der passenden Technik in Zwecke umgewandelt werden. Selbst die Echtheit des Begehrens wird so zum Zweck. Es gilt der Imperativ: Lerne, echt und spontan zu sein.[2]

In einer solchen Kultur mit ihrer Wahrheitsgläubigkeit kann der Widerspruch der Erotik nur in einer Richtung gelöst werden: durch Verdrängung. Wenn jemand unbedingt weiter verführen möchte, dann muß er sich eben scheiden lassen und allein leben, denn dann gestattet ihm die Moral, soviele sexuelle Beziehungen zu haben, wie er will. Das heißt, da er ja damit zur Gemeinschaft der Singles gehört, wird er dazu sogar ständig gezwungen. Auf eine feste Beziehung allerdings muß er verzichten. Wenn er feste Bindungen will, muß er auf das Singlesein verzichten, also auch auf das Verführen.

Eine voluntaristische Gesellschaft kann keine sehr erotische sein. Sie ist eine Gesellschaft des Alles oder Nichts. Wenn Erotik einen strukturellen Widerspruch beinhaltet, dann ist eine Gesellschaft, die ihn abschaffen, negieren und zum Verschwinden bringen will, gezwungen, eine Doppelmoral zu erzeugen und die Repression zu verschärfen. Die alte puritanische Gesellschaft war da konsequent. Sie forderte nicht: Verführ so viele Männer und Frauen wie möglich. Sie mußte deshalb auch nicht die einen zur Treue und die anderen zur Promiskuität zwingen. Und schon gar nicht mußte sie sich mit der Lüge abgeben.

2. Es gibt nur einen einzigen Fall, in dem der Imperativ der Verführung nicht widersprüchlich ist. Nämlich die Verliebtheit. Die verliebte Frau möchte schön sein, die Schönste der Welt, um dem zu gefallen, der in ihren Augen der Schönste der Welt ist. Und der verliebte Mann möchte allen gefallen, allen anderen Frauen nämlich, um seiner Frau diese Freude zu schenken: wie ein König, der von allen Frauen seines Reiches geliebt wird und sie alle haben kann, aber auf diese Macht verzichtet, und das ist ein Geschenk an die Einzige, die alle anderen in sich aufhebt – die Auserwählte.

Im *status nascendi* der Liebe sind alle Männer und Frauen beseelt von einer außergewöhnlichen Energie. Die Welt scheint zu leuchten und voller Leben zu sein. Alle haben das Gefühl, in direktem Kontakt zu einer immensen, überbordenden Energie zu stehen, zu einer Quelle, die ihre jeweils einzelne Person transzendiert. Der oder die Geliebte schöpfen aus dieser Quelle, sind selbst diese Quelle. Sie sind also mit keinem existierenden Geschöpf mehr vergleichbar. Sie verkörpern die Transzendenz. Damit ist der Widerspruch überwunden. Denn je mehr der Mann die anderen Frauen begehrt, desto mehr kommt er in Wirklichkeit der einen allein näher. Auch wenn er sich nach den anderen umdreht, auch wenn seine Augen vor Lust und Verlangen glänzen, er sieht durch die anderen nur die eine. Der Mann, der sich im *status nascendi* befindet, ist verführerisch. Er macht auf die anderen Frauen den Eindruck, fasziniert zu sein. Er vibriert vor Leidenschaft, er schmachtet vor Leidenschaft. Keine Frau merkt je, daß all das nicht auf sie gemünzt ist. Denn es ist ja doch auf sie gemünzt. Der verliebte Mann hat einen glühenden Blick. Und der ruht tatsächlich auf ihrem Gesicht, auf ihren Brüsten, und läßt sie schaudern. Aber kaum hat er sie gestreift, schweift er weiter. Er hatte nur für einen Augenblick auf der anderen Frau geruht, solange wie ihre Weiblichkeit die Geliebte in ihm wachgerufen hat, weil sie ein

Element von jener verkörperte. Jede Frau hat, insofern sie Frau ist, etwas von der Geliebten. Deshalb liebt der Mann sie alle, weil er nur sie allein liebt. Er will sie alle, weil er nur die eine will. Wie der Dichter, der die Gefühle aller besingt und beschwört, obwohl sein Lied doch nur einer Frau gilt, die es womöglich nicht einmal hört.

Dasselbe passiert auch der Frau, wenn sie sich im *status nascendi* befindet. Dann tritt sie strahlend in die Welt und will gefallen. Es ist, als wollte sie sogar die Luft verführen, das Wasser, die Pflanzen, die Sonne. Verführen heißt, alle Dinge wieder zur Freude erwecken, damit sie ihre Liebe bejubeln und ihren Geliebten freundlich empfangen. Es gibt keinen Betrug mehr und kein So-Tun-als-ob, es ist ein offenes Sonnenlied.

Jetzt haben sie auch keine Geheimnisse mehr voreinander. Es gibt keine Schutzzonen, die man eifersüchtig bewachen muß. Beide haben das unbedingte Bedürfnis, sich alles zu sagen, um ihre vergangenen Leben zu verflechten und ihre Begierden zu verschmelzen. Um zu erkennen, wo sie verschieden sind, und sich die Verschiedenheit anzueignen und zu lieben. Im *status nascendi* verschwinden alle Aporien. Wer liebt, ist gleichzeitig völlig frei und gefesselt. Wer liebt, ist völlig altruistisch und völlig egoistisch, denn er will das Liebesobjekt ganz für sich. Deshalb verführt er alle, um nur den Geliebten zu verführen. Im *status nascendi* der Liebe identifiziert sich der Verliebte mit dem ganzen Kosmos und besingt, indem er den Kosmos besingt, die Schönheit des Geliebten. Indem er dem Kosmos gefällt, gefällt er dem Geliebten.

Aber einzig und allein in diesem Zustand verschwindet der Widerspruch. Wenn er endet, wenn wieder ausgewählt wird, also eine Institution entsteht, dann kann man nur noch so *oder* so sein. Und je weiter man sich vom Feuer jenes Zustands entfernt, je normaler, alltäglicher die Beziehung, je mehr von Nützlichkeit und persönlichem Zusammenleben sie reguliert wird, desto unversöhnlicher wird der Widerspruch.

Im streng voluntaristischen System knallen die Widersprüche total aufeinander und erlauben keinerlei Vermittlung, denn Gefühle gelten als gewollt, das heißt, sie sind einzig und allein Institution. Hier ist jemand nur dann völlig frei, wenn er das lieben kann, was er *beschlossen* hat zu lieben. Das jedoch ist das krasse Gegenteil der Verliebtheit, bei der man sich, wenn man liebt, frei fühlt, indem man nur seiner Berufung und seinem Schicksal nachkommt. Deshalb muß im Voluntarismus der Befehl »geh verführen« in Widerspruch mit dem anderen Befehl »lieb nur mich« treten. Beide sind Befehle des Willens.

Dennoch wird genau die überschwengliche Erfahrung der Verliebtheit zur Rechtfertigung der Wahrheitsgläubigkeit herangezogen. Denn gerade die Verliebten, gerade diejenigen, die sich wirklich lieben – so sagen die Priester jenes Glaubens –, sagen sich ja die Wahrheit. Tun sie das nicht, ist ihre Liebe nicht vollkommen. Wer sich liebt, muß also, wenn er eine wirkliche und vollkommene Beziehung will, die Wahrheit sagen.

Dieser Syllogismus ist ein typisches Beispiel dafür, wie der Voluntarismus Gefühle transformiert. Wenn man sich im *status nascendi* der Liebe die Wahrheit sagt, sich gegenseitig Beichten ablegt, dann kommt das aus einer inneren Notwendigkeit und ist ein souveräner Freiheitsakt. Der *status nascendi* duldet keine andere Verpflichtung. Oder besser gesagt: Alles ist Pflicht, weil alles Lust ist. Weil Pflicht mit Trieb und Leidenschaft zusammenfällt. Man sagt sich die Wahrheit, weil einem das gefällt und weil man sich in ihr verwirklicht. Nicht weil es Pflicht oder Zweck ist. Der *status nascendi* gehorcht niemandem. Deshalb könnte man in diesem Zustand sogar lügen, und es würde nichts ändern. Und tatsächlich lügt man sich manchmal an, aber dann gesteht man sich die Lügen. Oder man schweigt. Und es ist egal.

Das voluntaristische System nimmt Verliebtheit, um darin eine Qualität dingfest zu machen, die es dann verhärtet und zur Tugend ummünzt, und wenn es diese Qualität in einer anderen Beziehung findet, dann erklärt es jene andere zur Verliebtheit. So gelten dann zwei Gatten, bloß weil sie sich dauernd die Wahrheit sagen, als »verliebter« als zwei Leute, die das nicht tun.

3. Dadurch, daß das voluntaristische System den vollkommenen Zustand der Verliebtheit verwirklichen will, zerstört es ihn gerade. Weil es die Wahrheit auf Dauer stellen will, produziert es dauernd Lügen. Denn es kann nur lehren, daß man Verliebt-

heit fingieren und inszenieren soll. Verliebtheit ist ein instabiler Zustand, er neigt dazu, zur Institution oder zur Gewohnheit zu werden. Das Moment der Begeisterung und der Kreativität ist zeitlich begrenzt. Also steht der Voluntarist vor einem Dilemma: Was macht er, wenn die Leidenschaft matter und der Zauber Alltag wird? Soll er sich scheiden lassen, bloß weil er feststellt, daß er nicht mehr total und leidenschaftlich und wahnsinnig liebt? Oder soll er zum Analytiker gehen, damit der ihn heilt und er die verlorene Leidenschaft wiederfindet?

Im ersten Fall würden die meisten Paare sofort auseinanderfallen. Die Gesellschaft würde, da Verliebtheit letzten Endes eine Ausnahmeerscheinung ist, bald fast nur noch aus Geschiedenen bestehen, aus für Liebesglück »Untauglichen«.

Bleibt der zweite Weg: Man lernt, ständig verliebt zu sein, man zwingt sich dazu, man fingiert es. Ein Paar merkt, es liebt sich nicht mehr oder nicht mehr genug, und greift zur passenden Technik, um sich die Standardverliebtheit nach Vorschrift zurechtzubasteln. Es gibt ja Tausende von Therapiehandbüchern, die einem beibringen, wie man sich auf erwachsene Weise und zutiefst oder auch romantisch liebt. Die Leute lesen sie und halten sich daran, bis sie irgendwann nicht mehr können, bis sie vor Müdigkeit und Übelkeit am liebsten schreien möchten. Und dann lassen sie sich scheiden. Allerdings mit dem klaren Ziel: Es mit der nächsten Liebeserfahrung inklusive Dauerglück zu versuchen. Da die aber oft ebenfalls badengeht, muß man wieder an die Arbeit, an die harte Arbeit des Verliebtseins.

Wenn man davon ausgeht, daß solche Paare wenigstens am Anfang verliebt sind (was in Wirklichkeit absolut nicht der Fall ist), dann ist in einer voluntaristischen Gesellschaft Glück, Liebe oder »Verliebtsein« einfach das Ergebnis einer Willensanstrengung. Eine Inszenierung. Die voluntaristische Gesellschaft will die ganze Wahrheit, aber dann kommt der Zwang, einen Zustand der Verliebtheit vorzuführen, den man nicht empfindet. Erfolg hat nur, wer sich selbst total betrügt, das heißt, wer sich so geschickt selbst belügt, daß er am Ende nicht mehr merkt, daß er lügt, und völlig blind wird. Die Liebeskunst wird damit zu einer Rolle, bei der man am Ende nicht mehr weiß, was man da eigentlich spielt.

Erotik ist nur möglich, wenn man diesen totalitären Imperativ abschafft. Und zwar auch schon in jenem außergewöhnlichen Zustand der Verliebtheit, indem man alle Regeln ablehnt, alle Zwänge und Kriterien, alle Tests und Urteile, die von außen kommen. Erotik besteht aus Worten *und* Schweigen, aus Offenheit *und* Heimlichkeit, aus Energie *und* Kraftlosigkeit. Sie hat ihre eigenen Rhythmen wie alles Lebende, wie der Atem, und sie verdirbt unter der kalten Herrschaft des Denkens und der Peitsche des Willens.

26. Verführung und Wahrheit

1. In der Erotik herrscht also ein Konflikt zwischen Spontaneität und Inszenierung, zwischen Liebe und Verführung. Sowohl Frauen als auch Männer lernen sehr früh, manchmal schon als Kinder, daß reine, aufrichtige Liebe ohne Eigeninteressen nicht reicht, um das Interesse des Geliebten zu wecken. Jugendliche stellen fest, daß das Mädchen, in das sie so verliebt sind, buchstäblich die Nase voll hat von ihrer Liebe, ihren Seufzern und ihrem Zögern. Wer verliebt ist, wird schüchtern und rücksichtsvoll. Wir beten die geliebte Person an, wir wagen nicht einmal, sie mit einer Hand zu streifen. Wenn sie nein sagt, sind wir gelähmt und trauen uns nicht, ihren Widerstand zu durchbrechen und aus ihrem Nein ein Ja zu machen. Ein verliebter Junge muß oft mitansehen, wie sein Mädchen sich lieber mit einem anderen abgibt, der kecker und beliebter ist, sie zum Lachen bringt und sie gut unterhält – jemand mit einem Luxusschlitten oder irgendein toller Sportler – oft genug jemand, der sie gar nicht liebt, der aber die Techniken des Verführens beherrscht. Nachdem er diese Erfahrungen gemacht hat, versucht auch unser Junge, die Frauen »richtig« zu behandeln. Er wird sie nicht mehr irritieren mit seiner Schüchternheit oder seinem Schamgefühl, und er wird sich auch nicht mehr zurückhalten lassen, wenn sie ihm Ablehnung signalisiert. Er wird lernen, die weibliche Sprache der Einladung zu entziffern. Aber er wird sich merken, daß Frauen in Wirklichkeit wahre Liebe gar nicht

schätzen, sondern höchst empfänglich sind für den Reiz des Reichtums und den Zynismus des Verführers, und daß sie sich davon entwaffnen lassen.

Frauen machen eine ähnliche Erfahrung, aber sehr viel intensiver. Liebe, aufrichtige, reine, totale Liebe ist für sie viel wichtiger. Sie ist integraler Bestandteil ihrer erotischen Phantasien. Das Begehren der Frau ist nicht einfach durch irgendjemanden, mit irgendeinem Orgasmus zu befriedigen. Mehr noch als dem Mann ist einer Frau klar, wie wichtig die Erscheinung und der Zauber sind, die Fähigkeit, Blicke, Bewunderung und Begehren auf sich zu ziehen. Frauen erleben, daß gerade die intelligenteren und stärkeren Männer in Wirklichkeit nur allzu leicht zu entwaffnen sind durch Schmeicheleien, Provokationen und Getue von Frauen, die nur durchschnittlich schön, aber eben freizügig sind. Das verliebte Mädchen stellt mit Entsetzen fest, daß der Mann, den sie liebt, eine grell gekleidete Prostituierte begehrt oder sich übers Ohr hauen, einfangen und um den Finger wickeln läßt von einer anderen, die ihn überhaupt nicht liebt, sondern nur ein Spielchen mit ihm treibt. Und daß er nicht einmal merkt, wie albern, aber elementar diese Tricks sind, die die Frau da benutzt. Spielchen, die auch die verliebte Frau kennt, die jedes kleine Mädchen schon beherrscht, nur der Mann eben nicht. Deshalb bekommt sie den Eindruck, daß er gleichzeitig klug und dumm ist, völlig hilflos und zerbrechlich und dennoch auch gierig wie ein wildes Tier.

In ihrem tiefsten Innern ist die Frau zerrissen von Angst, daß die wahre, aufrichtige, schlichte Liebe sich nicht lohnt, weil der Mann nur für die Manipulationstricks der Frau empfänglich ist. Und jedesmal, ihr Leben lang, steht die Frau vor einem Dilemma: Welchen Weg nehme ich – den naiven der aufrichtigen Gefühle oder den der Manipulation?

Dieses Dilemma ist Dauerthema der rosaroten Schnulzen. Die Heldin ist verliebt, sie hat den Mann gern, sie ist aufrichtig. Die Rivalin nicht. Die Rivalin will den Mann der Heldin aus Stolz oder aus einer Laune heraus, oder sie will geheiratet werden und bietet dafür all ihre Verführungskünste auf. Der Mann merkt so etwas nicht. Er hält die Inszenierung für Aufrichtigkeit und das Ergebnis langwieriger Kalküle für unerwartete

Spontaneität. Rosarote Romane sind von Anfang bis Ende Dramatisierungen dieses Problems. Die Frau, die zu verführen versteht, gewinnt immer, weil der Mann nicht unterscheiden kann zwischen Aufrichtigkeit und Betrug. Er kann den Manövern einer klugen, skrupellosen Frau nicht ausweichen.

Vergessen wir nicht, daß die erotische Begegnung für die beiden Geschlechter verschiedene Bedeutung hat. Die Frau kann nur schwer begreifen, daß ein Mann sie reizvoll findet, ohne gefühlsmäßig beteiligt zu sein. Die Rivalin, die einer anderen Frau den Mann wegnimmt, zerrt ihn also im Grunde nur ins Bett. Aber der liebenden Frau erscheint so etwas als totaler Verlust, denn für sie sind Ins-Bett-Gehen und Lieben ein und dasselbe. Sie weiß zwar, daß es da Unterschiede gibt, aber nur mit dem Kopf, nicht mit dem Instinkt und dem Gefühl. Ein erotischer Erfolg der Rivalin wird kurzerhand zum Liebeserfolg. Auf diese Phantasien nimmt der rosarote Roman Rücksicht. Der Geliebte wird nie wirklich mit der Rivalin ins Bett gehen. Nie, auch nicht ein einziges Mal.

2. Ein Verliebter ist gelähmt durch die Liebe selbst, er wird schüchtern und unfähig, die Verführungskünste einzusetzen, die er kennt. Wirkliche Liebe entwaffnet. Andererseits will er aber gerade dann die geliebte Person verführen, und zwar verzweifelt. Besonders eine Frau weiß, daß die nächstbeste geschicktere Rivalin ihr den Geliebten abspenstig machen kann. Also überlegt sie gut, wie sie sich verhält. Sie nimmt seinen Geschmack und seine Wege genau unter die Lupe, inszeniert »zufällige« Begegnungen, hat »zufällig« die Frisur, von der sie denkt, die mag er am liebsten. Aber trotz all solcher Inszenierungen und Kalküle – wenn sie wirklich verliebt ist, ist sie äußerst verwundbar. Sobald sie ihn mit einer anderen reden sieht oder er nur zerstreut ist, verfällt sie in krisenhafte Trostlosigkeit.

Eine verliebte Frau ist sehr ungeschickt in der Kunst der Verführung. Sie kann sich zwar sehr gut schön machen und angenehm und sanft sein. Aber mehr will sie eigentlich gar nicht, denn wahre Liebe verlangt doch, daß der andere sie aus freien Stücken wählt. Von den beiden archetypischen Figuren, dem schönen schlummernden Dornröschen und der Zauberin, nimmt sie die erste zur Identifikation. Am liebsten würde sie mit geschlossenen Augen und regungslos auf den Kuß des Geliebten warten und dann mit ihm davonreiten. Und weil sie diesen Wunsch nach Passivität hat und zögert, muß die verliebte Frau jedesmal, wie schon so oft, seit sie ein kleines Mädchen war, davor zittern, daß irgendeine Rivalin anrückt und ihr gefährlich wird – ohne etwas tun zu können, ohne auch nur ihren Geliebten zu warnen. Was sollte sie ihm denn auch sagen? »Nimm dich vor der und ihren Intrigen in Acht!« Er würde ihr nicht glauben, sondern behaupten, sie sei bloß eifersüchtig. Die uralte Legende sagt, daß eine Hexe sich nicht verlieben kann, denn wenn sie das tut, büßt sie ihre Macht ein. Circe und Alcina bewirken zwar den unfehlbaren Zauber, der den Mann gefangensetzt. Aber das können sie eben nur, weil sie nicht verliebt sind.

3. Und noch aus einem zweiten Grund lebt die Frau in einem besonders heftigen Konflikt zwischen dem Wunsch, um ihrer selbst willen geliebt zu werden, und der Notwendigkeit zu manipulieren. Wie wir gesehen haben, spannt sich ihre Erotik zwischen zwei Polen, einem individuellen und einem kollektiven. Ihre kollektive Erotik wird angesprochen von einem Mann, der im Zentrum einer Kollektivsituation steht. Vor allem, wenn es in dieser um konkrete und direkte Interaktion geht: Um Schauspieler auf der Bühne, Rockstars oder Sänger, Gurus oder charismatische Führer aller Art. In all diesen Fällen trifft eine Frau keine persönliche Wahl, sondern läßt sich vom kollektiven Schub hinreißen, begehrt erotisch, was von allen – vor allem von den anderen Frauen – bewundert, geliebt und angebetet wird.

Dieser individuell-kollektiven Polarität entsprechen Passivität und Aktivität teilweise. Der Star, Führer oder Held wird von vielen Frauen begehrt. Um ihn zu bekommen, muß die Frau sich aus der anonymen Masse herausheben, muß den Blick und die Aufmerksamkeit auf sich lenken, muß an ihn herankommen und seine Neugier erregen. Dornröschen hat in einer Kollektivsituation keine Chance. Der kollektive Prinz kommt ja nicht vorbeigeritten, er sitzt auf seinem Thron und hat die begeistert klatschende Masse seiner Bewunderinnen unter sich. Wer bemerkt und als Individuum wahrgenommen werden möchte, muß also zwischen sich und den anderen einen Unterschied schaffen. Muß die eigene Andersartigkeit als Wert hervorheben.

Das ist ähnlich, wie wenn sich mehrere Männer um eine außergewöhnlich schöne Frau bemühen. Erfolgreich den Hof macht ihr nur der, der sich als andersartig durchsetzen kann. Zum Beispiel weil er gut und interessant reden kann, weil er sie gut unterhält und neugierig macht, weil er schafft, ihr klarzumachen, welchen Status und welche Macht er hat. Wer sich nicht regt, sondern verzaubert vor sich hinträumt, bleibt – trotz all seiner Tugenden – höchstwahrscheinlich erfolglos. Die Schöne wird ihn gar nicht bemerken. In beiden Fällen also bedarf es der Klugheit, der Inszenierung und einiger Tricks.

Zwischen der kollektiven weiblichen Erotik und der manipulatorischen, intriganten Art der Verführung gibt es eine enge Verbindung. Was kollektiv ist, hat unlösbare Bande mit der Macht und dem Machtkampf. An Höfen und überhaupt in einer Adelsgesellschaft wie etwa der französischen des achtzehnten Jahrhunderts war Verführung ein potentes Instrument sozialer Durchsetzungskraft, bedeutend für das Prestige und sogar für die Revolte. Eins der faszinierendsten Bücher über die Verführung ist Pierre Choderlos de Laclos' Briefroman *Gefährliche Liebschaften*. Zwei »Libertins«, die Marquise von Merteuil und der Vicomte de Valmont, verbringen ihre Zeit vor allem damit, mit den Gefühlen anderer Leute so zu spielen, daß jene entweder zu Sklaven oder in den Ruin getrieben werden. Sie machen sie auf raffinierteste Weise in sich verliebt und nutzen die Macht der Liebe psychologisch geschickt aus. Sie tun das aus schändlichen Motiven, entweder weil sie sich an jemandem rächen wollen oder einfach weil sie eine Wette gemacht haben, und der Hof amüsiert sich auf Kosten der armen Arglosen, die darauf hereingefallen sind.

Ein Verführer darf also keine aufrichtigen Gefühle haben, er darf immer nur so tun als ob. So ein Spiel ist besonders schwer für eine Frau, die zwar verführen muß, aber gleichzeitig ihren Ruf als tugendhafte, untadelige Dame zu wahren hat. In einem der Briefe schreibt die Merteuil an Valmont: »Vor allem lag mir daran, in den Ruf der Unbesiegbarkeit zu kommen, und ich machte das so: Mit den Männern, die mir gar nicht gefielen, tat ich so, als ob sie etwas von mir erwarten könnten, was sie natürlich nie bekamen – so hatte ich in ihnen die lautesten Verkünder meiner Uneinnehmbarkeit, während ich mich sorglos meinem erwählten Geliebten hingab. Den aber hatte ich mit meiner vergeblichen Ängstlichkeit so weit gebracht, daß er sich nie in der Gesellschaft, in der ich verkehrte, oder in meiner zeigen durfte, so sahen und kannten alle nur den schmachtenden, unglücklichen Verehrer.«[1] Sie verschafft sich außerdem immer irgendein kleines Geheimnis, das die glücklichen Liebhaber hüten, damit sie ihr nicht gefährlich werden können, sondern sie sie in der Hand hat. Allen redet sie ein, sie seien ihre einzige Liebe gewesen, und gibt sich hellauf empört über die Vorstellung, irgendjemand möchte das bezweifeln. All das verlangt natürlich eiserne Disziplin: »War es mir schlecht zumute, so bemühte ich mich um den Ausdruck der Zufriedenheit, ja selbst der großen Freude – ich ging im Eifer so weit, mir absichtlich Schmerz zu bereiten, um während dieser Zeit den Ausdruck der Freude zu studieren. Und mit derselben Sorgfalt habe ich an mir gearbeitet, den Ausdruck der Überraschung über eine erwartete Freude zu bekämpfen.«[2] Also kann sie stolz vermelden: »Wenn Sie mich aber gesehen haben, wie ich über Ereignisse und Meinungen disponiere, diese so sehr gefürchteten Männer zum Spielzeug meiner Launen mache, dem einen den Willen, dem anderen die Macht, mir zu schaden, nehme, wie ich sie mir einen nach dem anderen und nach meinem wechselnden Geschmack erobere oder fernhalte, und doch inmitten dieser fortwährenden Revolutionen mein Ruf sich rein erhalten hat – haben Sie daraus nicht geschlossen, daß ich geboren bin, um mein Geschlecht zu rächen und das Eure zu beherrschen, daß ich mir die Mittel dazu schuf, unbekannt bis auf mich?«[3]

4. Die adlige Welt des achtzehnten Jahrhunderts existiert nicht mehr. Kein Mann büßt mehr seinen Ruf ein, weil eine Frau sich ihm verweigert, keine Frau ist gesellschaftlich erledigt, weil sie sich an einen Libertin verschenkt. Aber die Mechanismen von Verführung und Manipulation, die kalte Sezie-

rung der Gefühle anderer, um zu begreifen, wie sie handeln und wie man auf sie einwirken kann, das gibt es heute noch. Allerdings nicht mehr so zynisch und grausam, dafür aber etwas mehr im Verborgenen. Es bleibt – trotz Feminismus und mehr Gleichheit – ein Kampf- und Schutzinstrument von Frauen. Männer sind immer verblüfft, wenn sie hören, wie Frauen sich über das Privatleben gemeinsamer Freunde oder Bekannter äußern. Männer kennen im allgemeinen nur deren Berufsverhalten. Frauen dagegen wissen genau über ihr Verhalten in der Intimsphäre Bescheid. Sie wissen, der und der hat eine Geliebte, sie wissen sogar, wann die beiden sich kennengelernt haben und wie sie ihn umgarnt hat, wie sie angezogen war, als sie sich zum ersten Mal trafen, wo sie gegessen haben und wer sich wie danebenbenommen hat. Für Männer ist es schon höchst verblüffend, so etwas überhaupt zu wissen. Aber was sie vollends durcheinanderbringt, ist, wenn Frauen all das auch noch beschreiben, als wäre es nur künstliches Getue: Was er vorhat und was sie vorhat, ihre Kniffe, ihre Kalküle, ihre kleinen Fehler und wie sie sie behoben hat.

Manche Frauen können nach dieser Methode das Liebesleben einer ganzen Stadt auseinandernehmen. Und einige wenige dieser Klatschspezialistinnen sind weltberühmt geworden, wie etwa Elsa Maxwell. Weniger selten sind Schriftstellerinnen, die in ihren Romanen gesellschaftliche Milieus so nachbauen. Zum Beispiel Jackie Collins in ihren *Frauen von Hollywood*.[4] Angesichts solcher unbarmherzigen Analysen wirken auch die edelsten Gefühle wie schlichte Naivität und werden die berühmtesten Männer zu tolpatschigen, impotenten Blaßnasen, also stets und ständig Beute gerissener Füchsinnen, die schon vor langer Zeit die Fallen aufgestellt hatten, in die jene dann tappen. Beim vertraulichen Klatsch werden alle Leute entweder zu Manipulierern oder zu Manipulierten. Menschliche Erotik und Gefühle werden zum Horrorkabinett.

Klatsch erweckt immer den Eindruck totaler Promiskuität. Tatsächlich leben die Frauen, die über Liebe und Sex anderer Leute bestens informiert und über alle Vertraulichkeiten unterrichtet sind, innerhalb einer großen erotisch promisken Gemeinschaft. Deren Promiskuität ist zwar heuchlerisch und blüht im Verborgenen, und die Frauen verurteilen sie auch, aber sie sind auch zweifellos deren Komplizinnen.

5. Rosarote Schnulzen sind das Gegenteil des Intimklatschs. In ihnen zahlen sich Intrigen nie aus. Die Rivalin, die ja immer skrupellos manipuliert, gewinnt zwar hundert Schlachten, verliert aber am Ende doch den Krieg. Schnulzen handeln nicht, wie wir gesehen haben, vom Prozeß des Sich-Verliebens, sondern von den Ängsten der Frau, der die Liebe begegnet. Im Verlauf eines solchen Romans wird dann bewiesen, daß die Ängste gar nicht nötig sind, beziehungsweise daß sie überwunden werden können.

In einer Welt aus lauter Intrigen muß die Person, die aufrichtig verliebt ist, die das Glück des Geliebten will und weder lügen will noch kann, den kürzeren ziehen – im rosaroten Liebesroman nicht. Also kann sich jede Frau identifizieren mit der Verliebten, die nicht verführt, weil sie es nicht kann und nicht will, und die deshalb sowohl der Rivalin als auch dem Unverständnis des Mannes ausgeliefert ist. Das ist eine höchst beängstigende, ja lähmende Situation. In der Schnulze zeigt sich die Angst in den Krisen, in denen die Heldin so gern reden, alles erklären und den Mann warnen möchte, aber völlig aus der Fassung gerät, kein Wort mehr herausbringt und davonläuft; in denen sie nicht kämpft, sondern auf alle Konkurrenz verzichtet.

Und dennoch gewinnt sie – jedenfalls im Roman. Die Liebe bricht sich von allein Bahn, ohne Worte und ohne Inszenierung, einfach aus innerer Kraft, und sie besiegt Verführung und Intrige.

Schnulzen zeigen also das Dilemma auf, vor dem die Frau steht, den doppelt widersprüchlichen Imperativ, der sie zerreißt: Benutz Kunstgriffe, sei echt. Am Ende siegt das »Echte« – die Gutgläubigkeit, die Einfachheit, das Schweigen, das Gute. Aber leicht ist der Sieg nicht. Immer wieder gewinnt das künstlich Inszenierte die Oberhand. Nie ist die Lage ungefährlich. Auf dem Pfad der Echtheit gerät die Heldin ständig wieder an den Rand des Verlustes.

Schnulzen haben also eine Moral: Es braucht viel Mut, um aufrichtig zu bleiben und den Verlockungen der Manipulation, der Erpressung und der Macht zu widerstehen. Aber nur ein reines Herz findet die wahre Liebe. Der Einsatz ist furchtbar hoch, aber der Preis ist auch erlesen.

27. Erotik und Moral

1. Der Mann kennt kein solches Dilemma der Verführung wie die Frau. Er kennt nur die Spannung zwischen Liebe und Sex, Treue und Promiskuität, Verantwortlichkeit und Spielerei.

Der Mann braucht Liebe und emotionale Sicherheit zutiefst. Ohne Sicherheit bekommt er Angst, sein erotisches Verlangen schwindet. Aber trotzdem fällt es ihm immer sehr schwer, all seine Erotik auf eine einzige Person zu lenken, selbst wenn er diese Person gern hat und sie braucht, und selbst wenn er absolut verliebt in sie ist. Daß er zwischen Sexualität und Liebe immer trennen kann, bringt ihn häufig in ausweglose Situationen.

Ich will ein Beispiel dafür zitieren. Wenn Kinder in der Wohnung sind, verliert der Mann oft eine bestimmte, für Verliebte und Liebende typische, »verrückte« erotische Lust. Denn es bedeutet, daß er sich bremsen und seinen Trieb verbergen muß, daß er bestimmte Rhythmen einhalten und stillhalten muß. Er darf nicht explodieren, darf nicht in der häuslichen Sphäre plötzlich dionysische Exzesse veranstalten oder das glückselige Paradies errichten, er darf nicht total und ausschließlich verschmelzen wollen mit der Frau – es tritt immer etwas dazwischen. Männliche Erotik ist zwar diskontinuierlich, aber in den großartigen Phasen ist sie auch totalitär; sie gestattet keine Störung. Das alltägliche Zusammenleben mit seiner Wohlerzogenheit und seinen Zeitstrukturen, mit seiner Sittlichkeit und irgendwelchen indiskreten Augen, verhindert, daß es einen abgeschiedenen Bereich gibt, in dem Schauder und Geheimnisse sein dürfen. Es zerstört vor allem die Distanz und die Differenz, also alles, was für den Mann Erotik zu Erotik und zu nichts anderem macht.

Frauen haben viel weniger das Bedürfnis nach Abgeschiedenheit und Besonderheit. Zuneigung, Zärtlichkeit, Emotionalität und Erotik gehören zusammen. Sie sind keine Gegensätze, sondern verstärken sich gegenseitig. Die Schwangerschaft zum Beispiel ist für viele Frauen eine Bereicherung ihrer Liebe zum Mann. Sie erwarten, daß er ihre neue Schönheit wunderbar findet, und leiden, wenn er das nicht tut. Für viele Frauen ist die Geburt eines Kindes die Krönung ihrer Liebe. Manche fühlen sich erst richtig verliebt, wenn sie Mütter geworden sind.[1] All das gehorcht den Gesetzen der Kontinuität und des Wachsens. Eine Mutter findet es völlig natürlich, ihr Baby ins Bett zu holen, es zu liebkosen und an die Brust zu drücken, um dem Mann zu zeigen, daß sie ihn jetzt noch mehr liebt. Sie erwartet auch, daß der Mann ein Kavalier ist und ihr einen Blumenstrauß schenkt. Es kommt ihr gar nicht in den Sinn, daß er lieber eine andere Erotik hätte, eine, die sich ausschließlich auf ihn richtet. Auch ein Mann kann durchaus gerührt sein, wenn er den zarten Körper eines Babys anfaßt, aber diese Rührung hat keinerlei Bezug zu dem Verlangen, das er in seinem Körper verspürt, wenn eine Frau ihn erregt, keine Ähnlichkeit mit den Stichen in seinem Magen und in seinem Becken. Die Beziehung zu seiner Frau und seinem Kind läßt eine andere Art von Liebe in ihm heranreifen, eine von Pflichten und Verantwortung durchsetzte Liebe. Und das ist etwas, was das Männchen der Gattung Mensch erst lernen mußte im Laufe der Jahrmillionen seiner Menschwerdung, seit der Mann als Jäger und Krieger sein Territorium, also auch die unbewaffneten Frauen und Kinder verteidigen mußte.

Diese Liebe ähnelt der Mutterliebe, aber ihr fehlt deren Sinnlichkeit und Körperlichkeit, und vor allem hat sie nichts Erotisches. Sie ist wachsam und voller verborgener Fürsorge und Aufmerksamkeit. Eine Liebe, die sich nicht in Liebkosungen ausdrückt, sondern in Taten, in der Verteidigung gegen Gefahren von außen; eine Liebe also, die nichts mit Distanz zu tun hat und keine körperliche Nähe, keine Berührung braucht. Eine solche Liebe wächst beständig im Laufe der Jahre einer Ehe, mit der Geburt von Kindern, überhaupt mit dem Leben. Sie setzt sich zusammen aus gemeinsamen Erinnerungen und gemeinsamen Kämpfen gegen alle möglichen Widrigkeiten und ist durchsetzt von geistiger und spiritueller Intimität und Gesprächsgewohnheiten. In ihr wird die Ehefrau zur »besseren Hälfte«, wie man früher sagte.

Aber diese wahre, tiefe Liebe kann sehr wohl völlig unerotisch sein. Der Mann kann eine Frau wirklich tief lieben, sie kann ihm unersetzbar sein, aber er empfindet ihr gegenüber keinerlei erotischen Reiz oder sogar Ekel. Also schläft er mit allen anderen Frauen dieser Welt, nur mit der einen nicht, oder wenn er auch mit ihr schläft, dann weil er sich dazu zwingt, aus Pflichtgefühl. Geht er aus dem Haus oder auf Reisen, kann er nicht anders, als seine Frau mit den anderen zu vergleichen, und je mehr er die anderen ansieht, desto häßlicher findet er seine und schämt sich ihrer. Daß er sie schätzt und anerkennt, daß er ihr zugeneigt ist, steht überhaupt nicht in Frage. Er bewundert sie auch weiterhin für ihre ungewöhnlichen geistigen oder moralischen Qualitäten, für ihre Großzügigkeit, ihre Opferbereitschaft und ihren Mut. Er findet ihre Ratschläge weiterhin wertvoll und reist auch gern mit ihr. Er möchte ihr vor allem nicht wehtun, er leidet darunter, daß sie ihm so gleichgültig ist und hat Schuldgefühle deshalb.

Dieser Gefühlswirrwarr gehört zur Liebe. Ein Mann ist überzcugt, scinc Frau zu lieben, aber sie ist ihm erotisch fremd, sie kann seine erotischen Bedürfnisse nicht befriedigen. Und deshalb bleiben sie wach wie der Hunger, der Durst, und er wird von ihnen zerrissen.

Diese Art von Zerrissenheit kennen Frauen nicht. Für sie sind Liebe und Erotik ein Zwillingspaar. Wenn sie an einem Mann jegliches erotisches Interesse verlieren, dann weil sie ihn in Wirklichkeit nicht mehr lieben. Sie wollen ihn am liebsten nicht mehr sehen. Wenn sie ihn aber noch lieben, dann erwarten sie auch weiterhin von ihm irgendeine romantische Geste, eine Liebkosung, eine Umarmung, irgendeine liebevolle Aufmerksamkeit, denn für sie ist das Erotik. Für den Mann ist Erotik etwas ganz anderes. Daß er sich wie ein Kavalier benimmt, ihr Blumen mitbringt, sie liebkost, das ist keine Erotik. Erotik ist ein Bereich für sich, großartig und peinigend, immer ersehnt und immer flüchtig, etwas, das beständig auftaucht und wieder verschwindet – wie ein Wunder.

Das Drama des Mannes besteht also darin, eine bestimmte Person zu lieben, aber eine andere zu begehren und das als *Schuld* zu empfinden. Eine nicht zu sühnende Schuld, eine Ursünde, und der Mann versucht, sie zu lindern, indem er noch verantwortungsvoller, noch fürsorglicher und noch pflichteifriger wird. Aber vergebens – denn das hatte ja niemand von ihm gewollt. Gewollt war vielmehr, daß er zwei Dinge zusammenbringt, die für ihn seltsamerweise getrennt sind. Dieser Konflikt ist der Grund für all die Selbstdisziplin, die Männer sich seit der Antike abringen. Für die Selbstbeherrschung und sexuelle Unterdrückung, die sie für so verdienstvoll halten. Wir sind wieder am Punkt: Bei der Frau gehen Erotik und Moral Hand in Hand, beim Mann nicht.

2. Wilhelm Stekel hat belegt[2], daß Frauen frigide werden, wenn sie sich nicht mehr geliebt und aufmerksam beachtet fühlen. Wenn sie den Eindruck haben, man mag sie nicht mehr und weist sie zurück. Nun hat auch der Mann durchaus das Bedürfnis, erotisch angeregt zu werden, er braucht ebenfalls das sexuelle Begehren und die sexuelle Anerkennung durch die Frau. Aber sein eigenes Begehren schrumpft durch Wiederholung und muß durch Andersartigkeit genährt werden. Diese allgemeine Regel bestreitet natürlich jeder Mann sofort, weil er seiner geliebten Frau ja gefallen möchte, aber sie ist trotzdem wahr. Selbst wenn er gerade wahnsinnig verliebt ist, braucht ein Mann gelegentlich erotische Phantasien, in denen er mit anderen Frauen schläft oder seine Frau mit anderen Männern. In der Verliebtheit haben solche Phantasien den Sinn, alle Erinnerungen und abgespaltenen Gefühle auf die Geliebte zu richten und anderweitig gebundene erotische Energie auf sie zu konzentrieren. Dadurch wird die Geliebte alle Frauen dieser Welt und wird der Mann zur selben Zeit alle Männer, die sie je gehabt hat.

Daraus ergibt sich eine entscheidende Konsequenz. Eine Frau, die sich in der Ehe oder im Zusammenleben zärtlich und hingebungsvoll geliebt und mit Aufmerksamkeit bedacht fühlt, ist erotisch völlig befriedigt. Mehr noch, sie wird erotischer. Einen Mann regen solche Dinge nicht an. Im Gegenteil, eine Welt aus lauter Zärtlichkeit und Fürsorge, aus lauter liebevoller

Ausschließlichkeit und gemächlichen Gewohnheiten, kann für ihn das reine Gefängnis werden; all seine Erotik geht kaputt, ihm wird übel, er wird impotent. Wenn die häufigste Ursache für die Frigidität der Frau die Unsensibilität und Brutalität des Mannes ist, dann ist eine häufige Ursache der Impotenz des Mannes die besitzergreifende Liebe der Frau.

3. Das besondere Drama des Mannes drückt sich aus als *Schuldgefühl.* Wenn eine Frau beschließt, mit einem anderen Mann eine erotische Beziehung anzufangen, hat sie in der Regel keine Schuldgefühle. Denn wenn sie das tut, fühlt sie sich emotional angezogen und liebt oder fängt an zu lieben. Wird aus einer solchen Affäre eine tiefere erotisch-amouröse Bindung, dann will sie den betreffenden Mann ganz für sich und erträgt keine der früheren Bindungen mehr. Wenn sie verheiratet ist, will sie sich scheiden lassen und nach der Scheidung möglichst wenig Kontakt zu ihrem ehemaligen Mann haben. Schuldgefühle hat sie jedenfalls nicht.

Der Mann dagegen hat sie von Anfang an, weil er weiß, daß eine Frau erotische Begegnungen ohne emotionale Beteiligung nicht mag. Er weiß, daß sein Verhalten für sie Betrug an der Liebe ist. Eine Frau möchte, selbst wenn sie sexuelle Beziehungen für nicht sehr wichtig hält, sondern lieber Zärtlichkeit, Zuneigung und Galanterie mag und sich lieber streicheln und umarmen läßt, trotzdem nicht, daß ihr Mann sexuelle Beziehungen zu anderen Frauen unterhält. Selbst wenn Sex sie nicht interessiert, möchte sie ihn monopolisieren. Also hat der Mann, wenn er mit einer anderen schläft, das Gefühl, die erstere zu betrügen und ihr wehzutun. Denn es steht im krassen Gegensatz zu seiner Moral, die ihn verpflichtet, die Verantwortung für das Wohlergehen seiner Lieben zu übernehmen. Die einzige Möglichkeit, seine Frau zu beruhigen, besteht darin, daß er *nicht* handelt, sondern auf seine Begierden verzichtet. Wenn er sie befriedigt, hat er Schuldgefühle.

Noch heftiger werden sie, wenn eine Affäre zur Liebesbeziehung wird. Für die Frau rechtfertigt Liebe sich selbst, ihre Moral besagt: Wenn du jemanden liebst, mußt du mit ihm gehen. Für den Mann dagegen gehört Erotik ins Reich der Lust. Seine Moral verlangt: Halt dich an Abmachungen, sorg für diejenigen, die von dir abhängig sind, tu denen nicht weh, die dich lieben und die du liebst. Nur Verliebtheit kann für ihn eine Rechtfertigung der Liebe sein, denn sie ist wie eine Explosion, die alle moralischen Regeln außer Kraft setzt. Wenn er verliebt ist, darf er seinem inneren Gefühl nach ruhig seiner Liebe hinterherjagen. Aber selbst da regiert die andere Moral, die Moral der Verantwortung, noch mit. Ein verliebter Mann hört nicht auf, sich um die Person, die er verlassen hat, Sorgen zu machen und sich für ihr Leid verantwortlich zu fühlen. Und immer drängt die andere Frau ihn, die erste zu verlassen. Immer erklärt sie ihm, er habe ein Recht darauf, mehr noch, er habe die Pflicht, es zu tun, denn wenn er bei der ersten bleibe, obwohl er sie nicht liebe, könne ihr das noch viel mehr wehtun.

Es wäre falsch, dieses Verhalten der Frau für typische weibliche Konkurrenzhaftigkeit zu halten. Die Frau denkt einfach nur, daß man, wenn man jemanden liebt, nur den einen lieben darf und keine sonstigen ethischen Verpflichtungen zu berücksichtigen braucht. Sie selbst respektiert ja, indem sie mit dem geht, den sie liebt, ihre moralische Pflicht. Der Mann dagegen hat in Jahrtausenden gelernt, daß seine allererste Pflicht die gegenüber der Gemeinschaft ist, gegenüber der Familie, der Ehefrau, den Kindern, und daß Erotik etwas mehr ist. Etwas, das er von seiner Frau oder aber von Konkubinen und Sklavinnen bekommen kann. Oder zum Beispiel auch durch Kriege und Beutezüge. Aber nichts von alledem darf seine Urpflichten beeinträchtigen, und die sind nicht erotisch.

Frauen behaupten oft, Männer seien viel unsicherer in Liebesdingen, und das ist richtig. Frauen sind für ein klares Ja oder Nein, ohne Zwischenstufen. Für den Mann galt solches Denken jahrtausendelang als zutiefst unmoralisch und unverantwortlich. Erst in jüngster Zeit, seitdem das Patriarchat im Schwinden begriffen ist und Frauen unabhängig geworden sind, seit die Geburtenraten fallen und es den Sozialstaat gibt, wird der traditionelle Druck auf den Mann, die Verantwortung zu übernehmen, geringer. Übrig bleiben eine Art zu denken und eine moralische Sensibilität, die nicht mehr objektiv begründbar sind. Deshalb gewinnt das weibliche Modell immer mehr an

Gewicht, und inzwischen empfindet auch der Mann seine Unsicherheit und Unentschlossenheit nicht mehr als Tugend, sondern als selbstverschuldete Schwäche. Paradoxerweise steht er also wieder vor Schuldgefühlen. Auf der anderen Seite sind auch die alten Verhaltensmuster der Frau von einer gewissen Trägheit geprägt. Eine Frau fühlt sich erotisch angezogen von einem starken, zuverlässigen und vertrauenswürdigen Mann, in dessen Arme sie sich flüchten kann. Der Held besiegt alle äußeren und inneren Hindernisse, er ist Herr seiner Gefühle. Wenn er liebt, liebt er tief und wird fürsorglich bis zur Aufopferung, heldenhaft eben. Der »wahre Mann« verliebt sich nicht in das erstbeste Nymphchen, er läuft nicht auf und davon mit der Ballerina, die so unwiderstehliche Beine hat. Eine Frau erwartet, daß der Mann, nachdem er sich für sie entschieden hat, weiß, wie er den Verlockungen durch andere Frauen zu widerstehen hat. Erliegt er ihnen, ist er schwach, verantwortungslos und unmoralisch.

Nur eine Sorte Persönlichkeit entgeht dieser moralischen Besessenheit der Frau: der Star, der von der Masse vergöttert und von jeder Frau, die in Berührung mit ihm kommt, angebetet wird. Dem Star gegenüber funktioniert die andere Seite der weiblichen Erotik, die kollektive, die auf Exklusivität verzichtet. Das Showgeschäft ist der große Tempel jener Erotik und Vorbild für die Männer der letzten Generation. Bis in die fünfziger Jahre waren die großen Hollywood-Stars zumindest formal verpflichtet, eine konventionelle Sexualmoral zu wahren, heute dagegen leben die Stars von der Übertretung. Schon seit den Zeiten der Beatles und der Rolling Stones und weiter bis heute heiratet ein Star nicht mehr, sondern lebt inmitten eines bisexuellen Harems, nimmt Drogen und weist sämtliche Pflichten und Verantwortlichkeiten von sich, die ein normaler verheirateter Mann hat. Die neuen Stars leben die Phantasien der Befreiung von aller Verantwortung stellvertretend für alle Männer aus, die sich mit ihnen identifizieren. Auf Frauen übt so etwas einen direkten erotischen Reiz aus. Auf Männer wirkt es euphorisierend, denn diese Stars beweisen, daß es eine Erotik gibt, die ohne jedes Schuldgefühl auskommt und dennoch dem anderen Geschlecht gefällt. Ein Idealmodell also, von dem viele träumen, daß es eines Tages wahr werde. Daß man – dank des Erfolgs – im Reich der absoluten Willkür ankommen könne, jenseits von Gut und Böse.

Spuren der Übereinstimmung

28. Mythos der Erotik

1. Manche Leute stehen unter erotischer Hochspannung. Erotik ist für sie eine Art Lebenselixier, ohne das sie zugrundegehen würden wie ohne Luft und Nahrung. Anderen Leuten scheint Erotik völlig abzugehen. Das bedeutet nicht, daß Erotik sie überhaupt nicht interessiert, sie haben nur nicht diese bestimmte Art von Sensibilität. Bei den meisten Menschen ist Erotik jedoch nichts Konstantes, sondern hat eine große Variationsbreite. Ich meine hier nicht jene Minimalerotik, die man jederzeit anregen kann, wenn man sie genügend stimuliert. Ich meine die große Erotik, die wesentlicher Bestandteil des Daseins ist und ihm seinen Sinn gibt. Bei den meisten Menschen zeigt sich Erotik nur in kurzen Phasen ihres Lebens. Zum Beispiel während der Pubertät, vor allem aber, wenn sie sich verlieben. Das sind die Zeiten des außergewöhnlichen Eros, die Jahreszeiten der Liebe.Danach sind die große Liebe und die Leidenschaft vorbei, und man geht wieder zum Alltag über, die Erotik bekommt einen Dämpfer, denn andere Interessen und Sorgen gehen vor.

Alle Untersuchungen über die Sexualität des Menschen seit dem berühmten Kinsey-Report belegen, daß unser aktives Liebesleben extrem kurz ist. Sämtliche Sexualwissenschaftler bestätigen, daß nur sehr wenige Leute Lust und Zeit für körperliche Liebe haben. Nur wenige fühlen sich nach dem Liebesakt nicht müde, gelangweilt oder traurig, sondern tatsächlich glücklich, erfrischt und heiter. Die meisten empfinden so, wie die alten Römer behauptet haben: »Post coitum animus tristis«. Michel Foucault hat in seinem letzten Werk aufgezeigt, daß diese Vorstellung aus der griechischen und römischen Medizin stammt, nach der es in der sexuellen Beziehung zu einem Verlust der Lebenskräfte kommt. Die christliche Religion hat diese

Idee aufgegriffen, und sie galt noch bis vor ein paar Jahrzehnten. Bis dahin prophezeite man zum Beispiel Jungen, wenn sie onanierten, die allerschlimmsten Krankheiten.

In der östlichen Medizin gibt es eine solche Vorstellung nicht. Der Taoismus etwa geht davon aus, daß häufige und lange sexuelle Vereinigungen die Lebenskräfte stärken und das Leben verlängern, und zwar um so mehr, wenn man verschiedene Partner hat. Das hat seinen Grund darin, daß der Mann sich durch das weibliche Prinzip Yin bereichert, die Frau durch das männliche Prinzip Yang. Angst vor einer Verarmung durch Liebe kennt aber auch der Taoismus. Jeder der beiden Liebenden muß versuchen, so viel vom jeweils anderen Prinzip für sich zu gewinnen, wie irgend möglich, und möglichst wenig von sich zu geben. Taoistische Praxis verlangt vom Mann, daß er möglichst wenig ejakuliert und von einem bestimmten Alter an ganz damit aufhört.

Umgestürzt wird ein solcher konservativer Zwang, gierig zu sein und Beute zu machen, nur bei individueller Verliebtheit. Wenn die andere Person einzigartig und unersetzbar wird. Hier begehren sich beide, wollen sich unbedingt sehen, berühren, umarmen, küssen, miteinander Liebe machen und sich völlig hingeben. Verliebte – egal ob Männer oder Frauen – haben umgekehrt, wenn sie sich fern sind, das Gefühl, ihre Lebensenergie schwindet. Fast als brauchte ihr Organismus bis in die letzte Zelle hinein den körperlichen Kontakt mit der anderen Person. Sonst wird man depressiv. Man verliert den Appetit, kann nicht mehr schlafen. Man wacht morgens auf und vermißt als erstes schmerzhaft den geliebten Körper neben sich. Und man kann erst einschlafen, wenn man ihn sich vorstellt, wenn man phantasiert, wie man ihn umarmt, wie man die Hand des anderen hält. Wenn man den anderen dann endlich wiedertrifft und an sich drückt, dann kommt es einem vor, als ob sich der gesamte Organismus wieder mit Lebensenergie auflädt. Als ob aus dem anderen ein Lebenssaft strömt, der einem die Kraft zurückgibt.

Wenn man sich lange und besessen körperlich liebt, lädt sich der Körper auf wie eine Batterie, er wird immer lebendiger und immer stärker. Die Küsse, die Haut, die Säfte, alles, was der

Geliebte uns schenkt, ist Kraftnahrung, durch die wir uns wieder bei Kräften fühlen und fähig werden, aufzustehen, wegzugehen, wieder zu arbeiten – sogar, eine Trennung durchzustehen. Und dann, nach einiger Zeit, haben wir wieder das Gefühl, die aufgetankte Energie ist verbraucht. Wir fühlen uns mühselig und beladen, wir spüren eine Schwäche, die bitter schmeckt. Und wir brauchen wieder jenen Mund, jene Haut, jenen Körper, den einzigen, der uns unsere schwindende Energie zurückgeben kann, den einzigen, der sie besitzt.

Die Idee, körperliche Liebe könnte uns schwächen, ist in dieser Situation absurd. Nur sie und nur unsere totale Hingabe läßt uns unsere Kräfte doch erst finden. Unser Geliebter ist uns Speis und Trank und die Luft zum Atmen. Und wir sind dasselbe für ihn. Der Liebesakt ist unsere Art, den anderen und uns zu nähren.

So gehen Leute, die unter erotischer Hochspannung stehen, mit Sex um. Je mehr sie geben, desto mehr empfangen sie. Solche großzügige Erotik kann sich allerdings – obwohl sie im allgemeinen fest an Verliebtheit oder Leidenschaft gebunden ist – in manchen Fällen auch als leichtfüßige, genießerische Sinnlichkeit äußern. Sie muß sich nicht unbedingt auf ein Objekt fixieren, sondern läßt sich von immer neuen Formen und Körpern, von Neuigkeiten überhaupt verführen. Alle Sinne sind höchst erregbar: das Seh- und Hörvermögen, der Geruchssinn, aber auch der Sinn für Berührung, die Sensibilität der Muskeln und der Haut. Die schwächsten Reize, die leisesten Zeichen genügen. Die zarteste Einladung zur Verführung wird wahrgenommen, auch wenn sie ganz verborgen ausgesprochen wird, und sofort beantwortet. Diese Erotik löst auch eine Erotisierung der Umgebung aus, denn sie erkennt sie und verleiht ihr ihr Lächeln, ihren Schwung, ihre Sicherheit und ihre Energie. Leute, die so erotisch sind, lieben das Leben und die Lust in all ihren Formen. Ein solcher Mann entdeckt plötzlich in allen Frauen etwas Schönes und Erregendes. Eine solche Frau findet sofort den Mann heraus, der ihr gefällt, und ist zufrieden, wenn er sie augenblicklich begehrt. Der Mann verwickelt die Frau in ihr Begehren, bis sie schließlich vibriert. Die Frau gibt sich der Lust an der Verführung und am Verführtwerden hin.

Normalerweise allerdings braucht Erotik ein ganz bestimmtes Objekt, durch das sie sich, indem sie dessen komplexe Möglichkeiten freilegt, entfalten kann. Es ist jedoch nicht unbedingt erforderlich, daß man am Anfang schon verliebt ist. Man muß auch nicht unbedingt treu sein. Andererseits ist man auch nicht für jedwede Anregung offen. Erotik schaltet nicht einfach alle Sinne auf Aufnahme für das leiseste Anzeichen der Verführung. Im Gegenteil, normalerweise reagiert man eher selten auf Reize, man kann sogar fast taub wirken. Erotik bestärkt einen nämlich in der Konzentrationsfähigkeit. Wenn man ein Objekt ausgewählt hat aus der gleichförmigen Masse der anderen, dann konzentriert man sich darauf. Erst jetzt erwachen alle Sinne. Was die zuerst beschriebene Art der Erotik aus der ganzen Welt bezieht, das findet diese zweite, objektgebundene, in einer einzigen Person mit all ihren einzelnen Seiten, allen Nuancen, Gerüchen und unendlich vielen Formen, in dem, wie sie schmeckt und wie sie leuchtet. Es ist ein Wirbelwind aus Phantasien, die sich alle auf einen einzigen Punkt konzentrieren. Wie Sonnenstrahlen in einem Brennglas – solange, bis es ganz heiß wird und die Vibrationen und Gefühle sich zur Weißglut steigern und reine Sinnlichkeit und Verschmelzung hervorbringen.

2. Erotik ist eine Art und Weise, sich für andere zu interessieren. Sie bedeutet geistige und gefühlsmäßige Großzügigkeit und eine Fähigkeit, sich zu verschenken, sich hinzugeben und sich fallenzulassen. Wirkliche Erotik ist das Gegenteil von Geiz, Kleinlichkeit und Vorsicht.

Natürlich kann man auch ohne Erotik großzügig sein. Denken wir zum Beispiel an die Frauen, die sehr mütterlich sind, die sich jemand anderem total aufopfern und sich selbst dabei sogar vergessen können. Aber solche Hingabe ist fast oder völlig unerotisch. Eine Frau lädt nur einfach alle Bedürfnisse des Geliebten auf sich, sorgt für Essen, Kleidung und Entspannung. Sie bewacht ihn des Nachts und pflegt und führt ihn, wie eine Mutter ihr Kind führt. Das geht soweit, daß sie sogar erotische Erregung simuliert, wie in Colettes Erzählung[1], in der eine verliebte, aber völlig frigide Frau einen Orgasmus spielt, den sie überhaupt nicht empfindet. Ihr Schrei klingt wie ein schrilles Lied und macht ihren jungen Liebhaber glücklich. Wirkliche

Erotik dagegen bedeutet, daß man selbst auch dabei ist und selbst auch Lust und Freude verspürt. Sie ist gleichzeitig Altruismus und Egoismus, die Synthese aus beiden.

Noch weiter von der Erotik entfernt scheint jene Liebe zur ganzen Menschheit, die die christliche Religion als *caritas* bezeichnet. Hier beschränkt sich die Liebe nicht nur auf ein Kind oder einen Geliebten, sondern läuft geradezu über. Wer zu solchem Altruismus fähig ist, fühlt die eigenen Schmerzen und Sorgen nicht mehr oder hält sie für unbedeutend. Er nimmt teil an den Schmerzen der anderen, er leidet mit ihnen und tut alles, um deren Leiden aus der Welt zu schaffen. Er denkt nicht im geringsten an die eigene Freude, Erotik ist seinem Denken also unendlich fern. Trotzdem ist so ein Mensch seinen hocherotischen Mitmenschen ähnlicher als Geizige und Habsüchtige, ähnlicher als kalte, verschlossene Egoisten.

Zwischen der östlichen, christlichen und islamischen Mystik und der leidenschaftlichen Liebe gibt es enge Verbindungen. Die Dichtung des Ibn Al Djabari[2] ist gleichzeitig religiöse und erotische Kunst. Das berühmte Gedicht des Galal o'd-Din Maulawi[3] ist ein süßer Gesang über Liebe und Hoffnung, Sehnsucht und Treue. Auch Dante und Petrarca besingen ihre Liebe zu den Frauen und zum Göttlichen. An den Anfängen der deutschen Mystik steht die erotisch-religiöse Bewegung der Beginen[4], und auch der Heilige Franz von Assisi und die Heilige Klara sind nicht frei von Liebesbanden. Viele Heilige, von Franz bis zu Teresa von Avila, verkörpern gleichzeitig altruistische Aufopferung, Liebe zu Gott und eine große Leidenschaft. Eins der schönsten erotischen Liebesgedichte ist sogar Bestandteil der Bibel: das Hohelied.

Altruismus wird dann erotisch, wenn er über den eigenen Körper und den des anderen läuft, wenn er im Körper die Lust für sich und für den anderen sucht und überschäumt und zur Suche nach der Lust für alle anderen wird. Erotische Lyrik und Liebeslyrik haben das Ziel, Liebe und erotische Lust außerhalb, in der ganzen Welt sozusagen, auszulösen. Und nicht nur Lyrik, sondern auch alle anderen Kunstformen. An alten Skulpturen und Malereien läßt sich das sehr gut zeigen. Der in seine Frau verliebte und von ihr faszinierte Künstler verwandelte früher die angebetete eine Frau in eine Madonna, die von der ganzen Welt angebetet werden muß.

Heutzutage tun das nicht mehr die Maler und Bildhauer, sondern vor allem Fotografen und Filmemacher. Es war Joseph von Sternberg, der in Marlene Dietrich jenen erotischen Zauber entdeckt hat, von dem sie selbst womöglich nicht einmal wußte, daß sie ihn besaß. Er konnte ihn erkennen, weil er in sie verliebt war, und deshalb konnte er den Zauber auch vervielfachen und vergegenständlichen, er hat es geschafft, ihn so sichtbar zu machen, daß auch alle Zuschauer dieselbe Leidenschaft empfanden wie er. Auch Brigitte Bardot, eine der größten erotischen Mythen unserer Zeit, ist ein Produkt der Liebe und der Leidenschaft eines Mannes, Roger Vadim. Vadim war ein kleiner Fotograf, Assistent bei Allegret und verliebt in Brigitte Bardot. Aber als Fotograf war er gewohnt, Schönheit zu sehen und zu erkennen. Er hatte einen ästhetischen Zugang zum Körper von Frauen. In der Bardot fand er diese Schönheit wieder und gab sie an die anderen, an die Zuschauer, weiter.

Wir müssen hier genau unterscheiden zwischen zwei Arten, weibliche Schönheit wahrzunehmen. Normalerweise sind Männer von ihr fasziniert, weil sie sie mit *erotischen Augen* sehen und nicht mit ästhetischen. Sie sind nicht fähig, Schönheit zu analysieren. Entweder sehen sie sie als etwas Gesamtes, oder sie lassen sich von einer bestimmten Einzelheit faszinieren. Der erotische Blick ist ein fetischistischer Blick. Deshalb meint ein Mann, wenn er eine Frau nackt gesehen hat, er habe alles von ihr gesehen. »Ich habe sie nackt gesehen«, heißt für ihn, es gibt nichts mehr zu entdecken. Frauen dagegen sehen sich gegenseitig nur mit ästhetischen Augen an. Eine Frau registriert, ob eine andere Frau zierliche Knochen hat oder breite Schultern, runde Hüften, eine schmale Taille oder Traumbeine. Ob sie lange Wimpern oder einen geraden und schlanken Rücken mit einem runden Po und Grübchen an der richtigen Stelle hat. Ob ihre Haut seidig und bernsteinfarben und unbehaart ist. Oder ob sie womöglich eine plumpe Taille, breite Hüften und dicke Beine hat. Eine Frau lernt auch ziemlich früh, sich vorzustellen, wie ein junges Mädchen als Frau aussehen wird. Ein Mann nicht. Wenn ein Mann erotisch erregt ist, sieht er die Fehler nicht. Die nimmt er erst hinterher wahr, und dann können sie ihn sogar abstoßen und fernhalten. Wenn er allerdings verliebt ist, wertet er alles auf, was seine Frau ist und hat, denn dann gestaltet er die Wirklichkeit insgesamt um.

Nur ein Künstler – ein Fotograf, ein Regisseur, ein Maler zum Beispiel – kann Schönheit erkennen und analysieren, obwohl Schönheit eigentlich, zumindest in einer bestimmten Epoche, für alle gleich ist. Vadim besaß dieses Talent. Er erkannte, daß das Mädchen, in das er verliebt war, in einem universellen Sinn schön war. Aber noch war die Schönheit Rohmaterial. Sie mußte erst noch von einem Traum beseelt werden. Jemand, der verliebt ist, neigt dazu, die Geliebte so zu verwandeln, daß sie noch begehrenswerter für ihn wird. Frauen kaufen ihren Männern neue Garderobe, und Männer wirken mit ihrem erotischen Geschmack auf ihre Frauen ein, daß sie sich entsprechend kleiden. Jeder möchte dem Geliebten gefallen und läßt sich gern nach dessen Geschmack ummodeln. Vadim hat also alle seine eigenen Träume, seine erotischen Phantasien und Wahnvorstellungen auf jene junge Frau projiziert und sie dazu gebracht, sie zu verwirklichen. Er hat ihr beigebracht, wie sie sich kleiden soll, wie sie reden und gucken, wie sie sich bewegen und hinsetzen und wie sie etwas annehmen und anderes ablehnen soll. In *Et Dieu créa la femme* tritt das Produkt seines Liebestraums auf. Vadim zeigt im Kino die Frau, wie er sie sich vorstellt, damit sie unendlich begehrenswert wirkt. Sein Genie hatte ihn aber eben auch erahnen lassen, was die Leute seiner Zeit begehrten und erwarteten. Sein Film verwirklicht also einen kollektiven Traum. Und so entsteht ein Mythos.[5]

3. Frauen werfen Männern häufig vor, sie verstünden nichts von weiblichen Empfindungen und sie könnten die feinen Regungen der weiblichen Seele nicht entziffern und nachvollziehen. Wenn eine Frau zum Beispiel ihren Mann umarmt, dann möchte sie am liebsten durch seinen Körper hindurch seine Seele umarmen. Frauen suchen diese »Intimität« auch mit Worten, mit denen sie etwas beschreiben, entdecken, entziffern. Männer dagegen sind einfach fasziniert von der Form eines Körpers, von einem Blick, von irgendetwas Besonderem, das sie sehen können und schön nennen. Frauen wissen, daß

das so ist, und passen sich dem an, indem sie sich »schön machen«, aber im Grunde kommt es ihnen oberflächlich und bequem vor, sich nur auf das Visuelle zu beschränken. Es gibt jedoch auch Situationen, in denen ein Mann nicht nur einfach mustert, sondern sein Blick die Macht bekommt, die alltägliche Wirklichkeit umzugestalten oder darüber hinauszusehen. Situationen, in denen ein Mann fasziniert eine völlig wundersame Wirklichkeit sieht.

Es gibt in vielen Wissensbereichen Wissenschaftler, die mit Drogen experimentiert haben, aber alle kommen zu einem Schluß: Man kann mit Drogen die Wirklichkeit tatsächlich anders sehen. Ich möchte hier nur Aldous Huxley zitieren: »*Istigkeit* – war das nicht das Wort, das Meister Eckhart so gern gebrauchte? Das *Sein* der platonischen Philosophie – nur daß Plato den ungeheuren, den grotesken Irrtum begangen zu haben scheint, das Sein vom Werden zu trennen . . . Das war ein Bündel winziger, einzigartiger Besonderheiten, worin durch ein unaussprechliches und doch selbstverständliches Paradoxon der göttliche Ursprung allen Daseins sichtbar wurde . . ., eine Vergänglichkeit, die doch ewiges Leben war, ein unaufhörliches Vergehen, das gleichzeitig reines Sein war . . . Wörter wie *Gnade* und *Verklärung* kamen mir in den Sinn.»[6] Dieses ist keine Erfahrung, die sich mit den Wörtern des Alltags beschreiben läßt, sie braucht Symbole und Mythen, wie schon Platon sie benutzt hat.

Ein verliebter oder vom Zauber einer Frau überwältigter Mann macht häufig eben diese Erfahrung. Ich habe schon in meiner Darstellung des Augenblicks der Ewigkeit darüber geschrieben. Was der Mann wahrnimmt, ist also äußerst nahe an dem, was die Frau Seele nennt und was sie über andere Sinne zu erreichen sucht, über Gerüche, Töne, Gefühle und Wörter. Und doch ist es auch Form, ist es auch Schönheit. In beiden Fällen geht es um das Wesen, und das ist gleichzeitig Quell der Verwunderung und Ziel.

29. Erotik und Erkenntnis

1. Erotik ist eine Form der Erkenntnis, ein Erkennen des Körpers. Wir erkennen unseren eigenen Körper und den des anderen, und die Erkenntnis passiert durch den Körper. Unser Körper wird zum erotischen Objekt, sobald wir anderen gefallen wollen. Ihr Begehren setzt unsere Erkenntnis in Gang. In asketischen, erotikfeindlichen Religionen wird der Körper versteckt, man darf ihn nicht pflegen und nicht waschen, man muß ihn vernachlässigen. Aber dadurch werden alle Sinne stumpf, der Tast- und Geruchssinn und die Fähigkeit, sich insgesamt körperlich wohlzufühlen. Asketen und ihre Orte, ihre Art, sich zu kleiden und zu essen, haben immer etwas Düsteres und Scheußliches, da paart sich schlechter Geschmack mit schlechtem Geruch. In Europa waren es die Adligen, die Kaufleute und der hohe Klerus, die Raum für Schönheit und anspruchsvolle Lebensgestaltung, für Poesie, Malerei, farbenfrohe Kleider und Parfums, für Neugier, für die genaue Untersuchung der Natur und des menschlichen Körpers, für die Medizin geschaffen haben. In der italienischen Renaissance wurde der Körper mit seiner Harmonie und seiner Schönheit entdeckt, und von hier nimmt die Moderne ihren Ausgang.

Aber es gibt auch das Erkennen mit dem Körper. Wir werden alle, wenn wir mit jemandem in Kontakt treten, tief beeinflußt von dessen Körpersprache; sie ist das erste, was wir an jemandem wahrnehmen. Frauen ist das sehr viel bewußter als Männern. Das erste, was eine Frau am Körper eines Mannes erforscht und wahrnimmt, ist sein Geruch. Er ist entscheidend. Oft entscheidet sich an ihm, ob die Frau den Mann wiedersehen möchte oder lieber nicht. Will sie nicht, dann »kann sie ihn nicht riechen« im wörtlichen Sinn, sondern ihr wird übel. Gerüche kann man schon in relativem Abstand wahrnehmen, wenn man neben jemandem sitzt, zum Beispiel im Zug, im Flugzeug, im Auto, in einem Restaurant, oder wenn man mit jemandem im Fahrstuhl fährt. Noch entscheidender ist der Atem des Mannes, denn Körpergerüche kann man notfalls mit Deodorant und Parfum verändern, den Atem nicht. Die Frau tut instinktiv alles, um ihn zu schnuppern. Sie braucht dem Mann eigentlich nur nahezukommen, und manchmal macht sie das extra, zum Beispiel unter dem Vorwand, ihm die Krawatte zurechtzurükken. Männer mögen diese Art von Aufmerksamkeit.

Körper- und Mundgeruch sind eine *conditio sine qua non* für den weiteren Verlauf einer Beziehung. Ist er angenehm, kann sie weitergehen. Eine erfahrene Frau kann aus ihm sogar ableiten, wie das Geschlecht des Mannes riecht. Denn auch das riecht immer individuell und eigentümlich, sogar nach dem Duschen und obwohl es immer ein männlicher Geruch bleibt. Wie Körper und Gerüche zusammenhängen, wissen Parfummacher sehr gut. Die Kunst der Parfumkomposition ist eine erotische Kunst. Sie entsteht aus der genauen Kenntnis der weiblichen Psyche und der Metamorphosen, die der natürliche Körpergeruch der Frau durchmacht, wenn er sich mit Parfum vermischt. Dasselbe Parfum entfaltet auf jedem Frauenkörper einen anderen Duft. Parfummacher sind Meister des Kults um den weiblichen Körper. Das Wissen über Parfums für den Mann ist vergleichsweise dürftig. Das liegt vielleicht daran, daß sich noch keine Frau aufgemacht hat, Männerparfums zu kreieren, oder daran, daß Frauen den natürlichen Geruch des Mannes lieber mögen.

Hat eine Frau den Geruch des Mannes erforscht, versucht sie herauszufinden, wie er schmeckt. Diese Erkenntnis braucht eine erotische Initialzündung – den Kuß. Der Mann fängt durch den Kuß überhaupt erst an zu untersuchen, wie eine Frau riecht, denn vorher hatte er nur ihr künstliches Parfum wahrgenommen. Wenn er sie küßt, erfährt er ihren Mundgeruch, und manchmal ist er danach angeekelt. Er findet ihn aber insgesamt nicht so bedeutend wie die Frau. Er riecht ihn tatsächlich nicht mehr, wenn er erst einmal erotisch erregt ist. Mundgeruch ist für einen Mann zwar ein Hindernis, aber kein unüberwindbares.

Für die Frau ist entscheidend, wie ein Mann schmeckt, noch entscheidender als seine Gerüche. Der Mund ist oft das erste Stück vom eigenen Körper, das man anbietet und das man sich nimmt. Mit ihm beginnt jener Vorgang, den man bezeichnen könnte als Trinken des anderen Körpers. Aus der Art, wie ein Mann küßt, kann eine Frau seinen Charakter ableiten. Es können unbedeutende Kleinigkeiten sein, aus denen sie zum Beispiel ersehen kann, ob er der Typ ist, der sein Leben ganz und gar in der eigenen Hand behalten möchte oder ob er es ihr überlassen könnte. Eine Frau merkt ja auch beim Geschlechtsakt, ob ein Mann durchhält und Widerstand bieten kann, ob er seinen Orgasmus hinauszuzögern versteht oder vorzeitig ejakuliert. Ob er, mit anderen Worten, großzügig ist und geben kann, oder ob er ein Dieb ist, der Lust stiehlt. Eine kluge und sensible Frau kann aus dem Kuß eines Mannes eine Menge Eigenschaften ablesen. Wie sie das allerdings macht, das behält sie für sich, das sagt sie nicht. Vor allen Dingen niemandem, der es doch nicht begreifen würde. Es ist ein uraltes Wissen, ein Eingeweihtsein, und jemand anderes könnte es für obszön halten. Auf jeden Fall erfordert es, daß der andere verschwiegen und komplizenhaft ist. Nie würde die Frau einem Mädchen davon erzählen, von dem sie weiß, daß es noch nie verliebt war. Ebensowenig würde sie einem Jungen etwas über Erotik erzählen. Wenn sie ihm ein Wissen davon vermitteln wollte, dann würde sie mit ihm schlafen.

Mit Hilfe der Kenntnis des Körpers des Mannes kann eine Frau auch die anderen Frauen abschätzen. Sie muß sie nur reden hören und ihre kleinsten Gesten beobachten, und schon weiß sie, ob eine andere Frau verliebt ist oder nicht, ob sie den Körper ihres Mannes gut findet oder nicht. Sie kann auch sehen, ob die andere ihren Mann wirklich liebt oder ihn nur besitzen, beschützen oder sich widerrechtlich aneignen will.

Auf der nächsten Stufe erforscht die Frau den Körper des Mannes mit ihrem eigenen Körper. Frauen benutzen überhaupt mehr ihren Körper als ihren Verstand, um einen Mann zu erforschen. Sie trauen ihren Gefühlen mehr als ihrer Vernunft oder als dem, was sie ihnen eingibt. Für eine Frau ist es immer von größter Bedeutung, was ein Mann für sie tut, mit welchen Gesten er sie behandelt, was er sagt und verspricht. Viel wichtiger als der Satz »Ich liebe dich« ist eine Umarmung, die Art, wie der Mann vibriert und atmet, die Wärme seiner Haut, die Art, wie er zögert oder sich fallenläßt. Das alles ist echter, das heißt, die Frau traut einem irgendwann mit dem Körper gesagten »Ich liebe dich« viel mehr als einem mit Worten ausgesprochenen.

Worte sind zweideutig, sie sind Instrumente, das weiß die Frau sehr gut. Körperimpulse dagegen sind echt. Worte kann man kontrollieren, den Körper nicht, er teilt immer etwas von dem mit, was er tatsächlich empfindet, vor allem, wenn er müde ist oder wenn der Mann traurig ist.

Auch die ungeschickteste Frau und sogar die, die völlig unfähig ist zu lieben und sich hinzugeben, hat mehr von diesem natürlichen Wissen als der Mann. Hier ist die einfachste Frau dem sensibelsten und gebildetsten Mann weit überlegen. Im Grunde benutzt eine Frau ihren Körper, um durch den Körper des Mannes hindurch zu seiner Seele vorzudringen. Aber genau den Teil von sich kennt der Mann oft am allerwenigsten.

In den Jahrtausenden, in denen die Frau zu Hause eingesperrt und von der Macht des Mannes erdrückt worden ist, hat sie auch gelernt, dieses Wissen für ihre Zwecke nutzbar zu machen, nämlich dafür, den Mann zu besiegen und zu beherrschen, damit er tut, was sie möchte. Noch heute und sogar in den beruflichen Beziehungen, vor allem da, wo es um wesentliche Dinge geht, gibt eine Frau ihren Körper, das verdammte Objekt der Begierde, nicht nur preis, weil der Mann ihn eben will. Sie setzt ihn zum Kennenlernen des anderen ein. Es fällt ihr ja nicht schwer, mit ihm ins Bett zu gehen, wenn er das möchte. Und der Mann ist dann stolz auf seine »Eroberung«, aber in Wirklcihkeit hat die Frau durch den Sex etwas über ihn in Erfahrung gebracht, das nicht einmal er selbst weiß. Sie hat Licht in einen dunklen Teil seines Charakters gebracht. Wenn er ein Kollege oder gar Vorgesetzter ist, kann sie daraus seine Schwächen und Ängste berechnen, sie begreift jetzt, warum er zurückhaltend oder aggressiv ist, warum er sich überhaupt wie benimmt. Vorher war ihr das nicht klar gewesen. Sie kennt jetzt seine Wünsche und seine Verteidigungssysteme und kann sich gegen sie verteidigen. Es kommt sogar vor, daß sie verborgene Tugenden an ihm entdeckt, Eigenschaften, die sich nur von Körper zu Körper enttarnen.

Dieses Wissen benutzen Frauen auch gegenüber Männern, mit denen sie zusammenleben, die sie aber nicht mehr lieben, sondern hassen. Mit diesem Wissen gewinnen sie Kontrolle über die Reaktionen des Mannes, beherrschen sie ihn und erschüttern sie sein Selbstvertrauen. Auch das tun sie mehr über den Körper als mit Worten. Zum Beispiel durch ein Wechselbad von Begehren und Verweigerung. An einem Tag gibt die Frau sich elegant, am nächsten ist sie verschlampt; an einem Tag steckt sie voller Leidenschaft, am nächsten ist ihr alles wurscht. An einem Tag bebt ihr Körper vor lauter Begierde, am nächsten ist er eiskalt. Mit solchen Wechselbädern erzeugt die Frau im Mann die Art Unbehagen, die er in ihr nur mit Worten erzeugen kann, indem er ihr Versprechungen macht, die er dann nicht einhält, indem er etwas sagt, aber dann nicht tut. Ein Mann allerdings gilt – gesellschaftlich gesehen – sofort als unmoralisch, wenn er sich so verhält. Er gerät außerdem mit seinen eigenen ethischen Wertvorstellungen in Konflikt, denn die schreiben ihm vor, Wort zu halten und zuverlässig zu sein. Die Frau dagegen weicht jeder moralischen Verurteilung aus, indem sie sich ihres Körpers und seiner Unbeständigkeit bedient. Ein Körper ist kein Verstand, sagt sie sich selbst und anderen; er reagiert eben instinktiv. Also kann man ihn auch nicht bestrafen, er kann ja nicht schuldig werden. Wir haben hier wieder die moralische Überlastung, die für den Mann unserer Zeit typisch ist und von der ausführlich die Rede war.

Die außerordentliche Bedeutung des weiblichen Körpers und die Fähigkeit der Frau, sich mit seiner Hilfe Urteile zu bilden, Erkenntnisse zu verschaffen und Kontrolle auszuüben, machen die Frau allerdings auch gleichzeitig verwundbar. Die Männer haben im Laufe der Jahrtausende schließlich auch gelernt, diese Macht zu bremsen. Nicht dadurch, daß sie ganz auf die Frau und auf Sex mit ihr verzichten, dazu ist er zu wichtig. Sondern dadurch, daß sie die Zeit verkürzen, daß sie die Dauer der Begegnung knapp halten und sofort danach wieder ihre Autonomie durchsetzen. Die Diskontinuität des Mannes ist seine Art und Weise, sich nie ganz verfügbar und immer wieder rätselhaft zu machen. Die Wechselhaftigkeit seiner Erotik ist nur ein Vorwand, eine künstliche Inszenierung, mit deren Hilfe er sich dem Urteil der Frau entziehen kann. Die Frau hält all seine Reaktionen unter aufmerksamster Kontrolle? Gut, dann wird er sich eben nicht erwischen lassen. Wie der kleine Junge, der die Schule schwänzt, damit er nicht drankommt.

2. Ein Mann kennt seinen eigenen Körper und den der Frau nicht so gut. Der Große Verführer allerdings spürt aus der Art, wie eine Frau sich ihm nähert, wie sie ihn ansieht, seinen Blick erwidert, sich setzt, die Beine übereinanderschlägt, ob er sie bekommen kann. Der Große Verführer kennt alle erogenen Zonen der Psyche und des Körpers der Frau; er weiß, wie man sie berühren muß, um Reaktionen zu erzeugen. Der tiefere Teil ihrer Seele interessiert ihn im allgemeinen nicht. Was ihn interessiert, ist, mit ihr ins Bett zu gehen, und sein Wissen ist ein Werkzeug für diesen Zweck. Um die Fähigkeit der Frau, mit ihrem Körper Erkenntnisse zu gewinnen, zu erwerben, muß man ihr ebenso uraltes Erkenntnisbedürfnis geerbt haben. Die Frau mußte ja, um ihre eigenen Wünsche durchzusetzen und sich gegen die Macht des Mannes zu schützen, jede Geste des Mannes (Herrn), jede unfreiwillige kleine Bewegung von ihm über einen langen Zeitraum genauestens studieren – ohne daß ihre ständige Überwachung auffallen durfte.

Unter den Männern haben nur Homosexuelle eine vergleichbare Fähigkeit. Auch sie kennen diese enge Verwobenheit von Erotik auf der einen und Berufsleben, Erfolg und Macht auf der anderen Seite. Unter schwulen Männern gibt es häufig ähnliche Beziehungen wie zwischen einer Frau und einem mächtigen Mann, der ihr einen Arbeitsplatz, eine Karriere oder gar Reichtum garantieren kann. Unter Intellektuellen ist die Kenntnis vom Körper und über den Körper außerdem eine Möglichkeit, intime Kenntnis über die Denkweise und die Sensibilität des anderen zu gewinnen und Zugang zu eigentlich unzugänglichen Teilen von ihm zu bekommen. Lauter Dinge, die dem heterosexuellen Mann versperrt bleiben. Auch deshalb bilden Homosexuelle gern Gemeinschaften – um sich so kennenlernen zu können, und wegen dieser exklusiven Intimität und dieses Wissens, das einen einweiht und nur Eingeweihten vorbehalten ist.

3. Die Frau verliert in keinem Augenblick einer Beziehung ihr Wahrnehmungs- und Urteilsvermögen. Der Mann dagegen büßt, kaum daß er erotisch erregt ist, sogar noch das bißchen Scharfsinn ein, das er überhaupt nur hat. Er ist völlig im Bann eines einzigen Gefühls, und ob die betreffende Frau schön oder

häßlich, dick oder dünn ist, und ob sie große oder winzige Brüste hat, das kann er schon gar nicht mehr sagen. Frauen sind immer wieder verblüfft, wenn sie erfahren, daß ihr Mann mit einer Frau ins Bett gegangen ist, die in ihren Augen absolut häßlich, ja sogar widerwärtig ist. Der Mann dagegen findet in seiner Erregung einfach alles toll, so wie es ist. Kaum ist die Erregung allerdings vorbei, schwindet ganz plötzlich auch sein Eindruck, die Frau sei schön gewesen. Manche Männer haben dann tatsächlich ein Gefühl, als erwachten sie eben aus einem Traum. Sie liegen plötzlich neben einem fremden Körper, der ganz anders ist als ihr eigener, so unglaublich klein oder unglaublich fett, und sind völlig entgeistert.

Wenn ein Mann sich verliebt und unter dem Druck einer augenblicklichen erotischen Faszination mit einer anderen Frau ins Bett geht, hat er hinterher das Gefühl, sich beschmutzt zu haben, und kann sich nur sehr schwer von diesem unerfreulichen Eindruck losreißen. Einer Frau passiert so etwas nicht so leicht, denn sie hat ihre Musterung ja schon vorher abgeschlossen. Sie weiß vorher, ob der oder jener Mann ihr gefällt oder nicht. Verlieben tut sie sich ohnehin kaum in irgendjemanden, und deshalb braucht sie sich hinterher auch nicht zu ekeln. Der Mann dagegen hatte gar nichts gemustert und beurteilt, und jetzt steht er verblüfft vor der Wahl, die er getroffen hat. Aber seine Verblüffung schafft keine Erfahrung. Verblüffung ist das Kind des Nichtwissens und des Vergessens. Das nächste Mal wird der Mann sich wieder ganz genau so verhalten.

Sollte eine Frau sich doch einmal irren bei ihrer Beurteilung vorab und sich jemandem hingeben, der sie ekelt, bekommt sie einen Wutanfall über sich selbst. Und auch das ist eine Körperreaktion. Milan Kundera beschreibt sie so: »Im selben Augenblick wurde Tamina von einer schrecklichen Abscheu erfaßt, sie stand auf und lief zur Toilette, ihr hob sich der Magen, sie kniete vor der Schüssel nieder, erbrach sich, ihr Körper wurde wie von Weinkrämpfen geschüttelt, und sie sah Schwanz, Eier, Haare dieses Kerls vor sich, roch seinen sauren Atem, spürte seine Schenkel an ihrem Gesäß; und ihr schoß durch den Kopf, daß sie sich die Geschlechtsteile und die Behaarung ihres Mannes (den sie liebte) nicht mehr würde vorstellen können, das

Gedächtnis der Zärtlichkeit (ach, Gott, daß das Gedächtnis des Ekels stärker sein muß als das Gedächtnis der Zärtlichkeit!), und in ihrem armen Kopf würde nichts bleiben als dieser Kerl mit seinem schlechten Atem, und sie erbrach sich wieder, schüttelte sich und erbrach sich, erbrach sich.«[1]

Zum Glück ist beim Mann das Gedächtnis des Ekels nicht stärker als das der Zärtlichkeit. Es ist nicht einmal stärker als die Begierde. Der Mann hat keine dauerhafte Erinnerung an den Ekel, sondern nur an die erotische Lust. Er kann aus jedweder erotischen Erfahrung – auch wenn er sich hinterher noch so gewundert hat, als er plötzlich neben einer häßlichen Frau lag – in seiner Erinnerung etwas Erregendes herauskristallisieren, irgendeine aufregende oder anziehende Einzelheit, irgendeine Schönheit, die sein Begehren erneut hervorrufen kann.

30. Harmonie der Vereinigung

1. Die Erotik des Mannes ist engstens gebunden an die Schönheit des weiblichen Körpers. Das heißt nicht, daß der Mann nur bei schönen Frauen Erregung verspürt; es heißt, daß er in jeder Frau die Schönheit entdeckt. Sein *erotischer Blick* wird sie herausfiltern – aus ihren Gesten und ihrem Lächeln, aus der Art, wie sie die Beine übereinanderschlägt, und aus ihren Blicken, aus dem Schwung ihrer Hüften und der Rundung ihrer Schultern, aus der Vertiefung ihrer Leisten und ihrem Venushügel, aus ihrer Hautfarbe und den Farben und Schatten und Lichtern in ihren Haaren, die sich von morgens bis abends verändern. Die erotische Schönheit des Frauenkörpers ist für den Mann etwas Ähnliches wie die Natur, wie die Welt, eine Quelle ständiger Verwunderung. Er ist davon bezaubert und hingerissen. Deshalb möchte ein Mann am liebsten alle Frauen. Deshalb haben Illustrierte nackte Frauen auf den Titelseiten. Deshalb zahlen Männer Geld, um Gogo-Girls endlos tanzen zu sehen. Deshalb treten in Fernsehshows so viele Tänzerinnen auf, die mit Straß und Federboas angetan sind und deren Nacktheit immer nur halb ist, aber damit auch als ganz zu erahnen und zu

imaginieren. Der Mann braucht den Anblick des weiblichen Körpers und die Möglichkeit, ihn zu trinken, ebenso wie die Frau Aufmerksamkeit, Bewunderung und das Werben des Mannes um sie braucht.

Für den Mann beginnt eine Liebesbeziehung damit, daß er die herrliche Schönheit seiner Frau entdeckt. Denn diese Schönheit zeigt sich nie gleich am Anfang vollständig, die Entdeckung ist ein Prozeß. Männer können zwar überrascht sein, wenn sie eine schöne Frau auf der Straße sehen, und sich nach ihr umdrehen. Aber das können Frauen auch. Frauen sind sogar viel geeigneter, Schönheit als ästhetischen Wert zu begreifen und ihre Anziehungskraft zu ermessen. Sie sind stolz, wenn sie sich schön fühlen, und verspüren eine beißende kleine Eifersucht, wenn sie eine andere Frau sehen, die schöner und eleganter ist als sie.

Wenn ein Mann eine Frau bewundert, die er nur zufällig sieht, dann ist das etwas Vorübergehendes. Sein erotischer Blick ist leicht zu fangen, aber auch ebenso unbeständig. Meistens läßt sich ein Mann von der besonderen Schönheit irgendeiner Frau nicht sehr beeindrucken oder gar aufstören. Natürlich macht er ihr Komplimente, weil ihr Kleid hübsch, ihre Frisur originell oder sie selbst angenehm ist.

Von Schönheit wirklich aufstören läßt ein Mann sich erst innerhalb einer erotischen Beziehung. Er sieht plötzlich, was er nie zuvor gesehen hatte. Und das bewirkt eine poetische Rührung, Erstaunen und Wiedererkennen. In der Liebe dann wird dieses Wunder sich wiederholen, ein zweites, ein drittes Mal, und schließlich jedesmal. Jedesmal eine neue Besonderheit, jedesmal das beunruhigende Erlebnis der Vollkommenheit. Auch dieFrau erlebt solche Gefühle, wenn sie ihren Mann ansieht, aber beim Mann sind sie viel heftiger. Sie ähneln dem wiedererkennenden Staunen, mit dem eine Mutter fasziniert ihr zweijähriges Kind ansieht. Tatsächlich haben Männer die Schönheit der geliebten Frau immer mit der von kleinen Kindern verglichen, sie löst dieselbe Zärtlichkeit, ja fast etwas Schmachtendes aus.

2. Auch eine Frau braucht Zeit, um den Mann kennenzulernen und sich ihm zu schenken. Wenn sie sich plötzlich in ihn

verliebt, fühlt sie sich zwar zu ihm hingezogen und will bei ihm sein, aber sie ist auch ein bißchen verwundert. Verwundert über ihre Gefühle. Es kommt ihr vor, als hätte jener Mann die Tür zu ihrer Wohnung einfach eingetreten und wäre mit Gewalt eingedrungen, unerwartet und gleichzeitig ersehnt. Sie ist ihm dankbar dafür, aber sie geleitet ihn keineswegs gleich in all die anderen zahlreichen Zimmer, aus denen ihr Körper und ihre Seele bestehen. Sie bleibt in einem Zimmer mit ihm, sie läßt sich von ihm bezaubern, aber bevor er weiter vordringen darf, muß sie erst herausfinden, was sein Körper zu bieten hat, und dazu braucht sie Zeit. Manchmal tut sie so, als hätte ihre Wohnung überhaupt nur wenige Zimmer, obwohl sie ihm am liebsten alle zeigen möchte, obwohl sie selbst nicht genau weiß, wieviele sie eigentlich hat. Um die Reise forzusetzen, versucht die Frau, jede noch so winzige Regung, jeden noch so kleinen Impuls des Körpers jenes Mannes einzufangen. Sie ist auf alle mögliche Weise dabei – vor dem Geschlechtsakt, währenddessen und hinterher. Der Mann ist (wie wir schon gesehen haben) völlig verblüfft, wie die Frau sich verwandeln kann – erst ist sie angezogen, fern und für sich, dann ist sie nackt und bebt und läßt sich fallen. Und die Frau ist verblüfft, wie sich das Geschlecht des Mannes verwandelt. Erst ist es ganz klein, dann wird es immer größer und schließlich riesig, und dann ist es wieder, wie es ganz am Anfang war. Und wenn es klein ist, kann sich die Frau nie daran erinnern, welche Form es eigentlich hat, wenn es erigiert ist. Daß sie es immer wieder vergißt und sich immer wieder wundert über seine Metamorphose, veranlaßt sie, es zu streicheln und wieder zu streicheln. Sie ist nie zufrieden – jedenfalls wenn sie ihren Mann liebt – damit, daß sie das Wunder vollbringen kann. Ihre Verwunderung angesichts seiner Erektion verwandelt sich in ein Gefühl der Ohnmacht und der Vernichtung, wenn ihr Mund die Erektion hervorgebracht hat. Denn sie fühlt mit ihren Lippen und ihrer Zunge, wie es wächst. Und sie ist verblüfft über ihre Schöpferkraft, darüber, daß sie die Schöpferin jener stofflichen Umwandlung war. Diese Verblüffung nutzt sich nicht ab, zumindest nicht, solange die Frau verliebt ist.

Aber die Frau wundert sich nicht nur über das Mysterium der

Erektion, sondern auch über ihr eigenes Verlangen, den Körper des Geliebten überall zu küssen, äußerlich und innerlich. Am liebsten würde sie all seine Organe küssen und auf seinen Säften reisen, entlang den warmen Flüssigkeiten und Gerüchen. Sich in irgendeinem Winkel seines Körpers verbergen. Und das größte Wunder ist, daß der Körper des Geliebten sich ihr anbietet, daß er sich in ihre Hände und ihre Arme gibt, daß er sich nicht nur zwischen ihre Schenkel pressen und sie hektisch und heftig penetrieren will, wobei er sie fast zerquetscht mit seinem Brustkorb und sie kaum noch Luft bekommt, weil er so gierig hinter seinem Orgasmus herjagt.

Denn dabei ist die Frau nur noch ein Gegenstand, den man packen muß, ein verdammtes Objekt, eine Vagina, aus der man gewaltsam Luft zapft und die man schnell wieder verläßt, sobald man sein Ziel erreicht hat. Dieser Mann weiß, daß die Frau um so starrer wird, je heftiger er sie packt, je gewalttätiger er sich auf sie stürzt, je halsstarriger er nach dem verdammten Objekt greift. Dann wird ihr Körper vor lauter Schutzbedürfnis völlig verspannt. Ihr Kopf bläst zum Rückzug, die Vagina verschließt sich, wird enger, und alles, was die Frau dann noch fühlt, ist, daß sie zerrissen wird. Dafür haßt sie den Mann mitsamt seiner Kraft, all seinen kernigen Griffen und all seiner Lust, sich Freude zu verschaffen, ohne zu wissen, wie man Freude schenkt. Sie haßt diesen Mann, aber sie haßt auch sich selbst, sie verachtet sich dafür, daß sie in eine Beziehung eingewilligt hat, die sie nicht wünscht. Manchmal zwingt sie sich, um ihre Wut und ihr Ekelgefühl niederzukämpfen, den unerwünschten Körper *nicht* abscheulich und abstoßend zu finden und den Mann gewähren zu lassen. Sie läßt geschehen, damit es schnell vorbei ist. Sie ist sogar bereit, ihn mit Streicheln und Worten aufzureizen, damit es möglichst schnell geht. Damit er ja bald fertig wird und nicht noch einmal von vorn anfangen will.

Aber wenn eine Frau einen Mann liebt und wiedergeliebt wird, ist alles anders, unendlich anders. Dann erfüllt sich, was sie immer gesucht hat: Daß zwei Körper sich auf harmonische Weise vereinen. In einer harmonischen Vereinigung ist der Mann weder gewalttätig noch aggressiv. Er erdrückt sie auch nicht mit seinem Gewicht. Er nimmt Rücksicht auf ihre Zerbrechlichkeit. Er drückt ihr nicht die Luft ab, er drückt sie aber trotzdem an sich. Er legt sich auf sie, und es ist, als ob sein Körper weich wird, seine Gesten werden sanft, und die Frau wird zu einer zarten, edlen Blume. Jetzt kommt es ihr vor, als wären die Arme und der Körper des Geliebten aus einem seltsamen Stoff, der gleichzeitig fest und flüssig ist. Und wenn sein Körper sich so verflüssigt, dann darf sie sich entspannen und sich anbieten, dann darf ihr eigener Körper vibrieren und sich an den des Mannes klammern, und es hat nichts Gezwungenes.

Während der Körper des Mannes aus einem Zustand größerer Energie übergeht in totale Entspannung nach dem Orgasmus, schwingt der Körper der Frau ständig zwischen zwei verschiedenen Polen hin und her. Der erste Pol ist einer aus lauter enormen Energien und Kräften, auch im körperlichen Sinn. Der zweite ist ein Zustand unendlicher Schwäche und Zerbrechlichkeit, vor dem die Frau Angst hat und den sie gleichzeitig äußerst reizvoll findet. Denn in ihm, das weiß sie, darf sie dem Geliebten das größte und schönste Geschenk machen. Wenn sie sich ihm total hingibt, dann fühlt sich das für sie an, als ob sich ihr ganzes Geschlecht (das sie als dreigeteilt erlebt) in einen langen Flur verwandelt, der nicht mehr nur aus flexibler Materie besteht, sondern aus Flüssigem, aus Essenzen. Dieser Zustand entspricht der Ejakulation des Mannes, in der auch er sich verflüssigt, aber nur für einen kurzen Augenblick. Für die Frau dagegen scheint sich dieses Verflüssigte abzulösen von ihrer Psyche, es rauscht einfach frei vor sich hin in einem kontinuierlichen Orgasmus. Und kein Befehl des Kopfes kommt mehr durch, kein Nervenimpuls, der die drei Bereiche des Geschlechtes wieder voneinander trennen und die Tore wieder schließen könnte. Was den Körper der Frau so zerbrechlich und verwundbar macht, ist dieser Zustand der verflüssigten Erregung und Vibration, in dem sie dahingleitet. Sie möchte, daß der Mann sie in die Arme nimmt, denn sie hat das Gefühl, gleich zu ertrinken. Aber die Arme des Geliebten müssen weich sein wie Wasser. Die Frau meint, mitsamt ihrer Psyche durch die Luft zu fliegen: Sie fühlt ihren Körper als von ihr abgetrennt, und sie hat keinerlei Kontrolle mehr über ihn. Es ist ein Körper, der einfach in etwas Flüssigem liegt, als wäre er selbst auch flüssig. Und wieder kommt dieses Gefühl der Ohnmacht, als stünde sie auf einem gespannten Seil und könnte jeden Moment in den Abgrund stürzen und müßte ihren Körper oben auf dem Seil zurücklassen. Das ist Außer-sich-Sein, *ekstasis*. Aber es ist auch eine Art, die Seele des Geliebten zu umfassen und sie in ihrem tiefsten Wesen zu erkennen, denn auch der Geliebte ist in diesem Augenblick so tief in seine Gefühle verwickelt, daß er nicht lügen könnte. Keine Sprache ist so wahrhaftig wie die, in der ein verliebter Körper spricht.

3. Es gibt Augenblicke – und sie sind fundamental als Erfahrung – während des Sich-Kennenlernens und der Beziehung, in denen ein Mann verstehen oder erahnen kann, was das Wesen der weiblichen Erotik ist. Augenblicke, in denen er an seiner Frau etwas Universelles, Essentielles zu fassen bekommt, etwas, das anders ist als sein eigenes Wesen, das aber für ihn durchsichtig wird. Überrollt von der weiblichen Erotik kann er die Weiblichkeit in ihrer absoluten Andersartigkeit und Besonderheit erfahren. Nicht als abstrakte Idee, sondern körperlich, sinnlich, gefühlsmäßig, Er begreift plötzlich das Wesen der Umarmung einer Frau, das Wesen ihrer Erotik und ihrer Liebe, und es wundert ihn und rührt ihn. Er begreift den Wert der Weiblichkeit, der in der Verschiedenheit liegt. Er spürt,in seinen Armen hält er die Frau, die ihn liebt. Er begreift ihre Liebe über die seidige, gespannte Haut, die sich an seinen Körper schmiegt, über die unendliche Weichheit der Brüste, die ihn streifen und liebkosen. Er begreift sie aus dem Sich-Öffnen ihrer Vagina, die sich wie eine Orchidee mit Tau benetzt hält. Er fühlt ihre Gebärmutter, wie sie sich ihm entgegenschiebt und ihren Mund öffnet, um den Mund seiner Eichel zu küssen, und möchte sie umfassen. Er fühlt, daß Weiblichkeit eine ganze Folge von Türen ist, die sich alle ihm öffnen. Damit er in die immer tieferen, immer intimeren und immer liebevolleren Sphären eindringen kann. Er spürt, daß dieses Sich-Öffnen im Sich-Öffnen die reine liebevolle Willkommensgeste ist. Je weiter er eindringt, desto willkommener wird er. Und dann sieht und begreift er die Bedeutung des erhitzten Gesichts, der kühlen Lippen und dieses Körpers der Frau, der sich nie wieder

lösen, sondern an seinen geschmiegt bleiben möchte, und dieser Haut, die zuckt und bebt, sobald er sie berührt, und er weiß, dies ist die körperliche Form der weiblichen Liebe, die ihm gilt.

4. Schließlich gibt es noch die Augenblicke, in denen der Mann, wenn er den Körper seiner Frau betrachtet oder irgendeine Einzelheit, die Schultern vielleicht oder die geschwungene Linie der Brüste oder die Form des Mundes oder die Augen, am liebsten *die Zeit anhalten* möchte. Er möchte, daß diese göttliche Schönheit und diese Vollkommenheit nie wieder verschwinden. Es gibt weder im Abendland noch in den Kulturen des Ostens einen Mythos, der von diesem Verlangen nach Schönheit und Ewigkeit berichtet. Im Osten neigen die Mystiker dazu, das Verlangen und sogar die Schönheit selbst zu transzendieren. Im Abendland hat man die ewige Glückseligkeit immer nur in Gott gesucht. Goethe hat sogar betont, daß der Mensch ständig nach Transzendenz verlangt, und deshalb nie sagen kann: »Augenblick verweile, du bist so schön.« Viele, die über Verliebtheit und Liebe Bücher geschrieben haben, wie zum Beispiel Lacan, haben behauptet, Liebe sei etwas, das »immer *erst noch kommt*«. Nein – sie existiert, diese Erfahrung, und sie ist vielleicht der Gipfel erotischen Glücks. Weil es in ihr keine Leidenschaft, kein Verlangen nach etwas anderem und keine Erwartung mehr gibt. Das Objekt unserer Begierde liegt in unseren Armen oder vor unseren Augen. Und wir sehen und spüren die Vollkommenheit des Augenblicks. Aber eigentlich müßte es einen Mythos geben, in dem der Mensch Zeus anruft und bittet: »Zeus, mach, daß alles so bleibt, ohne sich zu ändern, in Ewigkeit. Denn ich habe in alle Ewigkeit diese qualvolle Schönheit schauen dürfen. Qualvoll, weil flüchtig, weil verschwunden in die Zeit, in einem kurzen Moment. Mein Begehren ist, daß sie nie vergehen möge. Ich will nichts anderes mehr sehen als sie, nichts anderes mehr fühlen als das. Dieses ist die Ewigkeit, die ich von dir erbitte, dieses ist die Glückseligkeit, die mir zu schenken ich dich beschwöre.«

Auch die Frau durchlebt diese Art von Erfahrung. Nicht visuell wie der Mann. Sie ist nicht fasziniert von einer bestimmten visuellen Einzelheit, sondern eher vom Gefühl einer Berührung, von einer Umarmung, einem Geruch, einem Klang, einem Blick der Liebe. Wenn eine Frau behauptet, daß man keinen Sex braucht, um Liebe in ihrer intensivsten Form zu erleben, dann meint sie oft diese Art von Erfahrung, die tiefer ist als der tiefste Orgasmus und die Herz und Kopf erfüllt. »Du sollst nie mehr gehen«, sagt sie. »Ich möchte dich immer fest an mich drücken.« Solche Sätze von Frauen drücken ihr Bedürfnis nach Dauer und Nähe aus, und das ist nicht sehr weit entfernt von dem Bedürfnis des Mannes, die Zeit anzuhalten. Vielleicht sind beide ein und dasselbe und nur die Worte verschieden. Für beide, Mann und Frau, geht Erotik in solchen Augenblicken der Ewigkeit weit über Sex hinaus. Sex ist immer Handeln und bleibt immer in der Zeit. Das letzte Streben und der letzte Ort der erotischen Vereinigung dagegen ist stets die seligmachende Kontemplation, und die liegt außerhalb der Zeit.

31. Erotik und Reife

Können wir aus all dem eine Schlußfolgerung ableiten?

Die weibliche Erotik, für sich genommen, drängt immer auf eine kontinuierliche, zyklische Struktur, etwas Immerwiederkehrendes, wie die fernöstliche Musik, die weder Anfang noch Ende kennt. Oder wie der Jazz, der aus unzähligen Variationen besteht, sich aber nie abrupt und radikal ändert und nie völlig anders klingt. Die männliche Erotik dagegen drängt auf Diskontinuität, auf die Betonung des Unterschieds und die Entdeckung des völlig Neuen. Einen Mann fasziniert an jeder Frau ihr Anderssein. Am Strand gehen Tausende an ihm vorbei in ihren Badeanzügen, und sie sind groß oder klein, dünn oder rund, sie haben pralle oder spitze Brüste und feste oder weiche Bäuche, aber alle können sein Interesse und sein Verlangen erregen. Gerade wegen ihrer Andersartigkeit, die ihn eine andere, bislang nicht gekannte Lust erahnen läßt. Jede Frau und jede Begegnung sind für den Mann eine Entdeckung. In seinem tiefsten Innern erwartet er jedesmal, daß ihm das absolut Neue enthüllt wird.

Und doch passen beide Erotiken zusammen. Aber wahre

Erotik kommt nur heraus, wenn sich das Wunder vollzieht. Wenn jeder von beiden genau das tut, was ihm Freude macht, und damit trotzdem das tut, was dem anderen Freude macht. Man darf sich Erotik nicht als Tauschgeschäft vorstellen, in dem jeder dem anderen etwas gestattet, um selbst etwas zurückzubekommen. Erotische Kunst ist nicht die Kunst, Lust im Tausch gegen Lust zu verteilen. Erhabene Erotik ist die Erweiterung der eigenen Erotik und dabei gleichzeitig die Identifikation mit der Erotik des anderen, also die Fähigkeit, sie in sich aufzunehmen.

Jede einzelne Form der Erotik ist unvollständig. Sich selbst überlassen und bis zum Äußersten getrieben verarmt sie und verschwindet schließlich völlig. Wenn die Frau sich völlig der Unterschiedslosigkeit überläßt, büßt sie ihre Fähigkeit ein, sexuelle Erotik von anderen Formen der Lust zu trennen, die völlig verschieden sind, verliert sie also ihr erotisches Vermögen überhaupt. Das passiert auch dem Mann – ein Don Juan, der in jeder Frau besessen die Andersartigkeit sucht, kann niemals tiefe Lust verspüren.

Die wahre, große Erotik ist die, die eine Frau und ein Mann innerhalb einer individuellen erotisch-amourösen Beziehung verwirklichen können. Jeder von beiden liefert dafür seinen einzigartigen und unersetzbaren Beitrag. Die Frau die Beständigkeit, das Zusammenbleiben, die Berührung und die Zeit. Der Mann das Bedürfnis nach dem anderen, dem Neuen, der Enthüllung. Die Frau die Suche nach der Vollkommenheit der Verschmelzung, der Mann die Suche nach der Vollkommenheit der Entdeckung und der Unterscheidung. Wenn beide Potenzen sich vereinen dürfen, dann bleibt Kontinuität erhalten und wird kontinuierlich zerlegt und unterbrochen. Kontinuität muß, will sie weiterbestehen, sich immer wieder erneuern, immer wieder Fäden knüpfen. Auch die Verschiedenheit bleibt erhalten, aber sie muß in derselben Person zu finden sein, weil diese selbe Person ihre Sinne, ihren Geist und ihr Wahrnehmungsvermögen unendlich vervielfachen kann.

Dann verfällt eine Frau nicht mehr nur dem monotonen und obsessiven Rhythmus der erotischen Musikalität, sondern identifiziert sich auch mit dem Mann, teilt seine Bedürfnisse, verhält sich wie er. Sieht seinen Körper, wie er ihren sieht. Dann bewundert sie dessen Besonderheiten, ohne sich zu schämen, wie er die Besonderheiten ihres Körpers bewundert, und reagiert verblüfft auf Anblicke, wie er das tut. Aber sie tut das mit den langen, wiederholten Rhythmen der Frau, mit dem Reichtum der weiblichen Sinne für Gerüche, Geschmäcker, Farben und Klänge. Eine Frau, die erotisch liebt, kann stundenlang gegen den Körper des Mannes gelehnt dasitzen, sie kann ihn stundenlang ansehen, streicheln, seine Haut auskundschaften und seinen Geruch einatmen. Daß der Mann sich irgendwann regt, stört zwar ihren Frieden, aber es motiviert sie auch zum Handeln. Jetzt ist er wieder bereit, sein Glied schwillt wieder zwischen ihren Fingern. Sie streichelt es, fühlt, wie es sich bläht. Und sie weiß, dieses Wunder ist ihr Werk, eine Erektion passiert nicht unfreiwillig, sie hat sie ausgelöst. Und wenn sie es in sich hat, wenn sie es auf die gleiche Weise vor Begierde geschwollen hält, dann empfindet sie die Lust einer Frau, die vom Geschlecht ihres Mannes erfüllt ist, und gleichzeitig die Lust des Mannes, denn sie selbst war es, die seine Erektion gemacht hat. Und sie weiß und fühlt, daß es ihm Freude macht, ein großes, erigiertes Glied zu haben. Also ist diese lange, unaufhörliche Erektion nichts anderes als ihre eigene weibliche Erotik mit ihrer Kontinuität, und sie hat sie in ihn eingepflanzt. Wie es auch ihre weibliche kontinuierliche Erotik ist, was den Mann dazu bringt, sich eine Liebe ohne Ende zu wünschen. Und umgekehrt ist es der Mann, der die Frau plötzlich überrascht auffahren läßt, wenn er einfach die Stellung wechselt, ein bißchen fernrückt, sie verzaubert ansieht, ihr sanft die Schamlippen öffnet und dann – immer erwartet und immer unerwartet – in sie eindringt, ihr seinen Rhythmus aufzwingt, ihn einklagt und sie dann wieder plötzlich überschwemmt.

Die große Erotik gibt es nur zwischen einem einzelnen Mann und einer einzelnen Frau, die beide das, was ihrem Geschlecht und dem des anderen eigen ist, bis zum Äußersten treiben. Denn nur dann gibt es eine ständige Abfolge von Enthüllungen, dann gibt es die unaufhörliche Erscheinung von Neuem, das, was wir in einem Kapitel weiter vorn das *Mehr* genannt haben. Allein würde eine Frau dieses Mehr nie finden, sondern höchstens die fortwährende zyklische Ekstase. Allein würde auch der Mann es nie finden, sondern höchstens immer wieder das Andere. Das Mehr ist die Enthüllung des Neuen im Kontinuierlichen, in dem, was schon da ist. Erst da wird es zu etwas Zusätzlichem, zur Bereicherung. Nur was existiert, was Dauer hat, kann anwachsen und größer werden. Aber nur was unbeständig, diskontinuierlich ist, kann gegenübergestellt, verglichen und erinnert werden. Was Identität ausmacht, ist die Vereinigung des Kontinuierlichen mit dem Diskontinuierlichen, also die Möglichkeiten zu wachsen und das Streben nach oben, nach Vollendung.

Anmerkungen

1. »Es lebe der Unterschied«

1 An all diesen Kiosken werden sowohl Zeitungen und Zeitschriften als auch Magazine und Bücher verkauft. Sex-Shops sind in Italien kaum verbreitet.
2 Helen Hazel, *Endless Rapture. Rape Romance and the Female Imagination*, New York 1983 (Charles Scribner's Sons). Schon John Money hatte die These aufgestellt, die eigentlichen Pornos für Frauen seien Kitschromane wie *True Confessions* oder *True Love*; vgl. Zubin, J./Money, J., *Contemporary Sexual Behavior: Critical Issues in 1970s*, Baltimore 1973 (Johns Hopkins University Press)
3 Francis Galton, *The Relative Sensibility of Men and Women at the Nape of the Neck*, in: *Nature*, Heft 50, Jg. 1984, S. 40ff.
4 Havelock Ellis, *Sex and the Marriage*, London 1977 (Greenwood Press)
5 Beatrice Faust, *Women, Sex, and Pornography*, New York 1981, (Penguin)
6 ebd.; vgl. auch Susan Brownmiller, *Weiblichkeit*, Frankfurt/Main 1984
7 C. G. Jung nennt den weiblichen Teil des Mannes *anima* und den männlichen Teil der Frau *animus*; vgl. Carl Gustav Jung, *Die Beziehungen zwischen dem Ich und dem Unbewußten*, Zürich 1963

2. Erotisches Schlaraffenland: Männerpornos und Frauenschnulzen

1 Pascal Bruckner/Alain Finkielkraut, *Die neue Liebesunordnung*, München 1981
2 ebd., S. 72f.
3 Besonders in seinem *Opus Pistorum*, Reinbek 1984
4 In Italien zum Beispiel durch Maria Pia Pozzato in *Il romanzo rosa*, Mailand 1982 (Editori Europei Associati). Vgl. auch Susan Koppelman Cornillon, *Images of Women in Fiction*, Bowling Green, Ohio, 1976 (B. G. University Press); Nina Baym, *Women's Fiction*, Ithaka 1978 (Cornell University Press); Marilyn French, *Frauen*, Reinbek 1982; Jeannie Cressanges, *Was Frauen verschweigen – Intime Bekenntnisse*, München/Bergisch Gladbach 1983
5 Helen Hazel, a. a. O.

3. Individuelle und kollektive Erotik

1 Die einleuchtendste Erklärung dieses Phänomens liefert Lillian B. Rubin in *Intimate Strangers,* New York 1983 (Harper Colophon); sie führt darin an, daß sich Frauen – im Gegensatz zu Männern – von ihrem ersten Liebes- und Identifikationsobjekt, der Mutter nämlich, nicht unterscheiden und abgrenzen müssen. Diese Urerfahrung führt dann auch später zu einem Gefühl der Kontinuität gegenüber geliebten Personen. Frauen neigen zur Verschmelzung und gelegentlich sogar dazu, sich selbst mit der geliebten Person zu verwechseln.

2 Dorothy Tennov, *Limerenz – Über Liebe und Verliebtsein,* München 1981

3 Dieses Nicht-Unterscheiden der Frau – im Gegensatz zur männlichen Ordnung (*logos*) – ist ein uralter Mythos. In der babylonischen Mythologie etwa ist »Tiamat der ewig-junge, ewig-fruchtbare Urschoß . . . Sie ist das Durcheinander eines Sumpfes, in dem sich Pestdämpfe mit Süß- und Salzwassern mischen und verwirren. Sie hat keinerlei Stabilität, sie gebiert alle Arten von monströsen, abnormen, minderwertigen und aufständischen Geschöpfen. Und eben daraus ergibt sich die Notwendigkeit, daß männliche Kräfte Ordnung schaffen.« Tiamat wird dementsprechend gefangengesetzt von Marduk, dem Wind- und Regengott. So berichtete Gabriella Buzzatti auf einem Kongreß in Florenz vom 27. bis 28. Oktober 1984 in ihrem Vortrag *L'immagine intollerabile – I labirinti dell'Eros;* die Dokumentation ist erhältlich über die *Libreria delle donne* in Mailand. Insgesamt hat die Jungsche Psychologie die der weiblichen Erotik innewohnende Spannung genauer herausgearbeitet als die Freudsche. Auf der einen Seite finden wir das Bild der Aphrodite, die zur Verschmelzung und zur mystischen Gemeinsamkeit mit dem Mann neigt; und auf der anderen die jungfräuliche Artemis, die den Mann zurückweist und für sich lebt. Vgl. auch Silvia Di Lorenzo, *La donna e la sua ombra,* Mailand 1980 (Emme Edizioni)

4 William H. Masters/Virginia E. Johnson, *Die sexuelle Reaktion,* Frankfurt/Main 1967

5 Bruckner/Finkielkraut, a. a. O., S. 172

6 ebd., S. 176

7 ebd., S. 178

8 Simone de Beauvoir, *Das andere Geschlecht – Sitte und Sexus der Frau,* Reinbek 1968, S. 619

4. Schönheit und Macht

1 Francesco Alberoni, *L'elite senza potere,* Mailand 1973 (Bompiani)

2 Albert Goldman, *Elvis,* New York 1981

3 Mehr über die erotisch-amouröse Anziehungskraft der Stars in: Edgar Morin, *Les Stars,* Paris 1972

4 Milan Kundera, *Das Buch vom Lachen und vom Vergessen,* Frankfurt/Main 1982, S. 19

5 Bruno Bettelheim, *Kinder brauchen Märchen,* Stuttgart 1977
6 Rebecca Flanders, *Suddenly Love,* New York 1984 (Harlequin American Romance)
7 Johann Wolfgang von Goethe, *Faust II,* in der Hamburger Werkausgabe, Bd. 14, Hamburg 1955 (dritter Akt)

5. »Doch alle Lust will Ewigkeit...«

1 Marie (Madeleine Madame) De Lafayette, *Die Prinzessin von Cleve*, Berlin

6. Weibliche Verführung und Verweigerung

1 Vgl. Joseph-Vincent Marqués, *No es natural,* Valencia 1980 (Editorial Prometeo) und *Que hace el poder en tu cama?,* Barcelona 1981 (El Viejo Topo)
2 Ludovico Ariost, *Der Rasende Roland,* München 1980
3 In der amourösen Literatur Italiens gibt es die den Christen feindliche Armida, die das Drama einer verliebten Hexe durchleben muß; sie ist in Rinaldo verliebt; vgl. Torquato Tasso, *Das befreyte Jerusalem,* Mannheim 1781 (it.-dt. Ausgabe)
4 F. Scott Fitzgerald, *Der Große Gatsby,* Zürich 1974; dasselbe Thema findet sich variiert bei Emily Brontë in *Die Sturmhöhe,* Frankfurt/Main 1983

7. Die erotische Unterbrechung der Zeit

1 Niklas Luhmann hat nachgewiesen, daß die leidenschaftliche Liebe erst im neunzehnten Jahrhundert allmählich gesellschaftliche Anerkennung fand; vgl. Niklas Luhmann, *Liebe als Passion – Zur Codierung von Intimität,* Frankfurt/Main 1984
2 Jean Baudrillard, *Laßt euch nicht verführen,* Berlin 1983, und *Die fatalen Strategien,* München 1985
3 Michel Foucault, *Der Gebrauch der Lüste,* in: Foucault, *Sexualität und Wahrheit,* Bd. 2, Frankfurt/Main 1984
4 Li Yü, *Jou Pu Tuan – Andachtsmatten aus Fleisch. Ein erotischer Roman aus der Ming-Zeit,* Fischer Taschenbuch Verlag, Frankfurt a. Main 1979
5 Erica Jong, *Fallschirme und Küsse,* München 1985
6 Francesco Alberoni, *L'amicizia,* Mailand 1983 (Garzanti), S. 16ff.
7 Gershom Sholem, *Die krypto-jüdische Sekte der Dönmeh-»Sabbatianer« in der Türkei,* in: Sholem, *Numen,* Heft 7, 1960, S. 93ff.

8 Milan Kundera, *Die unerträgliche Leichtigkeit des Seins,* München 1984, S. 111

9 Wie Georges Bataille in *Der Heilige Eros* meint; Berlin 1974

8. Verführung und Hingabe

1 Auch Maria Pia Pozzato bemerkt das, übersieht allerdings, daß das für die Frau keineswegs so ist. Die Frau legt es geradezu an auf solche Verwirrung und das so entstehende Gefühl. Vgl. Pozzato a. a. O.

9. Zwei Wurzeln der Erotik

1 Georges Bataille, a. a. O.

2 Georges Lapassade, *Essai sur la Trance,* Paris 1976 (Delarge)

3 Eine genauere Darstellung dieses Denkmodells ist im vierten Kapitel meines Buches *Movimento e istituzione* nachzulesen; Bologna 1981 (Il Mulino), S. 123 ff.

4 Pauline Réage, *Die Geschichte der O,* Reinbek 1977

10. Erotik und Gewalt

1 Elisabetta Leslie Leonelli, *Al di lá delle labbra,* Mailand 1984 (Rizzoli)

2 Bruckner/Finkielkraut, a. a. O., S. 289

3 Die überzeugendste Erklärung hierzu liefert Lillian B. Rubin: Da das erste Liebesobjekt der Frau die Mutter ist, empfindet sie gegenüber dem Mann immer eine Art Fremdheit, die erst überwunden werden muß; sie muß sich deshalb innerlich mit einer Dreieckskonstellation auseinandersetzen: Sie selbst – eine Frau – ein Mann. Der Verführer verhält sich dementsprechend wie eine Frau und schlägt damit eine Brücke zwischen Femininität und Maskulinität; vgl. Rubin a. a. O.

11. Dialektik von Kontinuität und Diskontinuität

1 Arthur C. Kinsey, *Das sexuelle Verhalten des Mannes,* Frankfurt/Main 1970

2 Susan Griffin, *Pornography and Silence,* New York 1982 (Harper Colophon)

12. Sexualität und Liebe im Zeichen der Emanzipation

1 Anais Nin, *Ein Spion im Haus der Liebe,* München 1972, S. 43
2 Erica Jong, *Fallschirme und Küsse,* München 1985, S. 133 f.
3 ebd., S. 173
4 Anais Nin, a. a. O., S. 99
5 D. H. Lawrence, *Söhne und Liebhaber,* Reinbek 1978; *Liebende Frauen,* Reinbek 1980, und *Lady Chatterley,* Reinbek 1973
6 Emmanuelle Arsan, *Emmanuelle oder Die Schule der Lust,* Reinbek 1971, S. 14
7 ebd., S. 18
8 ebd., S. 24
9 ebd. S. 24 f.
10 ebd. S. 33 f.
11 ebd., S. 124

13. Formen der Promiskuität

1 Um diesen Zusammenhang verdient gemacht hat sich die französische Soziologie, vor allem René Bastide (in: *La Science de la Folie,* Paris 1972), Georges Bataille und Georges Lapassade (a. a. O.). Hervorgehoben sei auch Michel Maffesoli, der in *Der Schatten des Dionysos – Zu einer Soziologie der Orgie,* Frankfurt/Main 1985, versucht, im orgiastisch-dionysischen Rausch den Ursprung sozialer Kreativität festzumachen. In einem irren allerdings alle genannten Autoren: Sie verwechseln den Zustand vorübergehender Exaltation und Verschmelzung mit dem schöpferischen *status nascendi,* den ich in Kapitel 22, genauer untersuche.
2 Vgl. H. Jeanmaire, *Dionysos, Histoire du Culte de Bacchus,* Paris 1951 (Payot). Ich halte die dionysische Bewegung für einen ganz und gar neuen religiösen Kult, an dem auch Frauen teilnahmen und der der heiligen Orgie zu einer gewissen Bedeutung verhalf. Eingang fanden jedoch auch weit ältere religiös-kulturelle Phänomene, die erklären, warum Opfer so gewalttätig sind.
3 Vgl. die zahlreichen Beispiele, die Norman Cohn zitiert, in: *Das Ringen um das Tausendjährige Reich – Revolutionärer Messianismus und sein Fortleben in den modernen totalitären Bewegungen,* München 1961, sowie Ronald A. Knox, *Christliches Schwärmertum – Ein Beitrag zur Religionsgeschichte,* Köln 1957. Zur orgiastischen Promiskuität im Gallizismus vgl. Gershom Sholem, *Sabbatai Sevi – The Mystical Messiah,* Princeton 1973 (University Press)
4 Vgl. Charles Fourier, *Vers la Liberté en Amour,* Paris 1975
5 Vgl. Gay Talese, *The Neighbor's Wife,* New York 1980 (Doubleday)
6 Bastide, Bataille, Lapassade und Maffesoli stellen zwar fest, daß es zwischen der Anfangsphase von Bewegungen, der großen Verwandlung von

Geist und Herz, und dem ritualisierten Kult einen Unterschied gibt, arbeiten jedoch keinen speziellen Prozeß wie den *status nascendi* heraus.

7 Vgl. Donata und Grazia Francescato, *Famiglia aperta – La Comune,* Mailand 1974 (Feltrinelli)

8 Über Masse und Massenpsychologie hat sich die französische Soziologie ebenfalls vielfach geäußert und dabei vor allem auf fanatisches und irrationales Verhalten hingewiesen. Etwa Gustave Le Bon, *Psychologie der Massen,* Stuttgart 1982, und Serge Moscovici, *Das Zeitalter der Massen – Eine historische Abhandlung über die Massenpsychologie,* München 1984, der Le Bons Beobachtungen mehr oder weniger wiederholt.

14. Die kollektive Seite der weiblichen Erotik

1 Sylvia L. Thrupp, *Millenial Dream in Action,* New York 1970 (Shocken)

2 Gershom Sholem, *Redemption Through Sin,* in: *The Messianic Idea in Judaism,* New York 1971 (Shocken), S. 78 ff.

3 Simone de Beauvoir, a. a. O., S. 619

4 ebd., S. 624 f.

5 Jackie Collins, *Die Welt ist voll von liebeshungrigen Männern,* München 1980

6 Vgl. Talese, a. a. O.

7 Colette, *Diese Freuden,* Frankfurt/Main 1983, S. 41

8 Marie De Lafayette, a. a. O.

9 Pierre-A.-F. Choderlos de Laclos, *Gefährliche Liebschaften,* Zürich 1985

15. Homosexualität

1 Bereits Havelock Ellis hatte das festgestellt, a. a. O.; bestätigt wird es durch neuere Untersuchungen, vgl. Jean Cavailhes/Pierre Dutey, *Rapport gai – Enquête sur les modes de vie homosexuels,* Paris 1984 (Persona)

2 Die im folgenden zitierten Einzelbeiträge finden sich sämtlich in Boyers, Robert, George Steiner, Hg.), *Homosexuality: Sacrilege, vision, politcs,* Sleidmore College, Saratoga Spring 1982

3 Evelyne Le Garrec, *Des femmes qui s'aiment,* Paris 1984 (Seuil), S. 231

16. Voluntarismus

1 Typisches Beispiel ist Marie Edwards/Eleanor Hoover, *The Challenge of Being Single,* New York 1975 (New American Library)

2 Salvatore Veca schreibt dazu: »Menschen scheinen also Schauspieler zu sein, die vor allem dadurch charakterisiert sind, daß sie kein vorgegebenes Ziel

haben, sondern ganz allgemein Ziele haben *können*«; in: *Questioni di guidizia,* Parma 1985, (Pratiche ed.), S. 92

3 Die umfassendste Abhandlung hierüber ist das schon erwähnte Werk von Niklas Luhmann, a. a. O.; über Paradoxa vor allem S. 56 ff.

17. Vielfalt und Einzigartigkeit

1 Salvatore Veca erinnert an die Lösung des Paradoxons bei Wittgenstein durch Saul Kripka: »Wenn wir sagen, jemand folgt einer Regel, dann meinen wir diesen Jemand als Mitglied einer Gesellschaft bei einer Praxis«, in: Veca, *Ragioni e pratiche,* noch nicht erschienen.

18. Bindungsmechanismen

1 Dorothy Tennov: »Die Männer sind somit zu einem rein sexuellen Orgasmus (ohne eine emotionale Beteiligung) fähig, sie können besser zwischen Verliebtheit und (einfacher) sexueller Anziehung unterscheiden. Die Frauen dagegen neigen eher dazu, die erotische Erregung als einen Teil der Verliebtheit anzusehen«, in: Tennov, a. a. O., S. 180 f. Die Autorin weist aber auch immer wieder darauf hin, daß die Erfahrung namens Verliebtheit bei beiden Geschlechtern gleichermaßen vorhanden ist. Vgl. ihr Kapitel »Geschlechtsunterschiede und Geschlechterrollen«.

19. Bindung durch Freude

1 Philip Roth, *Portnoys Beschwerden,* Reinbek 1974

2 Francesco Alberoni, *L'Amicizia,* a. a. O.

3 Wilhelm Stekel, *Die Geschlechtskälte der Frau,* in: *Störungen des Trieb- und Affektlebens II–IV,* Berlin 1920, Band III

4 Rubin, a. a. O., S. 114 ff.

5 Lawrence, *Lady Chatterley,* a. a. O.

20. Bindung durch Verlust

1 Den Mechanismus des Verlustes im Zusammenhang der allgemeinen Theorie der Bewegungen und Institutionen habe ich in meinem Buch *Le Ragioni del bene e del male* beschrieben; Mailand 1981 (Garzanti).

21. Eifersucht

1 Vgl. dazu Gordon Clanton/Lynn G. Smith (hg.), *Jealousy,* Englewood Cliffs, New Jersey, 1976 (Spectrum Book)
2 Die empirische Forschung auf diesem Gebiet ist nicht aussagekräftig, weil sie Verliebtheit und romantische Liebe, Verliebtheit und Abhängigkeit gleichsetzt. Ellen Berscheid und Jack Frei haben jedoch empirisch nachgewiesen, daß diejenigen, »die eine Phase der Liebe voll durchleben, ein starkes Gefühl von Abhängigkeit zu haben scheinen, ohne unbedingt deshalb unter starker Unsicherheit zu leiden«; »Romantic Love and Sexual Jealousy«, in: Clanton/Smith, a. a. O.
3 Vladimir Nabokov, *Lolita,* Reinbek 1976
4 René Girard, *Mensonge romantique et vérité romanesque,* Paris 1962 (Grasset), und *La violence et le sacre,* Paris 1972 (Grasset)
5 Dino Buzzati, *Amore,* Wien 1964
6 Renata Pisu, *Maschio é brutto,* Mailand 1976 (Bompiani)
7 Vgl. Brian G. Gilmartin, »Jealousy Among Swingers«, in: Clanton/Smith, a. a. O.

22. Der status nascendi

1 Arthur Koestler, *Der göttliche Funke – Der schöpferische Akt in Kunst und Wissenschaft,* Bern-München-Wien 1966, S. 120
2 Vgl. Alberoni, *Verliebtsein und Lieben – Revolution zu zweit,* Stuttgart 1983, sowie Dorothy Tennovs interessantes Buch über die »Limerenz«, a. a. O.
3 Lou Andreas-Salomé, *Die Erotik,* München 1979, S. 72; über das Nicht(er)kennen der geliebten Person vgl. Roland Barthes, *Fragmente einer Sprache der Liebe,* Frankfurt/Main 1984, und Alain Finkielkraut, *La Sagesse de l'Amour,* Paris 1984 (Gallimard)
4 Psychologische Literatur über die romantische Liebe in den USA ist praktisch nicht vorhanden. Einen Überblick bis 1969 gibt Rubin Isaac Michael, *The Social Psychology of Romantic Love,* Ann Arbor o. J. (University Microfilm International). In jüngster Zeit haben einige feministische Autorinnen heftige Attacken gegen die Verliebtheit geritten – das ist eine Reaktion darauf, wie sie idealisiert worden war. Vgl. zum Beispiel Sonya Friedman, *Such erst dich, dann deinen Mann – Wie Frauen eine eigene Persönlichkeit entwickeln und den Partner als Tüpfelchen auf dem Ich genießen können,* München 1984, und Penelope Russianoff, *Why Do I Think I Am Nothing Without a Man,* New York 1982 (Bantam)
5 Alberoni, *Verliebtsein und Lieben,* a. a. O.

23. Verliebtsein und Identität

1 Girard, a. a. O.
2 Tennov, a. a. O., S. 24
3 ebd., S. 60 f.
4 Das Phänomen der moralischen Indienstnahme beruht auf der Anwendung bestimmter Mechanismen, die bemerkenswert häufig in sozialen Bewegungen auftauchen und beim Aufbau einer totalitaristischen Struktur systematisch eingesetzt werden. Ich habe das im Einzelnen in *Movimenti e istituzioni,* a. a. O., beschrieben, S. 249
5 Die Beziehung zwischen Verliebtsein (oder leidenschaftlicher Liebe) und Mystik hat Denis de Rougemont in seinem berühmten Essay *L'Amour et l'occident,* Paris 1962 (U. G. E.), herausgearbeitet. Er hat erkannt, daß die abendländische Liebeslyrik von der arabischen Mystik beeinflußt wurde. Gott ist demnach das wahre Liebesobjekt, und er ist unberührbar für jedes irdische Geschöpf. Das Verliebtsein ist dementsprechend eine Art Sinnestäuschung oder Illusion und gleichzeitig Blasphemie. Der Katholik de Rougemont schlägt statt ihrer die *agape,* die gemeinschaftliche Liebe, vor. In Wirklichkeit ist die mystische Liebe zu Gott allerdings nur eine der vielen Formen, in denen der *status nascendi* sich manifestiert. Eine andere ist das Verliebtsein.

25. Der Imperativ der Verführung

1 Rubin, a. a. O.
2 Paul Watzlawick, *Anleitung zum Unglücklichsein,* München 1985; der Autor verspottet äußerst liebenswürdig die voluntaristische Haltung, ohne allerdings zu merken, daß auf ihr die gesamte zeitgenössische amerikanische Psychiatrie- und Psychologiekultur beruht.

26. Verführung und Wahrheit

1 Choderlos de Laclos, a. a. O.
2 ebd., S. 190
3 ebd., S. 186
4 ebd., S. 184
5 Jackie Collins, *Die Frauen von Hollywood,* Bayreuth 1985

27. Erotik und Moral

1 Es gibt von Patricia Highsmith eine amüsante Erzählung, »Die Künstlerin«, in: *Kleine Geschichten für Weiberfeinde,* Zürich 1979, in der die Frau ihre ganze Weiblichkeit durch Kinderkriegen zum Ausdruck bringt, bis ihr Mann schließlich verrückt wird.

2 Stekel, a. a. O.

28. Mythos der Erotik

1 Colette, a. a. O.

2 Vgl. die Anthologie *Propos d'Amour des Mystiques Musulmans,* hg. von René Khawan, Paris 1966, S. 150 ff.

3 Galal o'd-Din (Maulawi), *Auswahl aus den Diwanen des größten mystischen Dichters Persiens,* hg. von H. Rosenzweig. o. O. 1838

4 Herbert Grundmann, *Religiöse Bewegungen im Mittelalter,* Berlin 1935

5 Vgl. Milena Gabanelli/Alessandra Mattirolo, *Brigitte Bardot,* Rom 1983; Marco Giovannini/Vincenzo Mollica, *Brigitte,* Rom 1983; vor allem aber Rosa Giannetta Trevico, *Regine ma non ancora un mito,* in: »Il Giorno« vom 6. September 1985

6 Aldous Huxley, *Die Pforten der Wahrnehmung – Himmel und Hölle,* München 1984, S. 15 f. Huxley nimmt Meskalin bei seinem Experiment; andere Forscher haben mit völlig anderen Drogen (zum Beispiel LSD) analoge Ergebnisse erzielt, vgl. George Leonard, *The End of Sex,* New York 1983 (Bantam), S. 78 ff.

29. Erotik und Erkenntnis

1 Milan Kundera, *Das Buch vom Lachen und vom Vergessen,* a. a. O., S. 153 f.

Personenregister

Carol Gilligan

Die andere Stimme

Lebenskonflikte und Moral der Frau
Aus dem Amerik. von Brigitte Stein.
2. Aufl., 11. Tsd. 1985. 222 Seiten. Kt.

Frauen denken, fühlen, urteilen anders als Männer und orientieren sich an eigenen Wertmaßstäben. Dies ist eine der Grundthesen der amerikanischen Psychologin Carol Gilligan, die sich seit über einem Jahrzehnt den Problemen der Moral und der weiblichen Entwicklungspsychologie gewidmet hat. Gilligan entdeckte, daß Frauen sich nicht auf das männliche Gerechtigkeitsdenken beschränken, wenn sie vor moralischen Konflikten stehen. Statt Rechtsansprüche gegeneinander abzuwägen, wollen sie vor allem vermeiden, andere zu verletzen und Bindungen zu zerstören. In diesem international viel beachteten Buch weist die Autorin nach, daß die traditionelle Psychologie die Motive, die moralischen Ansprüche und das psychologische Wachstum der Frau konsequent und systematisch mißverstanden hat.
Ausgehend von Freud, Piaget und Erikson wurde die Entwicklung der Frau bisher an den Standards gemessen, die am Modell des Mannes und seinem Lebenslauf gewonnen wurden. An diesen männlich geprägten Interpretationsmustern, die dem Urteil der Frauen Infantilität und Unreife bescheinigen, setzt Gilligans Kritik an: Wenn Männer in der Moral vor allem eine Frage unparteilicher Gerechtigkeit sehen – sind Frauen weniger moralisch, wenn sie Moral eher als Aufgabe gegenseitiger Fürsorge begreifen? Wenn Männer bereit sind, um des Erfolgs willen Beziehungen zu opfern – haben Frauen unrecht, wenn sie auf Erfolg verzichten, um Beziehungen zu bewahren? Da Erwachsensein traditionell gleichgesetzt wird mit persönlicher Autonomie und Unabhängigkeit, erscheinen Anteilnahme, Zuwendung, Fürsorge als Schwäche. Dabei kann ebengerade diese »Schwäche« dem Konzept der menschlichen Entwicklung eine ganz neue Dimension hinzufügen.
Das in einer sensiblen und einfühlsamen Sprache geschriebene Buch klingt aus mit der Vision eines bereicherten Verständnisses von Mann und Frau, in dem sich die »geschlechtsspezifischen« Perspektiven von Identität und Intimität gegenseitig ergänzen und befruchten.

Piper